suhrkamp taschenbuch
wissenschaft 1055

Die Frage, die hier nach dem Verhältnis von ästhetischer Imagination zur Zeit gestellt wird, ist eine zweifache: Einmal wird gefragt nach der Art und Weise der Abhängigkeit literarischer Phantasie von ihrer historischen Epoche. Zum anderen wird gefragt nach dem zeitlichen Modus des ästhetischen Aktes selbst.

Die Untersuchungen zeigen an bedeutenden, Paradigmen schaffenden Dichtungen – aus der Epoche der griechischen Tragödie, der deutschen Frühromantik und der westeuropäischen Moderne –, inwiefern zentrale Vorstellungsinhalte der antiken und modernen Literatur – der Schrecken, das Erhabene, das Glück – unmittelbar verknüpft sind mit der sie prägenden Zeitdimension des *absoluten Präsens,* sei es als *epiphaner* oder *kontemplativer* Zeitpunkt. Diesbezüglich läßt sich zwischen griechischer Tragödie (5. Jahrhundert v. Chr.) und moderner Imagination des Schrekkens (frühes 20. Jahrhundert) keine Differenz erkennen. In dieser Erkenntnis wird des Autors frühere Untersuchung zur »*Plötzlichkeit*« fiktionaler Sprache kritisch fortgesetzt: der Modus momentaner *Verzeitlichung* läßt sich nicht auf die Moderne beschränken, etwa, wie man annehmen könnte, als ästhetische Abbildung der Verzeitlichung der historischen Zeit nach 1800. Er läßt sich aber auch nicht als Säkularisation eines ursprünglich transzendenten, spirituellen Prinzips ansehen. Vielmehr wird er in seiner von jeher ästhetisch autonomen Struktur erkennbar. Insofern unterläuft diese Erkenntnis die Alternative *Ästhetisierung der Geschichte vs. historische Vernunft.* Die Ästhetik hat keinen Anspruch gegenüber dem historischen Denken, dieses wiederum bleibt beim imaginativen Prozeß ausgeschlossen.

Der Titel »Das absolute Präsens« sollte nicht als metaphysische Kategorie mißverstanden werden. Das Wort »absolut« ist im Sinne von »rein« zu verstehen, befreit man dieses wiederum von unerwünschten Konnotationen und begreift es nur als den Hinweis auf die strikte Zeitlichkeit, um die es hier geht.

Karl Heinz Bohrer
Das absolute Präsens

Die Semantik ästhetischer Zeit

Suhrkamp

Bibliografische Information der Deutschen Nationalbibliothek
Die Deutsche Nationalbibliothek verzeichnet diese Publikation
in der Deutschen Nationalbibliografie;
detaillierte bibliografische Daten sind im Internet über
http://dnb.d-nb.de abrufbar.

suhrkamp taschenbuch wissenschaft 1055
Erste Auflage 1994

Satz: Wagner GmbH, Nördlingen
Druck: Books on Demand, Norderstedt
Printed in Germany
Umschlag nach Entwürfen von
Willy Fleckhaus und Rolf Staudt
ISBN 978-3-518-28655-5

2 3 4 5 6 7 – 14 13 12 11 10 09

Inhalt

Vorwort 7

Deutsche Romantik und Französische Revolution.
Die ästhetische Abbildbarkeit des historischen
Ereignisses 8

Erscheinungsschrecken und Erwartungsangst.
Die griechische Tragödie als moderne Epiphanie 32

Die Wiederholung des Mythos als Ästhetik des Schreckens.
Hugo von Hofmannsthals Nachdichtung von
Sophokles' *Elektra* 63

Das Erhabene als ungelöstes Problem der Moderne.
Martin Heideggers und Theodor W. Adornos Ästhetik . 92

Philosophie der Kunst oder Ästhetische Theorie.
Das Problem der universalistischen Referenz 121

Zeit und Imagination.
Das absolute Präsens der Literatur 143

Nachweise 184

Vorwort

Von der philosophischen Fakultät der Universität Tübingen eingeladen, Gastvorlesungen (»Bloch-Professur«) für 1989 wahrzunehmen, schien mir die Frage nach der Differenz von utopischer und ästhetischer Zeit ein angemessenes Thema, das ich schon früher unter der Problemstellung »Subjektivierung von Zeit in der modernen Literatur«[1] behandelt habe. Zentrum der hier versammelten Abhandlungen sind die in Tübingen gehaltenen, für den systematischen Zusammenhang stark überarbeiteten und ergänzten Vorträge zum Verhältnis von deutscher Frühromantik und Französischer Revolution, zur Erwartungsangst und zum Erscheinungsschrecken in der Griechischen Tragödie, zum »Erhabenen« als ungelöstem Problem der Moderne. Diese thematisch stark differierenden Gegenstände finden ihren inneren Zusammenhang in den strikt poetologisch verstandenen Begriffen des »Ereignisses« und der »Epiphanie«, die für die Kategorie der »ästhetischen Erfahrung« als einen Modus präsentischer Kontemplation für konstitutiv geltend gemacht werden. Zwei weitere Aufsätze jüngeren Datums, ebenfalls entstanden aus Gastvorlesungen (1990 in Hannover und 1991 in Zürich und Basel), bringen die Ergebnisse der Tübinger Vorlesungen auf den systematischen gemeinsamen Nenner: Ästhetische Theorie muß sich konsequent von der universalistischen Begrifflichkeit traditioneller Philosophie der Kunst trennen. Ästhetische Zeit ist nicht die metaphorisch versetzte historische Zeit. Das »Ereignis« innerhalb der ästhetischen Zeit steht nicht referentiell zu den Ereignissen der Realzeit.

Diese Analysen, die sich von den in Literatur- und Kunstgeschichte eher vorherrschenden Auffassungen von einer »Kontext«- oder »Diskurs«-Priorität unterscheiden, berühren sich vielfältig mit der unter dem Begriff »Dekonstruktion« bekannt gewordenen Theorie von der Selbstreferenz poetischer Sprache. Sie sind aber ohne systematische Beziehung zu ihr entstanden und können unabhängig von ihr verstanden werden.

K. H. B., Bielefeld, Frühjahr 1993

1 *Plötzlichkeit. Zum Augenblick des ästhetischen Scheins,* Frankfurt a. M. 1981, S. 180ff.

Deutsche Romantik und Französische Revolution

Die ästhetische Abbildbarkeit des historischen Ereignisses

I.

Wie revolutionär war die Romantik? Was bedeutet diese Frage? Bekanntlich war die Romantik dem an ihrem literarischen Werk nicht interessierten Fortschrittsdiskurs[1] des 19. und 20. Jahrhunderts ein Synonym für Reaktion. Friedrich Schlegel, Novalis und Adam Müller wurden ohne Rücksicht auf die Differenz ihrer Sprache auf ideologische Inhaltlichkeit hin gelesen und galten den deutschen Liberalen und Demokraten als Inbegriff reaktionärer Mentalität, als Gründungsväter konterrevolutionärer Staats- und Gesellschaftstheorien. Zwischen literarischem und politischem Diskurs wurde nicht unterschieden. Heinrich Heine hat dieser Perspektive in seiner *Romantischen Schule* für immer den bösartig-brillanten Ausdruck gegeben, auch wenn er die literarischen Innovationen des romantischen Kunstpathos im Unterschied zur Mehrheit des vom Hegelianismus geprägten akademischen und philosophischen Vernunftdenkens nicht leugnete. Andererseits haben zwei so widersprüchliche Geister wie der präfaschistische Staatsrechtler Carl Schmitt und der marxistisch-aufklärerische Romanist Werner Krauss Revolution und Romantik mit unterschiedlicher Absicht positiv aufeinander bezogen und in Opposition zum linken oder rechten Mehrheitsurteil beide Begriffe als kompatibel behauptet, und diese Einschätzung hat sich in den letzten zwanzig Jahren, vor allem in Hinsicht auf das frühidealistische und aufklärerische Erbe der Frühromantik, mehr oder weniger durchgesetzt. Es fragt sich jedoch, ob bei dieser Neuwertung nicht auch eine Art »wishful thinking« am Werke war, nämlich die gute Absicht, das offensichtlich so widersprüchliche Phänomen der deutschen Romantik für eine sogenannte fort-

1 Hierzu: K. H. Bohrer, *Die Kritik der Romantik*, Frankfurt a. M. 1989, S. 7-19.

schrittliche Tradition zu retten, weil man, das intellektuell-künstlerische Potential nicht mehr übersehend, dieses unbedingt »anschlußfähig« machen wollte an den Diskurs der Vernunft und der sozialen Moderne. Hier liegt ein Problem verborgen, das man mit einer methodischen Vorüberlegung eröffnen könnte.

Alle angedeuteten positiven oder negativen Verrechnungen von Revolution und Romantik gehen nämlich von einer parteilich-inhaltlichen Identifikation aus: Entweder suchen sie bei einzelnen romantischen Denkern revolutionär aufgeklärte Ideen, oder sie unterscheiden eine progressive frühromantische Linie von einer restaurativen, spätromantischen. Dabei aber werden zwei grundlegende Unterscheidungskategorien nicht beachtet: 1. Die Romantik war eine primär künstlerische Erscheinung, die mit der primär politisch-sozialen Bewegung der Französischen Revolution semantisch nicht zu verrechnen ist. 2. Der Nachweis aufklärerischer Elemente innerhalb des Werkes einzelner repräsentativer Romantiker ist noch kein Argument für die revolutionäre Durchschlagskraft eines solchen Werks als Literatur oder gar des Bewußtseins seines Autors. Aufklärung ist nicht Revolution: Die enthusiastisch aufgeklärte Gelehrsamkeit, an der es keinem deutschen Schriftsteller der Epoche gebrach, macht noch kein revolutionäres Bewußtsein, wie Jean Paul einmal treffend bemerkt hat.

Bevor wir dennoch dem vermuteten Zusammenhang von Revolution und Romantik weiter nachfragen und entscheiden, wie er denn besser zu fassen sei als in dieser oder jener inhaltlichen Abbildung oder Identifikation, sollte man sich klarmachen, daß die erdrückende Mehrheit der deutschen Intelligenz, und innerhalb dieser eben auch die Vertreter der romantischen Linie, nach anfänglicher Begeisterung oder zumindest Sympathie zum Gegner der Französischen Revolution wurde. Goethes seltenes Beispiel ist hier die Regel gewesen. Eine Erscheinung wie Georg Forster, der noch im Lichte der September-Morde und der jakobinischen Terreur fest zu den Prinzipien der revolutionären Republik stand, war die Ausnahme. Wir haben die zum Teil glühenden Zeugnisse von Geistern der vorromantischen Generation, also Klopstock, Joachim Heinrich Campe, Christoph Martin Wieland oder Konrad Engelbert Oelsner, und man hat die Tradition deutscher Jakobiner rekonstruiert. Dennoch sollte diese wohlmeinende, etwas akademisch anmutende Rekonstruktion revolutionärer Tradition in Deutschland nicht den Blick dafür verstellen, daß es unter den Romantikern nur eine Caroline Böhmer (Schlegel-Schelling) gegeben hat, deren ingeniöse Briefe von revolutionärer Neugierde, Mut und emphatischer Begier für das »Neue« geprägt sind, die sie schließlich in die Isolierung der kurzfristigen Mainzer Republik und die anschließende Gefangenschaft und Beinahe-Ächtung innerhalb ihres eigenen Umkreises brachten; daß es nur einen jungen Ludwig Tieck gab, der an seinen Freund Wackenroder in so glühenden Briefen wie dem gerne zitierten vom 28. Dezember 1792 schrieb: »Du sprichtst ja gar nicht von den Franzosen? Ich will nicht hoffen, daß sie Dir geichgültig geworden sind, daß Du wirklich Dich nicht dafür interessierst? Oh, wenn ich itzt ein Franzose wäre! Dann wollt' ich nicht hier sitzen, dann -- Doch leider, bin ich in einer Monarchie geboren, die gegen die Freiheit kämpfte, unter Menschen, die noch Barbaren genug sind, die Franzosen zu verachten. Ich habe mich sehr geändert, ich bin itzt nicht glücklich, wenn ich keine Zeitungen haben kann. O, in Frankreich zu sein, es muß doch ein groß Gefühl sein, unter Dumouriez zu fechten und Sklaven in die Flucht zu jagen, und auch zu *fallen*, – was ist ein Leben ohne Freiheit? Ich begrüße den Genius Griechenlands mit Entzücken, den ich über Gallien schweben sehe, Frankreich ist jetzt mein Gedanke Tag und Nacht, – ist Frankreich unglücklich, so verachte ich die ganze Welt und verzweifle an ihrer Kraft, dann ist für unser Jahrhundert der Traum zu schön, dann sind wir entartete, fremde Wesen, mit keiner Ader denen verwandt, die einst bei Thermopylä fielen, dann ist Europa bestimmt, ein Kerker zu sein ...« Dieser Brief Tiecks stellt abgesehen von dem Revolutions-Enthusiasmus von Hölderlins *Hyperion* die signifikante Ausnahme dar.

Mehr noch: Man muß die Dumpfheit des deutschen Bürgertums von 1789 erinnern, daß abgesehen von kleinen Zirkeln das Stadt- und selbst das Handelsbürgertum noch zur Mitte des 19. Jahrhunderts keine die unmittelbare Sphäre von Haus und Kontor transzendierende Öffentlichkeit der Ideen zu produzieren imstande war. Madame de Staëls Buch *De l'Allemagne* und Goethes *Kampagne in Frankreich* sowie seine Schilderung der *Belagerung von Mainz* geben einen unverfänglichen Eindruck davon, wie unpolitisch-unaufgeklärt diese Gesellschaft um 1800 war und welcher Haß auf alles Revolutionäre diesem unpolitischen und beschränkten Horizont entspringen konnte, eine Geistesverfassung, die ihre verheerende Aktualisierung in den dreißiger Jahren des 20. Jahrhunderts ahnen läßt, wenn man die ideologisch und moralisch fatale Seite der Französischen Revolution erkennt, von politischem Denunziantentum bis zum Genozid in der Vendée. Möchte man diese gegenrevolutionäre Mentalität in einem literarischen Motiv fassen, dann ist es die Lieblingsvorstellung des kleinbürgerlichen Deutschland: die Vorstellung vom »Meister«. Von Schillers *Glocke* bis Richard Wagners Oper ist es die ideologische Gegenfigur zum vom öffentlichen Selbstverständnis getragenen Citoyen der Revolution, und Celans düsterer Vers *Der Tod ist ein Meister aus Deutschland* wirft die notwendige moderne Perspektive auf die in fachlicher Kompetenz und Ordnung sich scheinbar harmlos beschränkende Identifikationsgestalt der Deutschen. Selbst der paradigmatischen Figur des deutschen Bildungsromans, in der ihr Erfinder diese sowohl gesellschaftliche als auch moralisch-intellektuelle Beschränkung aufheben wollte, haftet etwas spezifisch Charakterloses an: Sein Name »Wilhelm Meister« klingt wie ein Omen. Hölderlin hat es im *Hyperion,* dieser das Gewöhnliche transzendierenden Utopie des revolutionären Geistes, definitiv charakterisiert: »ich kann kein Volk mir denken, das zerrissner wäre, wie die Deutschen. Handwerker siehst du, aber keine Menschen, Denker, aber keine Menschen, Priester, aber keine Menschen ...«[2]

Diese hier erstmals entdeckte Unmenschlichkeit des »meister«-lichen Menschen ist das gegenrevolutionäre Konzept schlechthin. Auch dieses hat Hölderlin im Brief an den Bruder vom 1. Januar 1799 kommentiert, wenn er sagt: »... daher die finstere, wegwerfende Scheue oder auch die furchtsame, unterwürfig blinde Andacht, womit sie alles aufnehmen, was außer ihrer ängstlich engen Sphäre liegt; daher auch diese Gefühllosigkeit für gemeinschaftliche Ehre und gemeinschaftliches Eigentum ...«[3] Erst wenn wir uns dieses objektiv gegebene gegenrevolutionäre Verfaßtsein des deutschen Bewußtseins um 1800 vergegenwärtigt haben, tritt der spezifische Zusammenhang zwischen Revolution und Romantik ins Blickfeld. Dann zeigt sich nämlich, daß die Frage nach einer Beziehung einzugrenzen ist: nämlich nach dem Verhältnis von

2 Friedrich Hölderlin, *Hyperion,* in: ders., *Sämtliche Werke und Briefe,* hg. v. Günter Mieth, München 1970, Bd. 1, S. 738.

3 Hölderlin, *Briefe,* in: ders., *Sämtliche Werke und Briefe,* Bd. 2, a.a.O., S. 796.

Revolution und einigen wenigen romantischen Texten! Diese stellen wiederum etwas anderes dar als die politische Mentalität ihrer Autoren. Der zitierte Brief Tiecks ist ein Dokument jener persönlichen politischen Haltung zu diesem Zeitpunkt. Über die Literatur Tiecks ist damit nichts gesagt. Nach dieser aber soll hier gefragt werden, nicht nur auf Tieck bezogen, der wenig ergiebig wäre. Einem ersten Blick auf die angenommene Beziehung Revolution–Romantik zeigt sich als die beiden gemeinsame Konstante: Der gegen Harmonie und Ordnung gerichtete Impuls schöpferischer Zerstörung, Innovation und Spontaneität. Diese Analogie zwischen Früh-Romantik als einem elitären Kreis von wenigen Künstlern und der Französischen Revolution als welthistorischem Ereignis und ihren Förderern wäre dann aber wiederum weniger im politischen Gehalt von zu vergleichenden Ideen zu suchen, geschweige in sozialpolitischen Ereignissen, als vielmehr in einer Semantik, die beide allein vergleichen läßt: die der Kulturrevolution. Deutsche Romantik und Französische Revolution sind auch als unterschiedliche kulturrevolutionäre Vorgänge im Zivilisationsprozeß begreifbar, und nur in diesem Sinne ist der Satz sinnvoll angewandt, die deutsche Romantik sei die nach innen gewandte Französische Revolution, ein Satz, der zwischen Friedrich Schlegels *Athenäum-Fragmenten* und Heinrich Heines Pariser Prosa variantenreiche Auslegung gefunden hat. Zerstörung, Innovation, Spontaneität als Gegenstück zur Ordnung des Meisters, der eigentlichen deutschen Identifikationsfigur, sind also die jenseits der reichlich gesucht wirkenden politischen und moralischen Analogien unbezweifelbaren Strukturelemente oder auch Anschauungskategorien sowohl der Revolution als auch der Romantik. So erst ist die Frage erlaubt, wie romantisch die Revolution und wie revolutionär die Romantik war.

So gestellt, ist die Frage nach dem Zusammenhang beider nicht mehr auf das ängstliche Suchen nach gesellschaftlich progressiven, humanistisch-aufklärerischen Motiven im Werk dieses oder jenes Romantikers angewiesen, die man leicht mit deren Gegenteil konterkarieren könnte, so daß es am Ende ein wenig beliebig, sehr vom politischen Interesse abhängig wird, ob man denn die Romantik revolutionär oder gegenrevolutionär benennen möchte. So gestellt, rückt die Frage jene von zufälligen Funden bei einzelnen Romantikern unabhängige Phänomenalität des romantischen Textes als »revolutionären« in den Mittelpunkt. Die semantische

Ausdrucksform für diese Phänomenalität trat inhaltlich erst in den zwanziger Jahren des 19. Jahrhunderts auf, etwa im Werk Heinrich Heines oder Delacroix'. Wollte man die Vereinigung von Revolution und Romantik veranschaulichen, dann gäbe es sicher kein schöneres Mittel hierfür als die Betrachtung von Delacroix' berühmtem Gemälde *Die Freiheit führt das Volk*. Es handelt sich zwar nicht um die Darstellung einer Szene von 1789 oder 1792/93, sondern einer Szene aus der Juli-Revolution von 1830, aber es ist eben, wie Heine es richtig gesehen hat[4], die mythische Darstellung der Revolution schlechthin; Heines ideologiekritischer, die revolutionäre Phrase durchschauender Blick gab ihm ein, in Delacroix' Bild nicht so sehr das Thema der Freiheit dargestellt zu sehen als vielmehr das der »wilden Volkskraft«, die »über Leichen« schreitet, ohne daß er hierdurch die Revolution herabgemindert angesehen hätte.[5] Romantisch ist hier die Revolution oder revolutionär die Romantik deshalb, weil das Ereignishafte selbst vom Aristokraten Delacroix, der die Massen verabscheute, in heroischer Manier, nicht aber die didaktisch-humanitäre Idee im Sinne des Klassizisten und Jakobiners David zum Ausdruck gebracht ist. Nicht zuletzt ist es auch die zerstörerische, eine alte Ordnung aufhebende Heftigkeit, in der Romantik und Revolution zusammenstoßen, ganz wie in William Blakes Satz: »Die Tiger des Zornes sind weiser als die Rosse der Belehrung.« In das zerstörerisch Ereignishafte ist der Erwartungshorizont eingeschrieben, der ein jeweiliges »Jetzt« als Explosionsstätte von Erneuerung, Veränderung, als Wechsel des Paradigmas erfahren läßt. Insofern bedeutet die Verschränkung von Revolution und Romantik auch die Eröffnung des Diskurses der Moderne, und eben deshalb ist diese Verschränkung beider viel mehr als bloß ein geistesgeschichtlich zu vermerkendes Datum: ein Datum der Bewußtseins- und Poesiegeschichte.

Was am Beispiel des Bildes von Delacroix und dessen Deutung durch Heine so anschaulich und beredt wird, ist innerhalb von repräsentativen Texten der deutschen Früh-Romantik dreißig Jahre früher schon strukturell ausgearbeitet. Ob man es in Fried-

4 Heinrich Heine, *Gemäldeausstellung in Paris 1831*, in: ders., *Sämtliche Schriften*, hg. v. Klaus Briegleb, München 1971, Bd. 3., hg. v. Karl Pörnbacher, S. 39 ff.

5 Ebd., S. 40.

rich Schlegels oder Novalis' geschichtsphilosophischen, poetologischen Essays und Aphorismen der neunziger Jahre sucht, in Heinrich von Kleists kurzen Prosastücken und Erzählungen zu Beginn des 19. Jahrhunderts oder in Hölderlins hymnischer Lyrik um 1800, überall taucht bei diesen romantischen Autoren jenes formal-semantische Indiz eines zerstörerisch-innovatorischen Bewußtseins auf. Im Unterschied zu dem als Paradigma gewählten Gemälde Delacroix' handelt es sich also nicht um die unmittelbare, gar affirmative Darstellung des Themas Revolution. Das ist kein Zufall, sondern entspringt der unterschiedlichen hermeneutischen Situation zwischen der Generation von 1800 und der von 1830. Die letztere nämlich blickt durch die aktuelle Erfahrung einer neuen Revolution auf die Erinnerung von 1789 zurück. Innerhalb der dialektischen Spannung von zeitlicher Nah- und Ferneinstellung[6] vollzieht sich eine Imagination der Revolution, die romantisch ist bzw. diese romantisiert, auch wenn die Autoren dieser Imagination selbst nicht mehr einfach als Romantiker gelten können: Neben Delacroix sind die Autoren solcher Imagination Heinrich Heine, Georg Büchner und Friedrich Grabbe. Bei ihnen entwickelt die Erfahrung der Juli-Revolution von 1830, die sie selbst in revolutionärer Erwartung erfuhren, die romantische Imago der großen Revolution, wie sie in *Dantons Tod*, in *Napoleon oder die hundert Tage* und in *Französische Zustände* bzw. *Pariser Maler* mit unterschiedlicher Reflexionskraft des geschichtlichen Moments entwickelt ist. Erst 1830 ist inhaltlich die revolutionäre Emblematik entwickelt dergestalt, daß nunmehr die Farben und Figuren der Revolution selbst archetypische Symbolkraft erhalten, während David etwa, der offizielle Maler der großen Revolution, das revolutionäre Ereignis noch in den Zeichen der römischen Republik faßte. Erst 1835 kann Heinrich Heine die deutsche romantische Philosophie, das ist der transzendentale Idealismus, mit der Französischen Revolution vergleichen[7]: Das heißt, erst aus der Fernperspektive entspringen die

6 Vgl. Bohrer, *Zeit der Revolution – Revolution der Zeit.* Die Hermeneutik revolutionärer Gegenwart bei Friedrich Schlegel (1795-1800) und Heinrich Heine (1831-1855), in: *Die Ideen von 1789 in der Deutschen Reception,* hg. vom Forum für Philosophie in Bad Homburg, Frankfurt a. M 1989, S. 130f.

7 Heine, *Religion und Philosophie in Deutschland,* in: ders., *Sämtliche Schriften,* Bd. 3, a.a.O., S. 594f.

inhaltlich identifizierbaren revolutionären Gestalten Immanuel Kants und Johann Gottlob Fichtes als Maximilien Robespierre und Napoleon Bonaparte. Heine faßt die Vergleichbarkeit der romantischen Philosophie und der Französischen Revolution im Motiv der Zerstörung, einem Aspekt des Terrorismus, in dem Kant Robespierre noch übertroffen habe. Eine solche inhaltlich-thematisch begründete revolutionäre Semantik kann für die relative Naheinstellung der romantischen Autoren selbst zwischen 1795 und 1811 gar nicht erwartet werden. Schlegel, Novalis, Kleist und Hölderlin reagieren auf eine noch nie zuvor gemachte Erfahrung, die noch nicht ihre eigene Symbolik dazu liefert, sondern die sie erst, wie David, wenn man auf die Motive sieht, über die Vermittlungsinstanz des griechischen Kulturideals und der römischen Republik begreifen. Diese beiden Vorstellungsbereiche aber verfallen allzu leicht einer erfahrungsfreien Idealisierung und damit auch der politischen Ideologie, wie es die jakobinische Rhetorik und die graphischen Zeichensysteme während der Revolution belegen.[8]

Nunmehr wird noch deutlicher, inwiefern die Frage nach dem Zusammenhang von Revolution und Romantik inhaltlich gestellt nicht sehr fruchtbar ist. Charakteristischerweise hebt auch Heines Vergleich zwischen deutscher Philosophie und französischer Revolution nicht auf dieses oder jenes revolutionäre Motiv bei Kant, Fichte und Hegel ab, sondern faßt ausschließlich den *Stil* dieser Philosophie ins Auge, den er umstürzlerisch-revolutionär deutet.

Außerdem heben die vier genannten romantischen Autoren die für die inhaltliche Identifizierung notwendige Unterscheidung zwischen Früh- und Spätromantik auf: Nur Friedrich Schlegel und Novalis gehören der frühromantischen Schule an, als deren Köpfe sie neben Schleiermacher und Fichte gelten. Kleist und Hölderlin dagegen fallen aus der üblichen geistesgeschichtlichen Nomenklatur heraus. Gleichwohl repräsentieren diese vier Namen das entscheidende Potential, das die Romantik dem Bewußtsein einer revolutionären Moderne reflexiv und poetisch hinter-

8 Vgl. Klaus Herding, »Visuelle Zeichensysteme in der Graphik der Französischen Revolution«, in: *Die Französische Revolution als Bruch des gesellschaftlichen Bewußtseins*, hg. v. R. Reichardt und E. Schmitt, München 1988, S. 513 ff.

ließ. Wollte man dies indes auf Inhaltlichkeit und Intentionalität dieser Autoren untersuchen, käme man in größere Schwierigkeiten. Eindeutig revolutionär gesonnen war nur Hölderlin. Seit Robert Minders und Pierre Bertaux' Forschungen ist an Hölderlins enthusiastischer Identifikation mit 1789, die sich vornehmlich im *Hyperion* und seinen Briefen thematisierte, nicht mehr zu zweifeln. Es ist dabei aber schon die kritische Frage aufzuwerfen, was denn auf dieser inhaltlich-ideologischen Ebene die Einsicht bringt, daß er eine girondistische Position, diejenige von Brissot und Vergniaud gegen Robespierre, bezog und daß er die weltbürgerliche Idee der Erneuerung der Welt im Konzept einer »neuen Kirche« faßte? Dies führte letztlich nur zu einer geistesgeschichtlich relevanten Situierung Hölderlinscher Motive in der Geschichte des romantischen politischen Hermetismus. Von hier aus ergäbe sich zwar ein unmittelbarer Zusammenhang mit Friedrich Schlegels und Novalis' Theorem von einer »neuen Religion«, aber damit wäre die Entfernung vom Begriff des Revolutionären zugunsten des Imaginativ-Esoterischen noch weiter fortgeschritten. Denn: Friedrich Schlegels und Novalis' berühmte Intention, ihr »revolutionärer Wunsch, das Reich Gottes zu realisieren«, wie es in den *Athenäum-Fragmenten* heißt[9], und die Absicht, die »wenigen Revolutionäre, die es in der Revolution gab«, im eigenen Sinne als »Mystiker« zu identifizieren[10], solche Formulierungen bezeugen, inwiefern eine unmittelbare politische Inanspruchnahme der deutschen (Früh)-Romantik unmöglich wird. Daran ändert auch nichts Friedrich Schlegels Aufsatz *Versuch über den Begriff des Republikanismus* (1795), der keineswegs eine eindeutige Stellungnahme für die Republik darstellt, oder Novalis' Kritik der Entfremdung des Menschen im Maschinenstaat eines pervertierten Rationalismus, die man als Beispiel für dessen freiheitlich-humanitären Diskurs gerne zitiert, ja als Beleg dafür, daß man die Romantik als Aufklärung der Aufklärung, nämlich über die ihr selbst noch verborgene verdinglichte Vernunft, betrachten dürfe. Welche kulturkritische Kraft der Romantik sich heutigen Auslegern auch darstellen mag – die Erwartung einer neuen Sittlichkeit, die deutschen Romantikern und französischen Jakobi-

9 Friedrich Schlegel, *Kritische Schriften*, hg. v. Wolfdietrich Rasch, München 1971, S. 50.

10 Ebd., S. 100.

nern gemeinsam war, ist als quasi-religiöses, ja als mystisches Motiv gewendet nicht geeignet, in den politischen Begriff der Revolution einbezogen zu werden. Und wo immer dieser Begriff in den Aphorismen und Essays Friedrich Schlegels und Novalis' auftaucht, ist er politisch depotenziert zugunsten einer metaphorisch-poetologischen Bedeutung[11], die das Umschlägig-Ereignishafte, das sich im »Jetzt« andeutende Zukünftige im Sinne einer »Tropen- und Rätselsprache« (Novalis) meint, nicht aber den positiv politischen oder auch nur aufklärerischen Inhalt.
Am wenigsten würde die inhaltlich ausgerichtete Frage nach dem Revolutionären bei Heinrich von Kleist finden. Zwar ist sein Denken, wie seine Briefe zeigen, geprägt von Zentralbegriffen einer eudämonistisch-teleologischen Aufklärung, in der Empfindsamkeit, Glücksversprechen und eine zur Vollkommenheit fortschreitende Menschheit als wichtigste Motive figurieren. Aber diese Ideale sind Kleist schon 1801 in einem nachrevolutionären, aber noch vorkaiserlichen Paris ins Gegenteil zerronnen, weil er die Menschheit hier ins Abscheuliche und Inhumane pervertiert zu sehen glaubte. Sie sind aber auch und vor allem in der kritischen Reflexion des beginnenden Künstlers selbst aufgelöst worden, jener Krise, die man mit der Lektüre der Kantischen Philosophie zu erklären versucht hat, während es viel wahrscheinlicher ist, daß der plötzliche Eintritt poetischer Imagination die Schemata der Aufklärungsphilosophie auflöste.[12]

II.

Damit kommen wir auf die erste grundlegende Unterscheidungskategorie zurück, die gilt, wenn man die Romantik zur Revolution in Beziehung setzt: Da es sich um eine primär künstlerische Bewegung handelte, auch wenn sie von der Philosophie viel gewann, sind die Indikatoren des »Revolutionären« nicht im ideologisch-inhaltlichen Bereich zu suchen, sondern im spezifisch künstlerischen Diskurs, also im Zeichensystem der romantischen

11 Hierzu K. H. Bohrer, *Friedrich Schlegels Rede über die Mythologie*, in: ders., *Mythos und Moderne*, Frankfurt a. M. 1983, S. 62 ff.

12 Hierzu Bohrer, *Der Romantische Brief. Die Entstehung ästhetischer Subjektivität*, Frankfurt a. M. 1989, S. 51 ff.

Sprache selbst. Und dies um so mehr, als Friedrich Schlegel, Novalis, Kleist und Hölderlin eben eine revolutionäre Semantik entwickelten, die alle oben erwähnten Strukturmerkmale, nämlich die gegen die Ordnung des »Meisters« gerichteten Impulse schöpferischer Zerstörung, Innovation und Spontaneität, implizierten. Werfen wir also einen Blick auf diese Semantik. Gemeinsam ist bei aller unterschiedlichen Individualität des Stils zwischen Schlegel, Novalis, Kleist und Hölderlin, daß ihre spezifische Rhetorik Motive oder Stilgesten entwickelt, die sich als revolutionäre »Tropen- und Rätselsprache« lesen lassen, als eine »Chemie des plötzlichen Ereignisses«. Im Falle Friedrich Schlegels hätte man vor allem die Sprache und Form der *Athenäum-Fragmente*, dann aber auch die prophetische Rhetorik der poetologisch wichtigsten Essays *Gespräch über die Poesie* und *Über die Unverständlichkeit* zu beachten.

Man kann die fragmentarische Form der Aphorismen dem Geist jener »Chemie« zuordnen, den Schlegel selbst zur Charakterisierung der Revolution benutzt hat: So wie nach Schlegel der »chemische Sinn« am meisten erregt sei bei den revolutionären Franzosen[13], so entsprang auch der »Chemie« seiner eigenen Aphorismen das Revolutionäre in Gestalt des »Frappanten«, »Bizarren« und »Interessanten«[14], wodurch der traditionelle geschichtsphilosophische und poetologische Diskurs aufgelöst wurde. Die Selbstüberhebung der künstlerischen Reflexion über die künstlerische Produktion, wodurch alles Produzierte jäh einer unendlichen Kette neuer Verwandlungen ausgesetzt war[15], gehörte zum Zentrum des romantischen Ironiebegriffs, den Schlegel vor allem in Goethes *Wilhelm Meister*[16] realisiert sah. Deshalb konnte er diesen zusammen mit Fichtes *Wissenschaftslehre* neben die Französische Revolution stellen und alle drei zusammen als die »größten Tendenzen des Zeitalters«[17] bezeichnen. Nicht als Ausdruck der Revolution, sondern als revolutionären Ausdruck! Dies aber nicht im Sinne einer formalen Veräußerlichung, sondern einer Radikalisierung des Revolutionsbegriffs. Wenn Schlegel die

13 Friedrich Schlegel, *Athenäum-Fragmente*, in: *Kritische Schriften*, a.a.O., S. 83.
14 Ders., *Über das Studium der Griechischen Poesie*, a.a.O., S. 149.
15 Ders., *Athenäum-Fragmente*, a.a.O., S. 39.
16 Ders., *Über Goethes Meister*, a.a.O., S. 463.
17 Ders., *Athenäum-Fragmente*, a.a.O., S. 48.

wichtigsten wissenschaftlichen Entdeckungen »Bonmots der Gattung« nennt, weil sie einer »überraschenden Zufälligkeit« und dem »Kombinatorischen des Gedankens« ihre Entstehung verdanken[18], dann hat er damit sowohl seine Vorstellung von der Revolution als auch die von seinen Aphorismen erläutert. Die Selbstreflexion der aphoristischen Form als Kette kleiner revolutionärer Ereignisse kommt in der ebenso dunklen wie genialen Wendung von den »echappées de vue ins Unendliche«[19] zum Ausdruck. Hier stellt sich die von Novalis erwähnte »Tropen- und Rätselsprache« ein, die viele Zeitgenossen irritiert hat. Schlegel hat die »Unverständlichkeit« der Sprache der Aphorismen verteidigt, indem er einerseits in der Nachfolge von Hamanns Kritik am Begriffs-Fetischismus der systematischen Philosophie (*Sokratische Denkwürdigkeiten, Aestetica in nuce*) eine Selbstreferenz des einzelnen Wortes im Kontext eines Satzes behauptete, die Walter Benjamin sprachphilosophisch anregte.[20] Schlegels wichtigster Satz lautet: »ich wollte zeigen, daß die Worte sich selbst oft besser verstehen, als diejenigen, von denen sie gebraucht werden«.[21] Andererseits hat er die »Unverständlichkeit« des ironischen Stils als eine potentiell verständliche, ja überaus kommunikative, nämlich als prophetische Redeform in Anspruch genommen, in der sich ein elektrisch-revolutionäres Zeitalter ankündigte. »Die neue Zeit kündigt sich an als eine schnellfüßige, sohlenbeflügelte; die Mor-

18 Ebd., S. 49.

19 Ebd.

20 Walter Benjamin, *Der Begriff der Kunstkritik in der deutschen Romantik*, in: ders., *Gesammelte Schriften*, hg. v. R. Tiedemann u. H. Schweppenhäuser, Frankfurt a. M., 1974, Bd. 1, S. 49. Die magische Sprachtheorie Benjamins ist in dem Aufsatz *Über Sprache überhaupt und über die Sprache der Menschen* entwickelt, in der in Anlehnung an Hamanns Auffassung der Sprache als einer von Gott unmittelbar inspirierten, nicht im Begriff, sondern im anschaulichen Äquivalent der Dinge aufgehenden Lebendigkeit, Sprache nicht auf ihre Zeichen-Funktion, sondern auf ihre expressiv-ontologische Qualität hin reflektiert ist. Friedrich Schlegels Konzeption der »Unverständlichkeit« des selbstreferentiellen Worts spielt in Benjamins Theorie einer »magischen« Sprache mit hinein. Schlegels Begriff läßt sich als Vermittlungsinstanz zwischen Hamanns Theologie der Sprache und der ›Moderne‹ Walter Benjamins verstehen.

21 Friedrich Schlegel, *Über die Unverständlichkeit*, in: ders., *Kritische Schriften*, a.a.O., S. 531.

genröte hat Siebenmeilenstiefel angezogen. – Lange hat es gewetterleuchtet am Horizont der Poesie; in eine mächtige Wolke war alle Gewitterkraft des Himmels zusammengedrängt; jetzt donnerte sie mächtig, jetzt schien sie sich zu verziehen und blitzte nur aus der Ferne, um bald desto schrecklicher wiederzukehren: bald aber wird nicht mehr von einem einzelnen Gewitter die Rede sein, sondern es wird der ganze Himmel in einer Flamme brennen, und dann werden euch alle eure kleinen Blitzableiter nichts mehr helfen. Dann nimmt das neunzehnte Jahrhundert in der Tat seinen Anfang, und dann wird auch jenes kleine Rätsel von der Unverständlichkeit des Athenäums gelöst sein.«[22] In dieser Ambivalenz zwischen »Unverständlichkeit« und Prophetie, Ironie und Pathos – eine Struktur, die seit Beginn des 19. Jahrhunderts verlorengeht zugunsten unironisch-prophetischer Rede – ist semantisch belegt, inwiefern der Gedanke der Revolution nicht inhaltlich repräsentiert ist sondern formal-ästhetisch. Der »Chemie« der dunkelprophetischen Sprache entspricht die Elektrizität des bevorstehenden Zeitalters. Damit hat Friedrich Schlegel einer Erwartungsmetaphorik vorgearbeitet, die sich von der klassischen Utopie in didaktischer Absicht unterscheidet und nur noch der prophetischen Redeform eines Heinrich Heine und Friedrich Nietzsche vordenkt, nämlich das 19. Jahrhundert als ein »revolutionäres« zu verstehen, das heißt zukünftige Zeit überhaupt nur noch unter revolutionären Dimensionen zu strukturieren. Bis in die einzelne tropische Figur und die theatralisch inszenierte, ironisch-erhabene, subjektive Sprachgebärde hinein hat Schlegel vor allem Heinrich Heines berühmt gewordene enigmatische Prophetie einer deutschen Revolution initiiert, wo es heißt: »Lächelt nicht über den Phantasten, der im Reich der Erscheinungen dieselbe Revolution erwartet, die im Gebiete des Geistes stattgefunden. Der Gedanke geht der Tat voraus, wie der Blitz dem Donner. Der deutsche Donner ist freilich auch ein Deutscher und ist nicht sehr gelenkig, und kommt etwas langsam herangerollt; aber kommen wird er, und wenn Ihr es einst krachen hört, wie es noch niemals in der Weltgeschichte gekracht hat, so wißt: der deutsche Donner hat endlich sein Ziel erreicht. Bei diesem Geräusche werden die Adler aus der Luft tot niederfallen, und die Löwen in der fernsten Wüste Afrikas werden die Schwänze einkneifen, und sich in ihren

22 Ebd., S. 539.

königlichen Höhlen verkriechen. Es wird ein Stück aufgeführt werden in Deutschland, wogegen die Französische Revolution nur wie eine harmlose Idylle erscheinen möchte.«[23] Die Revolution als Apokalypse ist wohl die romantische Grundvorstellung, worin sie sich von den aufklärerisch rationalen Vorstellungen und Bildern unterscheidet, die in geometrischer Symbolik des Lichts, der Sonne und des dreieckigen Winkelmaßes die Revolution denken. Sie romantisch zu denken heißt das Ereignishafte, ja Katastrophische selbst zu evozieren. An die Stelle des Lichts und der Sonne rückt das Unwetter, die elektrische Entladung.

So steht auch im Zentrum des eschatologisch-utopischen Märchens von Novalis' *Heinrich von Ofterdingen* die apokalyptische Szene: »Die Szenen verwandelten sich unaufhörlich, und flossen endlich in eine große geheimnisvolle Vorstellung zusammen. Himmel und Erde waren in vollem Aufruhr. Alle Schrecken waren losgebrochen. Eine gewaltige Stimme rief zu den Waffen. Ein entsetzliches Heer von Todtengerippen, mit schwarzen Fahnen, kam wie ein Sturm von dunkelen Bergen herunter, und griff das Leben an, das mit seinen jugendlichen Schaaren in der hellen Ebene in muntern Festen begriffen war, und sich keines Angriffs versah. Es entstand ein entsetzliches Getümmel, die Erde zitterte; der Sturm brauste, und die Nacht ward von fürchterlichen Meteoren erleuchtet. Mit unerhörten Grausamkeiten zerriß das Heer der Gespenster die zarten Glieder der Lebendigen. Ein Scheiterhaufen türmte sich empor, und unter dem grauenvollsten Geheul wurden die Kinder des Lebens von den Flammen verzehrt. Plötzlich brach aus dem dunklen Aschenhaufen ein milchblauer Strom nach allen Seiten aus. Die Gespenster wollten die Flucht ergreifen, aber die Flut wuchs zusehends, und verschlang die scheusliche Brut. Bald waren alle Schrecken getilgt. Himmel und Erde flossen in süße Musik zusammen.«[24]

Es sollte im Zusammenhang von Novalis' komplexer Metaphorik aus naturphilosophisch-apokalyptischen Elementen und solchen aus dem Bereich des Horrors erwähnt sein, daß Edmund Burke, der englische Theoretiker der Gegenrevolution, als Ästhetiker

23 Heinrich Heine, *Zur Geschichte der Religion und Philosophie in Deutschland*, in: *Sämtliche Schriften*, a.a.O., S. 639f.

24 Novalis, *Werke, Tagebücher und Briefe*, hg. v. H.-J. Mähl u. R. Samuel, München 1978, Bd. 1, S. 348.

und Autor der bedeutenden Schrift über das Erhabene in der Revolution auch das Erhabene des Schreckens sah, wie er in seiner Ästhetik analysiert hatte, eine Vorstellung, die sich der romantischen Gattung der gotischen Schreckenserzählung mitgeteilt hat.[25] Hier tritt zur romantischen Imago der Revolution als Ereignis das Ambivalente aus Schrecken und Erhabenheit, und damit – so muß man folgern – übersetzt die romantische Rede, sofern sie direkt oder indirekt von der Revolution spricht, die klassizistische, referentielle und weitgehend ideologische Zeichensprache in eine vagere, das heißt aber modernere, nicht referentielle Metaphorik, so wie Schlegels Prophezeiung einer ästhetischen »Revolution« sich von Schillers ästhetischer Utopie darin unterscheidet, daß jener die Zeit, ja die Gegenwart selbst emphatisiert, während Schiller diese gerade der Idee unterwirft (Neunter Brief der *Ästhetischen Erziehung*). Mit dieser Erkenntnis wird noch deutlicher, inwiefern es bei der Frage nach dem Zusammenhang von Romantik und Revolution nicht bloß um die Abbildung der Revolution in der romantischen Metapher geht, sondern um den romantischen Stil als Ereignis selbst, so wie es Friedrich Schlegel mit seinem Hinweis auf die »überraschende Zufälligkeit« des »chemischen Stils« ins Bewußtsein hob. Diesen Zusammenfall von Elektrischem und Zufälligem als Bedingung der Revolution und als Bedingung des romantischen Stils zu lesen, bietet Heinrich von Kleists Essay *Über die Allmähliche Verfertigung der Gedanken beim Reden* die überzeugendste Möglichkeit. Da ist zunächst seine Schilderung von des Grafen Mirabeau entscheidender negativer Reaktion auf den Befehl des Königs, mit der man den eigentlichen Beginn des revolutionären Prozesses des Sommers 1789 datiert: »Ich glaube, daß mancher große Redner, in dem Augenblick, da er den Mund aufmachte, noch nicht wußte, was er sagen würde. Aber die Überzeugung, daß er die ihm nötige Gedankenfülle schon aus den Umständen, und der daraus resultierenden Erregung seines Gemüts schöpfen würde, macht ihn dreist genug, den Anfang, auf gutes Glück hin, zu setzen. Mir fällt jener ›Donnerkeil‹ des Mirabeau ein, mit welchem er den Zeremonienmeister abfertigte, der nach Aufhebung der letzten monarchischen Sitzung des Königs am 23. Juni, in welcher dieser den

25 Hierzu Ronald Paulson, *Representations of Revolution (1789-1820)*, New Haven 1983, S. 221.

Ständen auseinander zu gehen anbefohlen hatte, in den Sitzungssaal, in welchem die Stände noch verweilten, zurückkehrte, und sie befragte, ob sie den Befehl des Königs vernommen hätten? ›Ja‹, antwortete Mirabeau, ›wir haben des Königs Befehl vernommen‹ – ich bin gewiß, daß er bei diesem humanen Anfang, noch nicht an die Bajonette dachte, mit welchen er schloß: ›ja, mein Herr‹, wiederholte er, ›wir haben ihn vernommen‹ – man sieht, daß er noch gar nicht recht weiß, was er will. ›Doch was berechtigt Sie‹ – fuhr er fort, und nun plötzlich geht ihm ein Quell ungeheurer Vorstellungen auf – ›uns hier Befehle anzudeuten? Wir sind die Repräsentanten der Nation.‹ Das war es, was er brauchte! ›Die Nation gibt Befehle und empfängt keine.‹ – um sich gleich auf den Gipfel der Vermessenheit zu schwingen. ›Und damit ich mich Ihnen ganz deutlich erkläre‹ – und erst jetzo findet er, was den ganzen Widerstand, zu welchem seine Seele gerüstet dasteht, ausdrückt: ›so sagen Sie Ihrem Könige, daß wir unsre Plätze anders nicht, als auf die Gewalt der Bajonette verlassen werden.‹ – Worauf er sich, selbstzufrieden, auf einen Stuhl niedersetzte.«[26] Es kann hier nicht darum gehen, Kleists Interpretation von Mirabeaus Rede im Ballhaussaal auf ihre politische Angemessenheit hin zu überprüfen, inwieweit seine Lektüre die Strukturierung einer Rhetorik zwischen Einfall und Planung trifft. Es gibt gute Gründe anzunehmen, daß Mirabeau beim Ergreifen des Wortes von Anfang an wußte, was er in staatsrechtlicher Konsequenz sagen wollte: Die Deklamation theoretisch längst begründeter politischer Rechte. Kleist macht hingegen eine Erfindung daraus, die auch semantisch seinem eigenen hypotaktisch-eruptiven Stil entspricht. Interessant ist dabei, daß die Überzeugung der französischen Rhetorik des 18. Jahrhunderts, es gäbe für jede »Sache« das richtige »Wort«, in der revolutionären Epoche sich auflöst und statt dessen ein Auseinanderklaffen von »Wörtern« und »Sachen« zur bedrohlichen Einsicht wird.[27] Dieser Einsicht entspricht Kleists Theorie vom intuitiven Charakter jedes Gedankens, der deshalb erst im Sprachvollzug zu sich selbst kommt, eine sprachtheoretische Idee, die

26 Heinrich von Kleist, *Sämtliche Werke und Briefe*, hg. v. Helmut Sembdner, München 1977, Bd. 2., S. 320.

27 Vgl. zu dieser Tendenz Reinhard Koselleck, »Abstraktheit und Verzeitlichung in der Revolutionssprache«, in: R. Reichardt und E. Schmitt (Hg.), *Die Französische Revolution als Bruch des gesellschaftlichen Bewußtseins*, a.a.O., S. 225.

sich mit der schon am Beispiel von Schlegels Kategorie der »Unverständlichkeit« erörterten frühromantischen Theorie von Sprache als eines selbstreferentiellen Ausdruckssystems berührt. Novalis' kurzer Text *Monolog* stimmt darin mit Schlegels und Kleists Auffassung überein, wenn er sagt: »...daß wenn einer bloß spricht, um zu sprechen, er gerade die herrlichsten, originellsten Wahrheiten ausspricht, ganz im Gegensatz zu jemand, der etwas Bestimmtes zu sagen schon im Sinne hat!«[28] Novalis bezweifelt wie Schlegel die referentielle Funktion der Sprache als ihr Charakteristikum und setzt dagegen ihre Selbstreferenz: »Der lächerliche Irrthum ist nur zu bewundern, daß die Leute meinen – sie sprächen um der Dinge willen. Gerade das Eigenthümliche der Sprache, daß sie sich bloß um sich selbst kümmert, weiß keiner. Darum ist sie ein so wunderbares und fruchtbares Geheimniß...«[29] Mirabeau sprach im Unterschied zu Kleists Rede über ihn ausschließlich referentiell. Kleists Rede bezieht sich letztlich nicht auf den revolutionären Vorgang im Ballhaussaal, sondern auf ihre eigene »Plötzlichkeits«-Struktur, der die Ballhaus-Szene gerade recht ist, so wie F. Schlegel im Essay »Über die Unverständlichkeit« die Französische Revolution eine »vortreffliche Allegorie auf das System des transzendentalen Idealismus« nannte, also das Verhältnis von Referenz und Referenten umkehrte.[30]

Was für unseren Zusammenhang entscheidend ist, zeigt sich in der Einheit von geschilderter Inspiration und Kleists inspirierter Schilderung selbst. Wie die politische Strategie Mirabeaus zum »Donnerkeil« wird, abermals hier die Gewittermetapher auftaucht, die wir schon kennen, wie er zur »ungeheuren Vorstellung«, ja sozusagen zur Kleistschen »Seele« und ihres Widerstands gerät, das ist das buchstäbliche Romantischwerden des revolutionären Vorgangs. Wie dieser Prozeß aber nur über Kleists charakteristischen Satzbau der einem Ziel zufliegenden, besser: abrupt zustürzenden, eigenen Rede erkennbar wird, das ist das Revolutionärwerden der romantischen Rede. Im Zentrum der romantischen Revolution und der revolutionären Romantik steht also nicht der ideologisch-politische Gehalt, sondern die poeti-

28 Novalis, Werke, *Tagebücher und Briefe*, a.a.O., Bd. 2, S. 438.
29 Ebd.
30 Schlegel, *Kritische Schriften*, a.a.O., S. 534.

sche Bewußtseinsform selbst. Wäre damit Carl Schmitts Polemik recht zu geben, die Romantik kenne keine objektiven Gegenstände, sondern nur ihren Subjektivismus, sie sei nichts anderes als die ästhetische Form des Okkasionalismus? Carl Schmitt, der diese Polemik nicht am Beispiel Kleists, sondern Friedrich Schlegels erläuterte[31], verkannte diesen Subjektivismus gerade als Modus des modernen Bewußtseins.[32] Auf unsere Einsicht über die Differenz von politischem Gehalt und Bewußtseinsform angewandt: Kleist hat über die besondere politische Forderung des Grafen Mirabeau hinaus ein Pathos des Experiments, der Antizipation des Neuen entdeckt und beschrieben, das zum Gesetz der modernen Rede überhaupt werden wird. In einer Zweiten Passage gibt er diesem Gesetz unter Benutzung der oben genannten Metaphorik des »Elektrischen« und »Zufälligen« die definitive Bestimmung: »Wenn man an den Zeremonienmeister denkt, so kann man sich ihn bei diesem Auftritt nicht anders, als in einem völligen Geistesbankerott vorstellen; nach einem ähnlichen Gesetz, nach welchem in einem Körper, der von dem elektrischen Zustand Null ist, wenn er in eines elektrisierten Körpers Atmosphäre kommt, plötzlich die entgegengesetzte Elektrizität erweckt wird. Und wie in dem elektrisierten dadurch, nach einer Wechselwirkung, der ihm innewohnende Elektrizitätsgrad wieder verstärkt wird, so ging unseres Redners Mut, bei der Vernichtung seines Gegners zur verwegensten Begeisterung über. Vielleicht, daß es auf diese Art zuletzt das Zucken einer Oberlippe war, oder ein zweideutiges Spiel an der Manschette, was in Frankreich den Umsturz der Ordnung der Dinge bewirkte.«[33]

Diese Einsicht, inwiefern die Imagination von der romantischen Revolution nicht so sehr auf die Idee, sondern die Energeia des Ereignisses selbst abzielt, inwiefern nicht die Weisheit eines politischen Gedankens, sondern das Umstürzlerische seiner Erfindung erzählt wird, dieser Umstand ist hier besonders erläutert: Der zerstörerische Elan steht im Zentrum der Kleistschen Rede. Und dann folgt sogar die überraschende, fast frivol wirkende These von der okkasionalistischen Ursache der Französischen Revolution: An die Stelle ganzer Deduktionen aus dem Ideenhimmel

31 Carl Schmitt, *Politische Romantik*, Berlin ⁴1982.
32 Bohrer, *Die Kritik der Romantik*, a.a.O., S. 285.
33 Kleist, *Sämtliche Werke und Briefe*, a.a.O., S. 321.

erhabener Aufklärung und dem Heldenepos eines aufständischen Volkes rückt die Punktualität einer fast zufälligen Geste. Im Kontext mit Friedrich Schlegels theoretischer Aufwertung des »zufälligen« Moments ist Kleist Einfall nicht mehr als zufällig zu lesen, sondern er gewinnt die Kraft des romantischen Theorems über die Revolution par excellence: Sie ist vor allem Ereignis, das plötzlich eintritt. Darin und nicht in der Idee liegt ihr Erhabenes. Damit wird aber auch das geschichtsphilosophische Schema einer teleologischen Ausrichtung der Zeit revidiert: Die Revolution ist nicht mehr Erfüllung einer zu berechnenden Erwartung, sondern Ausdruck einer prinzipiell kontingenten Zukunft.

Daß diese Ereignisstruktur Kleists Erzählsprache in Fabel und Stil prägte, daß das zerstörerische Motiv und die eruptive Redeform beherrschend sind, bedeutet auch: die revolutionäre Imagination ist in das Kunstwerk selbst verlegt. Neben Kleist ist dies mit solcher innovatorischer Kraft nur noch bei Hölderlin zu finden. Dieser Variante des Zusammentreffens von *Elektrischem* und *Ereignishaftem* wenden wir uns abschließend zu. Wie schon festgestellt, ist Hölderlin von den hier erörterten romantischen Dichtern derjenige, der am unverhülltesten seine revolutionäre Identifikation zur Sprache gebracht hat, geradezu manifestartig in dem Briefroman *Hyperion* und in dem Tragödienfragment *Empedokles.* Allerdings handelt es sich hier noch um ein traditionelleres Abbildungsverfahren des philosophischen Dichters in hoher aufklärerischer Absicht, wie wohl Hölderlin überhaupt – seine anfängliche Prägung durch Schillers heroischen Idealismus zeigt dies – am stärksten durch die frühidealistische Philosophie geprägt bleibt, die seine Jugendfreunde Hegel und Schelling zu jeweiligen Systemen entwickelten, in die frühe Hölderlinsche Impulse eingegangen sind. Insofern und insoweit wäre Hölderlin eher dem Thema Revolution und Klassizismus zuzuordnen. Dort aber, wo seine Sprache zu ihrer eigentlichen Weise kommt, in der hymnischen Lyrik nach 1799, dort tritt auch der romantische Modus der Revolutionsimagination im bisher erörterten Sinne auf. Beispielhaft hierfür ist die Hymne *Wie wenn am Feiertage* von 1799, die erstmals 1910 von Stefan George und Karl Wolfskehl veröffentlicht worden ist, weniger wegen der verborgenen revolutionären Thematik als wegen der Emphatisierung des Dichters als heroischer Figur, als Vermittler der Götter, was Heidegger charakteristischerweise in seiner Hölderlin-Exegese in den Mittelpunkt stellte. Dieses Verhältnis zu den Göttern als Problem poetologischer Selbstreflexion, wie sie als zentrales Thema auch in der Elegie *Brot und Wein* und in *Dichterberuf* auftaucht, sei in unserem Zusammenhang nur mit gewußt. Richten wir vor allem das Interesse auf die hier verborgene Anwesenheit des revolutionären Bewußtseins und wie es sich darstellt. Wenn im *Hyperion* die Ideale der aufgeklärten, sich befreienden Menschheit des ausgehenden 18. Jahrhunderts noch unmittelbar abgebildet werden, so ist in dem Hymnus *Wie wenn am Feiertage* nicht mehr eine solche Abbildung des Themas Revolution zu suchen, sondern die stattgehabte Revolution hat sich umgesetzt in die Metaphorik des Elektrisch-Gewittrigen und des jähen Ereignisses. Daß der Blitz als »Zeit-Zeichen« zu entziffern wäre, ist in der frühen Ode *An die Deutschen* schon eindeutig festgelegt, wo es in Vorwegnahme von Friedrich Schlegels und vor allem Heinrich Heines Gewittersymbolik heißt: »Denn, ihr Deutschen, auch ihr seid / Tatenarm und gedankenvoll. / Oder kömmt, wie der Strahl aus dem Gewölke kömmt, / Aus Gedanken die Tat?«[34] Hölderlin hat den Topos von der der Revolution vordenkenden deutschen Philosophie erfunden. Und ebenso eindeutig hat er in der Ode *Dichterberuf* die epochalen Ereignisse des revolutionären Zeitalters als Gegenstand der Dichter benannt: »Ihr ruhelosen Taten in weiter Welt! / Ihr Schicksalstage, ihr reißenden, wenn der Gott / Stillsinnend lenkt, wohin zorntrunken / Ihn die gigantischen Rosse bringen, / Euch sollten wir verschweigen, ...«[35] Diese Elementarteilchen der revolutionär bewegten Rede sind nun in der Hymne *Wie wenn am Feiertage*, metrisch angeregt durch Pindars Siegeshymnen, zu einem großen komplexen System korrespondierender Zeichen vom »Ereignis« umgesetzt. Damit ist schon die Selbstbezüglichkeit der Sprache festgelegt, denn die Rhetorik des »Ereignisses« folgt der Ästhetik des Erhabenen.[36] Die Referenz des »Ereignisses« Revolution beglaubigt also nicht mehr primär diese Sprache, sondern die Selbstreferenz eines innovatorisch neuen Stils. Das Gewitter-Zeichen setzt von Beginn an den Ton: »... wenn / Aus heißer Nacht die kühlenden Blitze fielen / Die

34 Friedrich Hölderlin, *An die Deutschen*, in: ders., *Sämtliche Werke und Briefe*, hg. v. Günter Mieth, München 1970, Bd. 1., S. 224.
35 Ebd., S. 332.
36 Hierzu ausführlicher S. 101 ff. und S. 99 dieses Buches.

ganze Zeit und fern noch tönet der Donner ...«[37] Scheinbar noch bezogen auf eine bukolisch-ländliche Szene, in welcher der Dichter naturnah wie der Landmann steht, geht die Blitz- und Donnerszene über in das Geschichtsbild:

»Die Natur ist jetzt mit Waffenklang erwacht, / Und hoch vom Aether bis zum Abgrund nieder / Nach festem Gesetze, wie einst, aus heiligem Chaos gezeugt, / Fühlt neu die Begeisterung sich, / Die Allerschaffende, wieder.

Und wie im Aug ein Feuer dem Manne glänzt, / Wenn Hohes er entwarf, so ist / Von neuem an den Zeichen, den Taten der Welt jetzt / Ein Feuer angezündet in Seelen der Dichter. / Und was zuvor geschah, doch kaum gefühlt, / Ist offenbar erst jetzt«[38]

Dennoch wäre es vordergründig, hiervon die Narratio politisch-historischer Vorgänge des Jahres 1799 ablesen zu wollen. Vielmehr hat man zu erkennen, inwiefern eine spezifische Metaphorik des erhabenen »Ereignisses« unabhängig von inhaltlicher Referenz inszeniert wird. Das »fern noch tönet der Donner« ist solch eine zentrale Metapher, die in ganz anderem Zusammenhang in der Hymne *Patmos* wiederkehrt. Man kann sie nicht als Zeichen für eine bewegte Realität außerhalb des Gedichts lesen, sondern als Bewegung des Gedichts, als Bewegungs-Stereotype der Hölderlinschen Imagination des »Ereignishaften«.

Hölderlin fliegt Zeithistorisches als Stoff zu, der nicht als Thema reproduziert wird, sondern radikal benutzt und verbraucht für die Stimmung des »Gesangs«. Wohl ist es der Dichter, der die »Taten der Welt«, das sind die umwälzenden Ereignisse der neunziger Jahre des 18. Jahrhunderts, nicht zuletzt Napoleons Taten, des Generals der siegenden Republik, versteht! Aber das wiederholte Blitz-Zeichen »Vom heiligen Strahl entzündet«, »schnell betroffen« gilt der »Seele« des Dichters, dem »Gesang«, den die Erinnerung in die »Tiefen der Zeit« trägt. Die Konnotation von Blitz-Zeichen und Dichter gipfelt in den Strophen: »Doch uns gebührt es, unter Gottes Gewittern, / Ihr Dichter! mit entblößtem Haupte zu stehen, /Des Vaters Strahl, ihn selbst, mit eigner Hand / Zu fassen und dem Volk ins Lied / Gehüllt die himmlische Gabe zu reichen.«[39]

37 Friedrich Hölderlin, a.a.O., S. 254.
38 Hölderlin, *Sämtliche Werke und Briefe*, Bd. 1, a.a.O., S. 254.
39 Ebd., S. 255.

Die Hymne, deren erste Veröffentlichung hier abschloß, läuft aus in eine Reflexion über das besondere, privilegierte Verhältnis des Dichters zum Erscheinen der Götter im Blitz und über die Bedingung, daß ihn dieser Blitz nicht versenge. Das Blitz-Zeichen ist zwar die mythologisch verbürgte Metapher der Götter und ist gleichzeitig theoretisch kodifiziert in der Ästhetik des Erhabenen seit Pseudo-Longinus' Schrift. Aber sie hat hier eine hermeneutische Aktualisierung erfahren: Ihr Ereignischarakter verweist selbst auf die spezifische strukturelle Bedingung der Hölderlinschen Hymne. Diese steht im Zeichen eines emphatischen »Jetzt«! Dieses »Jetzt« ist am strategischen Ort des Darstellungsverfahrens mehrfach wiederholt. Sozusagen die Geschichtszeit bevorstehender Ereignisse ansagend, heißt es: »Jetzt aber tagt's«[40], die behauptete Simultanität von der Hymne des Dichters und »Taten der Welt« gipfelt im wiederholten »Jetzt«, und das wahre Bewußtsein davon ist zum dritten Mal im »Jetzt« kodifiziert. »Und was zuvor geschah, doch kaum gefühlt, / Ist offenbar erst jetzt...«[41] Dieses emphatische »Jetzt«[42], dem ein plötzlich eintretendes Ereignis von weltgeschichtlicher Bedeutung als Hintergrund dient, vollzieht sich als Epiphanie des »Göttlichen« im Text selbst. Es handelt sich nicht um einen metaphorisch versetzten Kommentar zur revolutionären Zeitgeschichte und des Dichters Anteil daran. Das autobiographisch verbürgte Selbstverständnis Hölderlins als »Vorbote außerordentlicher Dinge«[43] verführt zu einer solchen referentiellen Vereinfachung: einer Paraphrasierung inhaltlicher Elemente. Die Epiphanie ist dergestalt metaphorisch und strukturell angelegt, so daß Hölderlins hier ausgesprochenes Dichtungsverständnis selbst als Herstellung einer »Ereignis«-Struktur gelesen werden könnte. Inhaltliche Referenzen arbeiten im poetischen Kontext dieser Ereignisstruktur nur zu. Dies wiederholt sich in den großen Gedichten *Brot und Wein* oder *Patmos.* Man kann sie verstehen als moderne Mythologeme über den Eintritt des Außergewöhnlichen in die reale Zeitgeschichte, sei es als altgriechischer Modus: »Wo, wo leuchten sie denn, die fernhintreffenden Sprü-

40 Ebd., S. 254.
41 Ebd.
42 Vgl. hierzu S. 108 dieses Buches.
43 So im Brief vom 10. Januar 1797 an J. G. Ebel, in: Hölderlin, *Sämtliche Werke und Briefe,* 2. Bd., S. 717.

che? / Delphi schlummert und wo tönet das große Geschick? / Wo ist das schnelle? wo bricht's, allgegenwärtigen Glücks voll / Donnernd aus heiterer Luft über die Augen hinein?« (so in *Brot und Wein*), sei es als christlicher Modus: »Drum sandte er ihnen / Den Geist, und freilich bebte / Das Haus und die Wetter Gottes rollten / Ferndonnernd über / Die ahnenden Häupter, da, schwersinnend, / Versammelt waren die Todeshelden«, (so in *Patmos*). Immer ist ein Bewußtsein tätig, das von einem prinzipiellen Wechsel des Paradigmas, einem plötzlichen Bruch in der vorgestellten Zeit spricht. Dieser Bruch hat in der großen Revolution zwar ein faktisches Äquivalent, aber die endgültige Rißstelle findet im Gedicht statt. Was bei Schlegel und Kleist sich als experimentelles Sprechen vom Eintreten des Unvorhergesehenen vollzieht, das vollzieht sich bei Hölderlin als erhabenes Sprechen. Das revolutionäre Zeichen des Blitzes und des Gewitters ist allen romantischen Texten gemeinsam. Sie wären keine Literatur, würde sich das Thema der Revolution inhaltlich-ideologisch unmittelbar abbilden. In diesem Sinne also ist zu verstehen, daß die romantischen Texte die Revolution nicht abbildeten, sondern die Revolution sich in ihnen als ein Anderes abbildete. Das zu sagen bedeutet keine nihilistische Zerstörung gewichtiger Gehalte, wie einerseits George Steiner, andererseits eine auf Ideengeschichte starrende Philologie sagen würde. Es bedeutet vielmehr, endlich mit der tradierten hermeneutischen Praxis aufzuhören, die in literarischen Texten diskursive, meist »weltanschaulich« gemünzte Identifikationen vornimmt, die sich der Germanistik als historischer, nicht ästhetischer Disziplin verdanken und der notorischen Mentalität ihrer Vertreter. Die gewichtigen Gehalte, im Falle Hölderlins eine frühidealistisch geprägte Vorstellung von dem abwesenden, aber wiederkehrenden Gott, sind im poetischen System so versetzt, daß eine philosophische oder theologische Lektüre daran scheitert oder unzulässige Sinn-Stiftung vornimmt, die sich in Banalisierung verliert, von der die profunde Gelehrsamkeit nicht ablenken sollte.[44] Indem die »Revolution« in der Verhüllung von Zeichen

44 Als aktuelles Beispiel für die problematische Identifikation poetischer Systeme mit philosophisch-sozialen Kategorien ist der von Christoph Jamme und Gerhard Kurz herausgegebene Band *Idealismus und Aufklärung. Kontinuität und Kritik der Aufklärung in Philosophie und Poesie um 1800* (Stuttgart 1988) zu nennen. Abgesehen von dem ideologisch bornierten Kriterium, vor allem Aufklärungsanteile der Früh-

des Elektrischen und eines neuen, experimentell gewagten Satzbaus auftritt, ist sie zum andauernden Ferment der Moderne geworden, die jene romantischen Dichter erfanden: eine Moderne, die – das ist jetzt verständlicher – in der dialektischen Spannung zwischen Zeichen des Erhabenen und des Zufalls stand. Wäre dem Erhabenen nicht die Kategorie des Zufälligen zugeordnet, hätte die Idee nicht die Causa des »Ereignisses«, dann expandierte dieses Erhabene nämlich zu einem Unterwerfung heischenden, quasi politischen bzw. pseudoreligiösen Zeichen. Indem die poetisch-romantischen Texte im Unterschied zu jenen des didaktischen Klassizismus sich einer einfachen Abbildung oder gar Affirmation der zur Revolution gewordenen Aufklärung bzw. Utopie entziehen, retten sie gerade das revolutionäre Prinzip selbst, das zum Prinzip der Moderne werden wird: das dynamische Prinzip des permanent sich verwandelnden »Ereignisses«.

romantik benennen zu können, geht die Intention des Bandes bei bemerkenswerten Einzelbeiträgen (Hartmut Böhme, Sven Aage Jørgensen) an der methodisch gebotenen Beachtung der Differenz zwischen poetischem und philosophischem Diskurs prinzipiell vorbei. Diese Tendenz und ihr Argumentationsverfahren läßt sich aufschlußreich am Beitrag Christoph Jammes, *Aufklärung via Mythologie. Zum Zusammenhang von Naturbeherrschung und Naturfrömmigkeit um 1800* (S. 35-58), studieren, der meint, den Begriff der »Neuen Mythologie« hinreichend erklärt zu haben, wenn er ihn – um ihn zu retten – dem philosophischen Projekt des jungen Schelling zuschlägt, Friedrich Schlegel miteinbeziehend, ohne die kategoriale Differenz beider überhaupt anzudeuten, geschweige zu diskutieren. Die literarhistorisch und ästhetisch wirklich relevante frühromantische »Neue Mythologie« Friedrich Schlegels war ein poetologisch-kulturkritischer Entwurf, der den philosophischen Kontext Schellings gerade aufkündigte (hierzu Näheres S. 126ff. dieses Buches). Jamme dagegen schlägt Schlegel dem Versuch zu, »die philosophischen Ideen und wissenschaftlichen Entdeckungen der Zeit in einem poetischen Gewand darzustellen«. Der Begriff des »poetischen Gewandes« entstammt jener Tradition der deutschen Germanistik, die, mit den Worten ihres Mitbegründers Gervinus gesagt, kein Interesse hat an der »ästhetischen Beurteilung der Sachen«. Woran nichts »sachlich« ist, wird von ihr erst zur »Sache« gemacht.

Erscheinungsschrecken und Erwartungsangst
Die griechische Tragödie als moderne Epiphanie

Offensichtlich stehen die Evokation des *Ereignisses* und das *Erhabene*, so weit es die semantisch-metaphorischen Bedingungen betrifft, in einem Zusammenhang. Man müßte schließlich die Kategorie des *Schreckens* hinzuziehen, um das hier relevante ästhetische Koordinatensystem vollständig zu machen. Die *Ästhetik des Schreckens*[1] ist theoriegeschichtlich betrachtet vorrevolutionär. Sie ist ein Teil der Erhabenheitsästhetik des 18. Jahrhunderts, die in Edmund Burkes Schrift über das Schöne und Erhabene ihren inspirierenden Fokus fand, nachdem englische und französische Neuansätze zur Deutung von *delightful horror* und *terreur agréable* vorangegangen waren.[2] Den *Schrecken* und das *plötzlich* eintretende Ereignis hat Edmund Burke unter seine kardinalen Bestimmungsmerkmale des Erhabenen aufgenommen.[3] Schon Pseudo-Longinos stellt in seiner Schrift *Peri Hypsous*, die durch Boileaus Übertragung (1674) von der französischen Ästhetik des 17. Jahrhunderts wiederentdeckt wurde, Bestimmungsmerkmale des Schreckens, zwar nicht das Plötzliche, so doch das Moment-

1 Unter diesem Begriff habe ich ursprünglich Motive und Anschauungskategorien einer dezisionistisch gewordenen literarischen Moderne (z. B. Ernst Jünger, Französischer Surrealismus) und deren Ursprünge in der europäischen Romantik gefaßt. (Vgl. K. H. Bohrer, *Die Ästhetik des Schreckens. Ernst Jüngers Frühwerk und die pessimistische Romantik*, München 1978). Diese Einschränkung ist im Folgenden aufgegeben, weil der Begriff des »Schreckens« sich als eine unabhängig von zeitlichen Zuschreibungen fruchtbare ästhetische Kategorie erwiesen hat, die freilich noch einer linguistischen Ergänzung bedürfte, um nicht ontologisch mißverstanden zu werden.

2 Hierzu Carsten Zelle, *Angenehmes Grauen: Literaturhistorische Beiträge zur Ästhetik des Schrecklichen im 18. Jahrhundert*, Hamburg 1987, S. 75-186.

3 Edmund Burke, *Vom Erhabenen und Schönen* (A Philosophical Inquiry into the Origin of our Ideas on the Sublime and the Beautiful). Aus dem Englischen übersetzt von Friedrich Bassenge, Berlin 1956, S. 121.

hafte und das Unerwartete, ins Zentrum seiner Phänomenologie emphatischer Rede.[4]

Nun hatten wir Hölderlins Emphatik präsentischen Sprechens und den Ereignischarakter der Französischen Revolution in einen, wenn auch indirekten, Zusammenhang gebracht. Nachdem aber deutlich wird, daß der Modus des plötzlich eintretenden Schrekkens – wie wir das Interesse der vorrevolutionären Ästhetiken einmal verkürzend pointieren wollen – keineswegs abhängig ist von der Zeiterfahrung der Revolution als historisch reflektiertem Epochenereignis, wäre die Beziehung von Revolution und Sprache des Ereignisses also genauer zu fassen: Hier kommt offenbar eine aktuelle einmalige Zeiterfahrung mit einem für die ästhetische Imagination vorab strukturell Gegebenen zusammen. Die Revolution kann als erhabenes Ereignis wirken, weil sich in ihrer Plötzlichkeit eine schon vorgegebene Bedingung literarischer Phantasie aktualisiert. Insofern ist etwa Hölderlins Evokation des *Jetzt* nicht bloß eine Abbildung, keine Referenz an das geschichtliche Ereignis, sondern es ist auch selbstreferentiell. Deshalb sind Versuche, in der romantischen Kunst Repräsentationen der Revolution abzulesen[5], also etwa die Schrecken des englischen gotischen Romans zurückzulesen auf die Schrecken der Revolution[6], zu modifizieren: Richtiger ist es zu sagen, daß der Erhabenheitsschrecken, den Edmund Burke 1756, über dreißig Jahre vor Ausbruch der Französischen Revolution, entwickelt hat, in der Französischen Revolution eine unerwartete Materialisierung gefunden hat[7], weil Burkes Schrift im Kontext der Revolution neu gelesen wurde.

Allerdings, so könnte man einwenden, betrifft diese Priorität der ästhetischen Vorstellung vor der realgeschichtlichen Erfahrung eine Theorie! Wie steht es aber mit der dichterischen Imagination selbst? Ist sie nicht eine vom Impuls der dramatischen Epochenerfahrung begründete Form? Wie schon angedeutet, bedeutet die jähe Abfolge umstürzlerischer politischer Ereignisse eine günstige materielle Bedingung für die Imaginationsfigur des plötzlich eintretenden Ereignisses, sei es nun das Erhabene der Götter oder der

4 Pseudo-Longinus, *Vom Erhabenen.* Griechisch und Deutsch. Von Reinhard Brandt, Darmstadt 1966, S. 31, 99.

5 Vgl. Ronald Paulson, *Representations of Revolution*, a.a.O.

6 Ebd., S. 221.

7 Ebd., S. 66 f.

Schrecken der Tragödie. Es ist auch richtig, daß infolge des Prozesses der Moderne zum 20. Jahrhundert der Verzeitlichungscharakter der politisch-sozialen Ereignisse, d.h. eine absehbare Verkürzung der jeweiligen Abläufe und ihrer Erfahrung, wie das Koselleck entwickelt hat, die Imaginationsfigur des *Plötzlichen* und des *Schreckens* so sehr begünstigte, daß diese ins Zentrum moderner Literatur und Kunst rücken konnte.

Die sich darob anbietende Gleichung: moderne Zeiterfahrung = Imagination des Schreckens gerät indes in Schwierigkeiten, wenn man erkennt, daß dieser Schrecken nicht erst in der vorrevolutionären, die Ästhetik des Schreckens schon vorbereitenden sensualistischen Ästhetik auftaucht, sondern am Anfang der europäischen Literatur steht, nämlich der attischen Tragödie. Diese hat vorab den Schrecken als Urmotiv literarischer Phantasie sozusagen erfunden. Überraschenderweise ist er aber, bis Kierkegaard und Nietzsche dies unterschiedlich taten, niemals theoretisch als ästhetisches Phänomen erörtert worden, sondern es ist kennzeichnend für die philosophisch-theoretische Auseinandersetzung und die Wirkung ihrer Prädominanz[8] von Aristoteles über Lessing, Diderot und Hegel bis hin zur neueren altphilologischen Forschung[9], daß bei der Tragödie nicht ihr Schrecken, sondern gerade

8 Einen guten Überblick hierüber gibt Walter Kaufmann, *Die Tragödie und die Philosophie*, Tübingen 1980.

9 Charakteristisch ist, daß die jüngere Summa der Aischylos-Forschung, die Hildebrecht Hommel 1974 herausgab (*Wege zu Aischylos* I und II), keinen einzigen Beitrag zur Ästhetik des ersten attischen Tragödiendichters enthält, sondern beherrscht ist von religiösen und ethisch-politischen Themen. Wieweit diese Abstinenz sich einem methodischen Skrupel verdankt, dem eine ästhetische Annäherung die Gefährdung gebotener historischer Distanz impliziert, wie sie Klaus Schneider anmahnte (»Das religiöse Empfinden als Kriterium philologischer Interpretation. Zur Gerichtsszene der Eumeniden«, in: Hommel, *Wege zu Aischylos,* Bd. II, S. 319ff.), ist zu bezweifeln. Gerade die philosophisch-theologische Deutung steht häufig im Zeichen aktueller Interessen. Diese erstaunliche Regel einer einseitigen Fragestellung ist bisher, soweit ich sehe, nur von Jacqueline de Romilly unterbrochen worden: *La Crainte et l'Angoisse dans le Théâtre d'Eschyle,* Paris 1968. Die Autorin betont schon die Unmittelbarkeit und Körperlichkeit der Angstsymptome und verweist auf die psychische Evokation (etwa der Schilderung des Opferrituals der Iphigeneia, ebd., S. 40). Während bei Sophokles und Euripides die Furcht nicht selbst beschrieben werde, so

die Auflösung dieses Schreckens im Mittelpunkt des Interesses standen: das heißt, das historisch-philosophische Interesse am Ablauf des teleologisch gesehenen Zivilisationsprozesses überdeckte immer das Interesse am künstlerischen Phänomen selbst und hat letzteres ersterer Absicht unterworfen: indem es die Greuel der Tragödie sinnstiftend versöhnte, verkannte es deren eigentliche ästhetische Form. Diese Verkennung kennzeichnet die repräsentativen Arbeiten der älteren Generation (B. Snell, W. Schadewaldt) bis hin zu jüngeren (W. Jens, V. Hösle).[10]
Ich möchte deshalb am Beispiel von Aischylos' *Agamemnon*, dem ersten Teil der Atriden-Tetralogie, auf die besondere Struktur ihres literarischen Schreckens eingehen und danach fragen, inwiefern hier schon jener Modus des *plötzlichen* Schreckens vorliegt, wie er in der nachrevolutionären westeuropäischen Literatur bis in die allerjüngste Gegenwart, also seit Hölderlin und Kleist bis Breton, Artaud und Peter Weiss, auftaucht. Ein solcher Fall ist nicht zu erwarten, wenn man die historisch-sozialen und bewußtseinsgeschichtlich unterschiedlichen Bedingungen des fünften griechischen Jahrhunderts vor Christus und der europäischen Moderne des 19. und 20. Jahrhunderts vergleicht. Nicht zuletzt ist ja dafür gerade der archaische Mythos, worauf die Schrecken der griechischen Tragödie jedenfalls thematisch beruhen, ein schlagendes Indiz. Ein solch vorab erhobener historischer Einwand gegen Analogien zwischen dem ästhetischen Schrecken der griechischen Tragödie und der modernen Literatur stünde aber im

die Autorin, finde bei Aischylos dagegen eine metaphorische Sprache der Furcht kühne Anwendung (ebd., S. 19). Generell ist der poetische Aspekt von jüngeren Arbeiten betont worden, so von John Herington, *Aischylus*, Yale University Press, 1986, S. 112, nachdem Richmond Lattimore schon 1958 in *The Poetry of Greek Tragedy*, Baltimore, die Relevanz dieser Frage erkannt hat.

10 Dieses Faktum ist, soweit ich sehe, bisher nur von Hans-Thies Lehmann angemessen erkannt und in allen Details und Konsequenzen belegt worden (in: H.-Th. Lehmann, *Theater und Mythos. Die Konstitution des Subjekts im Diskurs der antiken Tragödie*, Stuttgart 1991, S. 80 ff., 85, 90, 98 ff., 110, 118, 133, 140, 169). Im Folgenden werde ich auf Differenzen und Übereinstimmungen eingehen, was bei der Vortragsfassung (1989) und partiellen Erstveröffentlichung (1991) meines Textes nicht möglich war, da dieser und Lehmanns Buch gleichzeitig erschienen sind.

Zeichen einer Repräsentationstheorie, die nicht abwägt, daß literarische Phantasie sich autonom abschließen könnte vor solch einer unmittelbaren sozial-historischen Determinanz. Die Alternative hierzu wäre folgende: Wenn man an dem historischen Abbildungsschema festhielte, aber an der Vergleichbarkeit des Schreckens des fünften vorchristlichen und des nachchristlichen 19. und 20. Jahrhunderts nicht vorbeikäme, der griechisch-athenischen Stadtzivilisation einen modernen Kern zuzubilligen.[11] Oder aber man müßte den Schrecken als ausschließliches ästhetisches Kriterium der Moderne aufgeben, falls sein Strukturelement, der plötzlich erscheinende Schrecken, tatsächlich nicht auf die moderne Epoche zu beschränken wäre. Das könnte wiederum eine Revision des emphatisch verstandenen Begriffs der Moderne nach sich ziehen.

I

Bevor ich mich der Frage nach dem Schrecken in der Tragödie des Aischylos konkret zuwende, möchte ich die Grundbedingung einer modernen Ästhetik des Schreckens nennen, die aus der Analyse repräsentativer Werke der modernen Literatur ableitbar ist, von denen ich namentlich hier nur als nachromantische Beispiele des ausgehenden 19. und frühen 20. Jahrhunderts nenne: Baudelaire, Lautréamont, Maeterlinck, Hofmannsthal, Breton und Musil, als im einzelnen divergierenden, im Zeichen des Schreckens

11 Die Diskussion um den Zeitpunkt der eintretenden Moderne ist durch das Hinzutreten neuer Kriterien komplexer geworden, wobei sich die Zeitgrenze immer weiter in einen Zeitraum verschoben hat, der ursprünglich nicht unter Modernitätserwartungen betrachtet wurde. Beispielhaft hierfür steht Benjamin Nelsons Darstellung der italienischen Stadt des 12. Jahrhunderts (*Der Ursprung der Moderne*, Frankfurt a. M. 1986). Was die vorchristliche griechische Stadt anbetrifft, so haben sich auch hier seit E. R. Dodds (*The Greeks and the Irrational*, 1966) bis zu den Arbeiten von Christian Meier die Einsichten über deren moderne Elemente verstärkt, auch wenn man ihre Relativität weiterhin betonen muß (so Lehmann, *Theater und Mythos*, a.a.O., S. 159). Weitere Auskunft zur Datierung des Beginns der Moderne gibt Stephen Toulmin, *Kosmopolis. Die unerkannten Aufgaben der Moderne*, Frankfurt a. M. 1991, S. 21 ff. u. S. 336.

aber repräsentativen Vertretern der klassischen Moderne. Charakteristisch für die moderne »Ästhetik des Schreckens« ist, daß sie antiaristotelisch, d. h. ästhetisch wird: Die aristotelischen Bestimmungen der Tragödie, sie sei Nachahmung einer in sich geschlossenen Handlung, die – so die lange geltende Übersetzung – »Furcht und Mitleid« auslöse, um mittels solcher Erschütterung von Affekten dieser Art zu reinigen, dieser Reinigungs- bzw. Katharsisgedanke also, sei wenn nicht Endzweck, so doch als Ergebnis der Tragödie gedacht, interessiert die moderne »Ästhetik des Schreckens« nicht mehr! Schon Kommerell bemerkte das Aristotelische Desinteresse am Schrecken und meinte, daß damit »am Anfang der europäischen Ästhetik der Begriff des Ästhetischen in sich aufgehoben« sei.[12] Ich möchte hier nicht die Kommerellsche Diskussion darüber, was Aristoteles wirklich genau gemeint habe, vertiefen und auch nicht auf die Korrektur der traditionellen »Furcht und Mitleid«-Formel durch Manfred Fuhrmanns neue Übersetzung der *Poetik* des Aristoteles eingehen, wonach die aristotelischen Begriffe »phobos« und »eleos« fälschlicherweise mit Furcht und Mitleid übersetzt wurden, wo es statt dessen »Schrekken« und »Jammer« heißen müßte, also zwei ungleich physischpsychotischere Affekte.[13] Wolfgang Schadewaldt hat diese Revision des abschwächenden Begriffs durch einen entschieden stärkeren prinzipiell schon vorweggenommenen.[14] Wichtig für unseren Zusammenhang ist nunmehr, daß – wie anthropologisch angemessener auch Aristoteles' Tragödiendefinition gewesen sein mag, als es die aufklärerische Auslegung verstand – ihre weitere Karriere bei Corneille und Lessing eine einseitig moralische Transformation bedeutete, deren Ethik entsprechend, nämlich Stoizismus und aufklärerischer Empfindsamkeit. Dieser Transformation ging es eigentlich gar nicht um die Ästhetik der Tragödie, sondern um eine aktuelle Anthropologie.[15] Und diese anthropo-

12 Max Kommerell, *Lessing und Aristoteles. Untersuchung über die Theorie der Tragödie*, Frankfurt a. M. ⁴1970, S. 58.

13 Vgl. Aristoteles, *Poetik*. Griechisch/Deutsch. Übersetzt und herausgegeben von Manfred Fuhrmann, Stuttgart 1982, S. 19, 162 ff.

14 Wolfgang Schadewaldt, »Furcht und Mitleid? Zur Deutung des aristotelischen Tragödienansatzes«, in: ders., *Antike und Gegenwart. Über die Tragödie*, München 1966, S. 16 ff.

15 Zur spezifisch philosophischen Verkennung des ästhetischen Diskurses der Tragödie durch Aristoteles (im Unterschied zu Plato, dessen

logische Transformation ist in der modernen »Ästhetik des Schreckens« nicht mehr der wesentliche Aspekt. Mehr noch: Für die Herstellung des als ästhetischer Schrecken zu bezeichnenden Phänomens ist die Tragödienform selbst gar nicht mehr notwendig. An die Stelle einer angeblich moralischen Idee innerhalb der Tragödie rückt nunmehr die ästhetische Sensation des Schreckens selbst im Medium vieler Formen. Diese ästhetische Sensation läßt sich analytisch durch zwei Erscheinungsweisen charakterisieren: einmal ist das den Schrecken (Erschrecken) Auslösende ein Schreckliches. Zum anderen ist das den Schrecken Auslösende selbst ein *Erschrecken.* Wenn beides zusammentrifft, die objektive und die subjektive Möglichkeit, dann ist die intensivste semantische Form des modernen ästhetischen Schreckens erreicht. Der Modus dieses schreckenden Erschreckens läßt sich zudem innerhalb der modernen Literatur als der Modus, überhaupt zu sein, ausmachen: Wahrnehmen, ja denken als ein »erschreckendes Wahrnehmen«, ein »erschreckendes Denken«.[16] Hier kommt die temporäre Bedingung der modernen *Plötzlichkeit*[17] ins Spiel, die man nachdrücklich zu unterscheiden hat von weltanschaulich-religiös inspirierten Vorstellungsbildern, etwa der mystischen Erleuchtung der Gnosis oder dem griechisch-goethischen Begriff des Kairos.[18] Soweit zu den zentralen Bestimmungsmerkmalen

Polemik gegen sie gerade aus der Wahrnehmung ihrer ästhetischen Abweichung gegenüber dem Normengebot herrührte, welche die staatssubversiven Elemente verbarg) vgl. Lehmann, a.a.O., S. 147ff.

16 Vgl. hierzu Bohrer, *Die Ästhetik des Schreckens,* a.a.O., S. 181 f.

17 Zum ideengeschichtlichen und strukturellen Modus des Plötzlichen in der Moderne vgl. Bohrer, *Die Ästhetik des Schreckens,* a.a.O., S. 336ff., 367ff., und ders., *Plötzlichkeit. Zum Augenblick des ästhetischen Scheins,* Frankfurt a.M. 1981, S. 43-67, 111-138, 161-179, 180-218.

18 Die Differenz zwischen dem modernen Modus des »Plötzlichen« und seinen früheren religiösen Darstellungsweisen aufzuzeigen steht noch aus. Als Modell hierfür bietet sich Blumenbergs Kategorie der »Selbstbehauptung« an, die dieser gegen die These von der Moderne als bloßem Säkularisationsereignis gestellt hat (H. Blumenberg, *Säkularisation und Selbstbehauptung,* Frankfurt a. M. 1974). Daß die moderne Anschauungsform des »Plötzlichen« sich imaginativ durchaus abarbeiten muß gegenüber der »mystischen« Tradition, das beweist ihr sehr unterschiedliches Auftreten im Werk von James Joyce (*Stephen Daedalus*), Virginia Woolf (*Moments of Being*), Robert Musil (*Tagebü-*

des modernen ästhetischen Schreckens. Eine weitere Vorklärung aber steht aus: Wie läßt sich der ästhetische Schrecken/Erschrekken von einem jedermann geläufigen, psychisch-anthropologisch zu analysierenden, normalen Erschrecken unterscheiden?

Zunächst ist der ästhetische Schrecken, der literarische Schrecken, immer ein mit angenehmer Sensation verbundener, wie dies schon die Theorie der »gemischten Empfindung« im 18. Jahrhundert herausfand. Dennoch: Edmund Burkes und Kants unterschiedliche Ästhetik des erhabenen Schreckens ist der Wahrnehmung von Naturgegenständen und ihrer psychologischen Analyse abgeleitet. Und die früheste Analyse der angenehmen Sensation angesichts schrecklicher und erschreckender Vorgänge, Lukrez' Beschreibung einer Zuschauermenge, die vom Ufer aus einen Schiffsuntergang erlebt, läuft ebenfalls auf die Erkenntnis eines psychologisch-reflexiven Akts angesichts von natürlichen Ereignissen hinaus.[19]

Wie also verhält es sich mit dem ästhetischen Schrecken, wenn man ihn nicht als eine Variante des gewöhnlichen Schreckens fassen will? Offenbar läßt sich der anthropologisch-psychologische Faktor nicht einfach ausschließen. Die Beobachtung eines wirklich stattfindenden Mordes und die Beobachtung eines Mordes im Kriminalfilm verursachen jeweils eine psychische Erregung, die im ersten Fall als gewöhnliches, unmittelbares Erschrecken, im zweiten Fall als reflexiv-ästhetisches Erschrecken zu fassen ist: Diese Differenz ist schon von Aristoteles am Beispiel der Differenz eines gemalten und realen Untiers prinzipiell reflektiert worden, ohne daß ihm an einer »Ästhetik des Schreckens« gelegen gewesen wäre.[20] Diese Problematik ist dann von der Reflexion des Häßlichen in der Ästhetik des 18. Jahrhunderts wieder aufgenommen worden.[21] Deren partielle, im Anschluß an Aristoteles vorge-

cher). Auch die surrealistische Variante (André Breton: *Nadja*) und ihr quasi romantischer, von Walter Benjamin kritisierter Spiritualismus ist in diesem Kontext zu sehen.

19 Hierzu Hans Blumenberg, *Schiffbruch mit Zuschauer. Paradigma einer Daseinsmetapher*, Frankfurt a. M. 1979, S. 28.

20 Aristoteles, *Poetik*, a.a.O., Kap. IV; Boileau spricht von einer »Schlange«, in: *L'Art Poétique*, hg. von August Bock, München 1970, Chant III, S. 84.

21 Hierzu Herbert Dieckmann, »Das Abscheuliche und Schreckliche in der Kunsttheorie des 18. Jahrhunderts«, in: *Die nicht mehr schönen*

nommene Lizensierung im Hinweis auf die artifizielle Fassung im Sinne eines kunsttheoretischen Topos genügt natürlich nicht. Wir vereinfachen die Debatte, indem wir das schon in Perspektive genommene ›Irrationale‹ als erkannte Ursache des Vergnügens am Häßlichen nicht besonders hochrechnen, da es letztlich bei geometrisch-mechanischen Erklärungen bleibt. Beide so ähnliche Schrecken sind offenbar anders verursacht. Genügt im ersten Fall die psychologische Distinktion angesichts realer Vorgänge, so ist im zweiten Fall, da es sich nicht bloß um eine Fiktion realer Fakten, sondern sehr oft um ein Überschreiten des realen Faktums ins Irreale handelt, was in den Ästhetiken des 18. Jahrhunderts nicht bedacht wurde, ein Distinktionsgewinn über die psychische Reaktion hinaus zu konstatieren.

Die ästhetisch-formale Verursachung des nicht gewöhnlichen Schreckens muß also ins Zentrum der Frage gerückt werden. Nehmen wir als Beispiel des ästhetischen Schreckens in seiner doppelten Bewandtnis von Schrecken und Erschrecken Caravaggios Bild der *Medusa* (1590). Der Schrecken, den sie als Bildmotiv ausdrückt, ist ästhetischer Schrecken nicht deshalb, weil hier ein reales Monstrum wiederholt bzw. der Mythos vom abgeschnittenen Kopf der griechischen Gorgo zitiert ist, deren grauenvoller Anblick laut der Sage den sie Anblickenden zu Stein verwandelt. Vielmehr ergibt sich der ästhetische Schrecken aus mehreren gebrochenen ästhetischen Stilisierungen der vorgegebenen mythischen Realität.[22] Erstens: Das mythische Identifikationsmerkmal, die Schlangenhaare, sind einerseits widerwärtig (wie die Sage erzählt), sie bilden andererseits einen phantastischen, das Haupt krönenden Schmuck: es kann also nicht zu einer psychologisch

Künste. Grenzphänomene des Ästhetischen. Poetik und Hermeneutik III, hg. v. H. R. Jauß, München 1968, S. 274 f.

22 Deshalb gehen Interpretationen mythischer Motive in der Kunst, die (etwa dem Beispiel von Freuds Aufsatz *Das Medusenhaupt* folgend) einen psychoanalytischen Ansatz haben oder einen mythengeschichtlichen (etwa wie Jacques Le Riders *Das Ende der Illusion. Zur Kritik der Moderne.* Wien 1990) am Problem der ästhetischen Differenz vorbei. Zum ästhetischen Stellenwert des Motivs der Medusa vgl. Werner Hofmann (Hg.), *Zauber der Medusa. Europäischer Manierismus.* Ausstellungskatalog Wien 1987. Zur Geschichte der Ästhetisierung des Motivs: Hans Blumenberg, *Die Arbeit am Mythos,* Frankfurt a. M. 1979, S. 21 f.

eindeutigen, sondern muß zu einer imaginären Identifikation kommen. Zweitens: Das Gesicht dieser Medusa ist selbst nicht eigentlich Schrecken einflößend, sondern sie selbst scheint etwas Schreckliches zu sehen (sozusagen ihr eigenes mythisches Geschick). Ihr erschreckter Ausdruck transzendiert die gewöhnliche psychologische Erklärbarkeit von realem Schrecken: Der wie zum Schrei geöffnete Mund, die schön geschwungenen schwarzen Augenbrauen, die tiefdunkle, erstarrte Pupille der Augen, in einem unverlebten, hellen, zur Maske des »beau ténébreux« geformten Antlitz halb männlich, halb weiblichen Charakters transzendieren unsere unmittelbare Deutungsfähigkeit. Was hier eigentlich erschreckt, ist das transpsychologische Erschrecken selbst.[23] Wir leiten aus diesem Befund, gewonnen aus der Bildmotivik der Spätrenaissance, zwei auch für die moderne »Ästhetik des Schreckens« geltende kardinale Bestimmungen ab: Eine solche Ästhetik signalisiert einmal extreme *Intensität*, also Überschreitung der gewöhnlichen psychologischen Erfahrung, und impliziert einen adäquaten intensiven Response. Gleichzeitig verkündet sie eben dadurch ein *Rätsel*: Die Begriffe der *Intensität* und des *Rätsels* haben in Nietzsches Ästhetik nicht zufälligerweise die traditionellen natürlichen oder idealistisch-klassizistischen ersetzt, sie sind in jüngster Zeit erneut in die ästhetische Diskussion eingeführt worden.[24] Durch diese ästhetischen, nicht mehr psychologischen Ausdrucksqualitäten ist das Medusenhaupt in den ästhetischen Rang der *plötzlichen Erscheinung*, der selbstreferentiellen Epiphanie getreten. Die Bedingung der *Plötzlichkeit* diktiert den zeitlichen Modus gegenüber Diskursen der Kontinuität. Unser Erschrecken davor ist also kein gewöhnlich-psychologisches, sondern die durch ästhetische Wahrnehmung vermittelte tiefe Beunruhigung, die sich nicht mehr im Sinn traditioneller Ästhetik begrifflich identifizieren, sondern eher unter

23 Schon die mythologische Vorlage, die Erscheinung der archaischen Gorgo selbst, hat man auf die »außer sich selbst« geratene Figur des im Schlachtgetümmel stehenden archaisch-homerischen Helden bezogen, dessen Ausdruck sowohl erschreckend für andere als auch selbst erschreckt wirkt. Hierzu: Jean-Pierre Vernant, *Tod in den Augen. Figuren des Anderen im griechischen Altertum: Artemis und Gorgo*, Frankfurt a. M. 1988, S. 32-45.

24 Vgl. Bohrer, »Intensität ist kein Gefühl«, in: *Nach der Natur*, München 1989, S. 87ff.

der Kategorie der »ästhetischen Erfahrung« umschreiben läßt.[25] Diesen Grundbegriffen einer modernen »Ästhetik des Schreckens«, d. h. der *Intensität* und dem *Rätsel* als *Epiphanie*, wären nun die poetologischen Bestimmungen ableitbar: Was erschreckt, heißt – auf dieser poetologischen Ebene gesprochen – vor allem die Metapher als Wahrnehmungsereignis. Je stärker die Metapher die Referenz verdrängt, desto mehr gerät jeder Inhalt unter das Zeichen des faszinierenden (bedrohlichen) Signifikanten. Und selbst den literarischen Inhalt als solchen genommen: Ist er extrem oder, besser gesagt, *intensiv* erschreckend, dann verwandelt sich ohnehin sein Realitätsstatus: seine Inhaltlichkeit, d. h. seine Wirklichkeit (Wahrheit) wird überdeckt von einer Über-Wirklichkeit, sie wird nicht immer surrealistisch, aber sur-real.
Wie nun auch in der Atriden-Tetralogie eine durch die angeführten Begriffe charakterisierte »Ästhetik des Schreckens« exerziert wird – dies zu zeigen soll im folgenden versucht werden. Hauptthese: Wir haben es mit *Epiphanien* der *Intensität* und des *Geheimnisses* zu tun, ganz im Sinne des eben charakterisierten Schreckens/Erschreckens des Medusenhaupts. Diese Analogie geht so weit, daß die dramatische Hauptgestalt des ersten Teils der Trilogie, Klytämnestra, nicht bloß im zweiten Teil erkennbar dem Ausdruck einer erschreckenden/erschreckten Medusa angeglichen ist (»schrill nämlich, die Haare sträubend... den Schrei, erfüllt von Angst«, Vers 31), einer Angst, die an dieser Stelle charakteristischerweise auch namenlos bleibt. Vielmehr ist Klytämnestra explizit als »grausige Gorgo«, also als Medusa, bezeichnet, die Orestes als ein neuer Perseus töten soll (Vers 831 f.).
Bevor wir uns diese Präfiguration des *ästhetischen Schreckens* als medusenhafte Epiphanie in ihren Ausdifferenzierungen innerhalb

25 Es ist Adorno in seinem post mortem erschienenen Werk *Ästhetische Theorie* gelungen, »Ästhetische Erfahrung« in einer spezifischen Verschmelzung des Subjektiven und objektiven Faktors, das heißt einer Verbindung der kantischen Begründung des Geschmacksurteils (*Kritik der Urteilskraft*, hg. v. Wilhelm Weischedel, *Werkausgabe* x, Frankfurt 1974, S. 115 ff.) und einer Analyse der das Geschmacksurteil affizierenden Erscheinung des Kunstschönen als Erhabenes wenn nicht begrifflich zu definieren, so doch phänomenologisch zu fassen. Hierzu Näheres S. 110 ff. dieses Buches. Neben Adorno haben Jauß und Rüdiger Bubner zur bewußtseinsanalytischen Erhellung des Begriffs »Ästhetische Erfahrung« Wesentliches beigetragen.

der Tragödie näher ansehen, ist vorab noch ein methodisches Problem zu klären: Man könnte sagen, daß der Begriff des Schreckens in der *Orestie* und überhaupt in der attischen Tragödie letztlich nur über den archaischen Mythos vermittelt und verstehbar wird. Wir erinnern uns: Die Atridengreuel, der Mord Klytämnestras an ihrem aus dem Trojanischen Krieg siegreich heimkehrenden Gemahl Agamemnon und der Mord des Orestes an seiner Mutter Klytämnestra, der dadurch den Vater rächen will, sind – abgesehen von der Motivation durch einen göttlichen Befehl – im Mythos genealogisch, aber auch logisch-moralisch begründet.[26] Am Anfang der Familiengeschichte des frühgriechischen Adelsgeschlechts der spätmykenischen Periode (1200 v.Chr.) steht schon das paradigmatisch grauenhafte Verbrechen: Tantalos, der Ahnherr, bewirtet die bei ihm als Gäste einkehrenden Götter mit dem Fleisch des eigenen, von ihm geschlachteten Sohnes Pelops, um ihre Allwissenheit zu prüfen, was ihm die ewige Verdammnis zu den mythischen Tantalos-Qualen einträgt. Der Enkel Atreus, Sohn des von den Göttern wiederbelebten Pelops, der seinerzeit Mordtaten auf seiner Karriere zum Beherrscher des nach ihm benannten Peloponnes verübt, wiederholt die grauenhafte Tat des Ahnen, indem er seinem Bruder Thyestes als Racheakt dessen eigene kleine Söhne zum Mahle vorsetzt, dem Ahnungslosen nach vollendetem Mahle die aufgesparten Hände und Füße der Kinder zeigend. Agamemnon schließlich – dies ist der letzte Greuel vor seiner eigenen Ermordung – will seine Tochter Iphigeneia als Schlachtopfer darbringen, um die an der griechischen Küste stillliegende Kriegsflotte vor drohendem Abbruch, ja Scheitern des Unternehmens gegen Troja zu bewahren. Daß Iphigeneia im letzten Moment von der Göttin gerettet wird, weiß Agamemnon nicht. Diese mythologischen Fakten sind nicht nur die Voraussetzung der *Orestie*, sie werden noch einmal direkt und indirekt an zentralen Stellen erinnert. Wenn man erkennt, daß, motivgeschichtlich betrachtet, im Mittelpunkt des ersten Teils der *Orestie* wiederum ein Opferritual steht – Agamemnons Ermordung voll-

26 Über den Zusammenhang von Genealogie und Moral/Logik vgl. Klaus Heinrich, *Parmenides und Iona. Vier Studien über das Verhältnis in Philosophie und Mythologie*, Frankfurt a.M. 1982, S. 22f.

zieht sich als rituelle Schlachtung[27] – dann könnte man vermuten, der Schrecken der griechischen Tragödie sei ohne die mythologische Vorlage gar nicht zu diskutieren: Aischylos habe den grauenhaften Mythos theatralisiert.

Eine solche Deutung könnte auch durch ein modernes psychologisches, psychoanalytisches und mythisierend-anthropologisches Interesse gestützt werden, haben doch die griechischen Mythen nicht zuletzt Freuds Theorie zu zentralen Begriffen verholfen, von denen Ödipus der berühmteste ist. Gegen eine solche Auffassung sind indes zwei zentrale Einwände zu erheben. Zunächst eine historische Überlegung: Wovon Aischylos 458 vor Christus zu Beginn der klassischen Periode Athens erzählt, ist sechshundert Jahre vom Zeitpunkt der geschilderten Vorgänge entfernt. Zwar ragt das Wissen um die sozialen Widersprüche der heroisch-archaischen Adelsgesellschaft, die die Homerischen Epen hervorbrachte, noch unmittelbar in die Gegenwart Aischylos' hinein und prägt am Ende sein Thema insofern, als der Prozeß einer Entindividualisierung des Rechtsverständnisses der alten Adelsgesellschaft zugunsten eines neuen, vernunftbegründeten Übereinkommensrechts dargestellt ist. Aber gerade die Darstellung dieses Prozesses der Entstehung des politischen Denkens in Form der Tragödie[28] zeigt, wie weit sich die Tragödie vom Mythos entfernt hat.[29] Ein Grund, die Tragödie dem Mythos nahezurücken, ist die spezifische Angst und Unruhe der Aischylosschen Szene, also das zentrale Element, das hier interessiert. Man unterliegt aber einer optischen Täuschung, wenn man die »gehetzte Atmosphäre« der Menschen bei Aischylos mit der Ruhe der Homerischen Helden konfrontiert und meint, sie entspringe einem älteren, eben dem mythischen Zeitalter. Eric R. Dodds hat den in der Altphilologie lange aufrechterhaltenen Irrtum, Aischylos sei ein »Wiedergänger von Mykene«, überzeugend widerlegt und das Anwachsen einer ganz neuartigen Furcht, einer Angst-Zivilisation im 5. Jahr-

27 Vgl. Jean-Pierre Vernant, Pierre Vidal-Naquet, *Myth and Tragedy in Ancient Greece*, New York 1988, S. 141-160.

28 Vgl. Christian Meier, *Die Entstehung des Politischen bei den Griechen*, Frankfurt a. M. 1983, S. 162.

29 Es ist das Verdienst von Lehmanns Buch vor allem, nachdrücklich gemacht zu haben, was die Tragödie vom Mythos trennt: dessen Sicherheit in einem sinnstiftenden Kosmos, der gegenüber sich die Tragödie subversiv verhält (vgl. Lehmann, a.a.O., S. 25, 73, 110ff.).

hundert als moderne Ablösung vom archaischen Ethos öffentlicher Ehre religionsgeschichtlich dargelegt.[30] Soweit zur Differenz von *mythischem* Schrecken und frühklassischem Bewußtsein der *Angst*. Zum anderen ist der Modus der Rezeption zu bedenken, der eine Unterscheidung zwischen *mythischem* und *ästhetischem* Schrecken erst eigentlich notwendig macht: Die athenischen Zuschauer konnten den auf der Bühne wiedererinnerten, mythisch begründeten Greueln nicht mehr in einer mythischen Religiosität folgen. Sie kannten den Inhalt dieser Mythen, aber sie nahmen sie nicht mehr *theologisch* ernst. Ein Prozeß der Literarisierung des mythischen Stoffes war seit dem 8. Jahrhundert erkennbar. Schon der Zuhörer der *Ilias* war einer ästhetischen Strukturierung ausgesetzt. Er »befand sich in der gleichen Situation, in der sich ein Leser romanhafter Geschichte bei uns befindet«: Die geschilderten Figuren hatten für ihn die Zeitlichkeit des Märchens«.[31] Diese ästhetische Bearbeitung liegt vollends im Falle des Tragödien-*Schreckens* vor. Damit kommen wir zum entscheidenden Argument.

Die Frage nach seiner *mythischen* Substanz läßt sich folgendermaßen beantworten: Weder produktions- noch rezeptionsästhetisch ist der hier evozierte »Schrecken« mit dem Hinweis auf seine religionsgeschichtlich-mythologische Herkunft ausreichend erklärt. Ich möchte noch einen Schritt weitergehen: Selbst wenn hier ein modernes anthropologisches Interesse seine Nahrung finden könnte (ähnlich dem von einigen Vertretern des französischen Strukturalismus, vornehmlich Foucault und Julia Kristeva, die im literarischen »Wahnsinn« ein tieferes, die Vernunftgrenze überschreitendes Wissen entdeckten), so ist die in der griechischen Tragödie dargestellte »Ästhetik des Schreckens« nicht primär mit solch einer quasi mythisierenden oder anthropologischen Lektüre zu legitimieren.[32] Es geht vielmehr um die radikaler zu stellende Frage nach dem *Ästhetischen* des *Schreckens* im oben definierten Sinne!

Daß nicht diese Frage bisher im Vordergrund stand, sondern die

30 Vgl. E. R. Dodds, *Die Griechen und das Irrationale*, Darmstadt 1970, S. 27 ff.

31 Paul Veyne, *Glaubten die Griechen an ihre Mythen?*, Frankfurt a. M. 1987, S. 32 ff.

32 Hier liegt auch ein entscheidender Mangel der Arbeit von Lehmann, daß er zwar zwischen dem Diskurs der Tragödie als einem ästhetischen und einem Diskurs der Mythologie als nichtästhetischen strikt unter-

nach einer moralischen Debatte, liegt an jener zitierten mächtigen Deutungstendenz, die nach einer »Utopie der Versöhnung« sucht. Auch die immer wieder aufgenommene Frage nach der »Schuld« gehört in diesen obsoleten Zusammenhang.[33] Es wurde schon immer auf der faktischen Plotebene übersehen, daß die tragischen Helden keineswegs vornehmlich ihre Situation intellektuell reflektierten, sondern eine solche leidend erfahren und diesem Leid Ausdruck geben.[34] So reflektiert im Bericht des Chors zwar Agamemnon das Für und Wider des Entschlusses, die Tochter zu opfern. Aber diese Passage macht ihn noch nicht zu einem tragischen Helden der »Entscheidung«, da sie funktional und strukturell den Gesängen des Schreckens völlig untergeordnet ist. Diese Priorität des »Schreckens« und der »Angst« auf der Ebene der Metaphern-Ketten ist bisher weitgehend übersehen worden.[35] Dieses Verkennen steht ganz im Zeichen jener unterschwellig offenbar noch immer nachwirkenden Hegelschen Tradition, die das »Böse« und den »Schmerz« als autonome Kategorien der Kunst nicht zuläßt.[36] Auch die selbstverständlich gewordene Auffas-

scheidet, diese Differenz aber nicht an semantischen Kategorien, sondern, geleitet von den Begriffen Lacans und Julia Kristevas, an solchen von Bewußtseinszuständen (Unterbewußtsein) dartut. Damit ist zwar der Affront der Tragödie gegen die Idee der idealistischen Tradition von ihr gesichert, noch nicht aber geklärt, inwiefern und mit welchen ästhetischen Mitteln dieses geschieht.

33 Hierzu Lehmann, a.a.O., S. 76, dem ich mich auch in Folgendem anschließe.

34 Zur Theorie der »Entscheidung« vgl. Lehmann, a.a.O., S. 90 ff. Dagegen ist der frühe Aufsatz Albin Leskys »Entscheidung und Verantwortung in der Tragödie des Aischylos« (1965) zu halten, der die reflexive Entscheidungssituation im engen Textbezug noch einmal mit guten Argumenten starkmacht, weshalb es mißlich ist, daß Lehmann diese Position nicht diskutiert (Lesky, in: Hommel, a.a.O., Bd. 1, S. 335 ff.).

35 Lehmann ist bisher der einzige, abgesehen von der grundlegenden Arbeit Jacqueline de Romillys, der dies konsequent erkannt hat und von der »Angst« als »Telos« (a.a.O., S. 108) und der »Priorität« (ebd., S. 104) der Tragödie spricht, in der »Gesänge von Mitleid, Jammer und Schmerz« überwiegen (ebd., S. 51). Es bleibt bei Lehmann offen, inwiefern diese vorerst nur psychologisch gefaßten Zustandsbegriffe für eine Ästhetik und Poetologie des Schreckens fungieren können.

36 Hierzu Bohrer, *Die Kritik der Romantik*, a.a.O., S. 158 ff. Ähnlich Lehmann, a.a.O., S. 117 ff.

sung, im dritten Teil der Atriden-Trilogie triumphiere schließlich die wiederhergestellte Harmonie des Staates, so daß von diesem sicheren Punkt aus die nicht leugbaren vorangegangenen Greuel in einem verstehbaren Ganzen aufhebbar würden, ist im Lichte der dominierenden Metaphorik fragwürdig, selbst wenn Aischylos als Person in diese Richtung gedacht haben sollte.[37]

II

Strukturell läßt sich die ästhetische Qualität des Schreckens von Aischylos' *Agamemnon* durch zwei aufeinanderfolgende dramaturgische Zeitphasen charakterisieren. Erstens: die Phase der *Erwartungsangst.* Zweitens: die Phase des *Erscheinungsschreckens.* Mit Erwartungsangst[38] ist jene Zeitphase der Tragödie gemeint, in welcher eine sich intensivierende, an ambivalenten, das heißt *rätselhaften* Sprachgesten und motivlichen Zeichen orientierte Erwartung auf etwas Angstbereitendes, aber nicht genau zu Benennendes sich vollzieht, das unwiderstehbar näher kommt. Dies setzt ein mit der ambivalenten Erwartung des Wächters auf das Siegeszeichen der Griechen, ihm folgt die *enigmatische* Rede des Chors vom Opferritual der Iphigeneia und wird fortgesetzt von der Metaphorik des roten Teppichs, über den Agamemnon in den ihm tödlichen Palast schreitet. Diese Erwartungsangst ist objektiv und subjektiv vermittelt: Die Erscheinungen weisen auf ein dunkel bevorstehendes Ereignis voraus, und die Personen des Stücks reflektieren dieses Vorausweisende.

Mit Erscheinungsschrecken wiederum ist jene Zeitphase der Tragödie gemeint, in welcher die intensivste Epiphanie des Schreckens metaphorisch und motivlich formalisiert vollzogen ist: Dies beginnt mit der Schreckensahndung des Chors, wird fortgesetzt über die Schreckensprophetie der Kassandra, vornehmlich das erzählte Atriden-Grauen und die prophetische Evokation der Ermordung Agamemnons, schreitet fort zum Eintreten Kassandras

37 Hierzu Lehmann, Christian Meier kritisierend, a.a.O., S. 82.

38 Lehmann spricht beiläufig einmal von »Strafangst« (a.a.O., S. 85) und faßt damit eher das von Dodds schon dargestellte Angst-Bewußtsein des 5. Jahrhunderts, dem die Gerechtigkeit der Götter fragwürdig wurde, denn ein Instrument ästhetisch-szenarischer Rede.

in den Mordpalast und hat einen letzten Höhepunkt in den Todesschreien des unsichtbar bleibenden Agamemnons und der schließlichen Erscheinung und Rede der blutbespritzten Klytämnestra. Beide Weisen des ästhetischen Schreckens, Erwartungs- und Erscheinungsschrecken, können sich überschneiden: eindeutig in der Figur der Kassandra. In ihr intensiviert sich die in der ersten Phase angelegte Erwartungsangst zum Angstschrei. Dieser selbst aber stellt schon die Epiphanie des Schreckens als Erscheinungsschrecken dar: sowohl im Sinne des oben analysierten gorgonischen Schreckens (als ein Erschrecken) als auch als objektiver Schrecken, nämlich in Form der wiedererinnerten Atreus-Greuel. Man kann schließlich auch schon die Erzählung des Chors vom Opferritual der Iphigeneia als Erscheinungsschrecken lesen.

Die ästhetische Struktur dieser beiden in der dramatischen Zeit sich vollziehenden Formen des Schreckens der *Erwartung* und der *Erscheinung* sind an den jeweiligen metaphorischen Sprechakten zu erkennen: Es ist für die Analyse der Ästhetik des Schrekkens signifikant, daß diese nicht etwa von den *Handlungen* der Szene, sondern von der *Sprache* der Szene zu verstehen ist.[39] Auch die körperliche *Erscheinung* Klytämnestras und Kassandras sind in diesem Sinne als Medien der Sprache des Schreckens zu verstehen. Wir beschränken uns auf einige wichtige Szenen: die Wächterszene, die Erzählung vom Opferritual der Iphigeneia, die Szene des roten Teppichs und schließlich und vor allem Kassandras Prophetien und Gesichte des Schreckens.

Erstens: Die Wächterszene. Sie perspektiviert sofort alles folgende

39 Daß nicht Handlung und auch nicht dramatischer Dialog, sondern das Aussprechen von Gefühlen und Gedanken das Zentrum der Atridentetralogie darstellt, ist schon früher erkannt worden. So Lattimore, *The Poetry of Greek Tragedy*, a.a.O., S. 31, dem sich Lehmann anschließt (a.a.O., S. 45), um aber weitergehende Folgerungen zu ziehen, vor allem die Einsicht über den Helden als Schweigenden und Zuhörenden. Es war Nietzsche, der als erster das Mißverständnis der Tragödie als ein Handlungsdrama bloßlegte, indem er schrieb: »Zum Pathos, nicht zur Handlung bereitete Alles vor: und was nicht zum Pathos vorbereitete, das galt als verwerflich.« (Nietzsche, *Die Geburt der Tragödie*, in: ders.; *Sämtliche Werke*, hg. v. G. Colli u. M. Montinari, Bd. 1, München 1980, S. 85 f.) Hierzu Bohrer, *Plötzlichkeit*, a.a.O., S. 128 f. Wo im Folgenden wörtlich zitiert ist, liegt die Übersetzung von Emil Staiger (Reclam) zugrunde.

als *Erwartungsangst* in Gestalt des rätselhaften Zeichens: Der Wächter wartet buchstäblich auf das Zeichen, daß Troja gefallen ist, welches er, sobald es auftaucht, sofort in diesem sieghaften Sinne deutet, während der Chor es zurückhaltend aufnimmt: »O Gruß dir, Leuchte, Tageshelle in der Nacht« (Vers 22); es ist aber als Bühnenmetapher zweideutig angelegt. Die Deutung des Wächters ist nur doppelsinnig richtig. Zwar ist Troja wirklich gefallen, aber dieser Fall, der langersehnte Sieg der Griechen, ist ebenfalls der Beginn, ja sogar die Ursache für die beginnende Tragödie. Daß etwas an der positiven Deutung des Zeichens in der Nacht nicht stimmt, wird in der Gegenbewegung der Rede des Wächters schon angedeutet: »Vom andern schweige ich. Ein schweres Siegel liegt / Auf meiner Zunge (Vers 36f.). Indem der Wächter sich ins Schweigen verschließt, wird das Zeichen des »Lichtstrahls in der Nacht«, der dem unmittelbaren metaphorischen Sinn zufolge die Dunkelheit über dem Palast Agamemnons durchbricht, wieder in seiner Bedeutung fragwürdig. Plötzlich ist dieses Zeichen anstatt mit Hoffnung mit einer Drohung belastet. Diese Doppeldeutigkeit der metaphorischen Rede ist vorbereitet durch ein Schlüsselwort des Stücks: *phobos*[40] (Vers 14). Wie schon erwähnt hat Manfred Fuhrmann den Begriff nicht mit Furcht, sondern mit Schrecken übersetzt und in seinem Kommentar dazu festgestellt, das Wort bezeichne im frühen Griechisch (bei Homer) jemandes Flucht: »ein durch Erschrecken bewirktes physisches Tun.«[41] Der »Affekt des Erschreckens« bleibe auch noch der Sprache des Aristoteles erhalten: Es handele sich um einen »heftigen Erregungszustand«, der nicht mit dem Wort Furcht, einem eher lang sich hinziehenden, weniger heftigen Gemütszustand, sondern eben mit Schrecken oder Schaudern »angemessen wiedergegeben« sei.[42] Diese Auffassung der Wortbedeutung muß also mit Sicherheit für die Zeitspanne und Sprache des Aischylos angenommen werden. Dem widerspricht nicht, daß wir hier von *Erwartungsangst* sprechen. Damit ist die in Angst sich steigernde Zeitphase gemeint, während die Angst selbst durchaus den Charakter eines Affekts besitzt.

Nun gilt der *phobos*, von dem der Wächter spricht[43], unmittelbar

40 Zum Motiv des Phobos bei Aischylos, vgl. Bruno Snell, »Aischylos und das Handeln im Drama«, in: *Philolog. Suppl.* 20 (1928), 1, S. 34ff.

41 Fuhrmann, a.a.O., S. 162. 42 Ebd., S. 163.

43 Zur semantisch-grammatisch schwierigen Phobos-Rede des Wächters

der Möglichkeit, daß er einschlafe und das erwartete Siegeszeichen nicht melden könne. Aber diese vergleichsweise harmlose Motivierung des *phobos* ist doch integriert der Beschreibung einer tiefer liegenden Angst, die zuweilen den Modus des Schauderns annehmen mag, denn sie gilt einem noch unbegriffenen, halb geahnten Bösen innerhalb des Palasts, das gleichwohl negativ fasziniert: dem moralischen Zustand der Herrschaft Klytämnestras in Abwesenheit Agamemnons. Indem so ein vorgegebenes harmloses Motiv des *phobos* sich verbindet mit einem bedrohlichen, ist die *Geheimnis- und Rätselstruktur* der Gesamtszene vertieft. Das Zeichen des doppelsinnigen Lichtscheins läßt sich mit einer Epiphanie identifizieren, die wir für eine moderne »Ästhetik des Schreckens« zu Beginn festgestellt haben. Die gleiche Zweideutigkeit der Lichtmetapher wird fortgesetzt, wenn Klytämnestra dieses Licht als ein auf das »Haus der Atriden« fallendes begrüßt, das aber längst von der Vorbereitung zum Mord geprägt ist (Vers 310), oder wenn der Siegesbote eben dieses Haus, das selbst eine zentrale metaphorische Bedeutung bekommt, ebenfalls als »ins Licht gerückt« begrüßt und von einem Agamemnon spricht, der das Licht in die Nacht trage (Vers 520f.): Hier ist die Doppeldeutigkeit der Lichtmetapher der Wächterszene ins Zentrum der Handlung fortgesetzt und die latente Zweideutigkeit der Rede manifest geworden. Diese Zweideutigkeit[44] ist im Zustand der Metaphorik objektiv gegeben, sie ist also nicht etwa bloß psychologisch begründet, wie in den täuschenden Worten der sich verstellenden Klytämnestra, deren Maskierung in ihrer Begrüßung Agamemnons den Höhepunkt findet. Diese Unterscheidung zwischen objektivem semantischen Befund einerseits und psychologisch-dramaturgischem Motiv andererseits ist wesentlich. Wir fassen zusammen: Das Zeichen des aufflammenden Lichts in der Nacht

vgl. Rudolf Stark (»Aischylos' ›Agamemnon‹ 12ff.«, in: Hommel, a.a.O., Bd. 2, S. 181ff.), der betont, daß Angst hier nicht vornehmlich »eine psychische Reaktion, sondern eine dämonische Macht« sei und erst allmählich in einer zweiten Phase eine reflexive Qualität bekomme (ebd., S. 185). Die strukturelle, nämlich antizipierende Funktion der Phobos-Rede diskutiert Stark charakteristischerweise nicht.

44 Zur Zweideutigkeit der semantischen Zeichen der Tragödie generell und bei Aischylos im Besonderen vgl. Vernant/Naquet, a.a.O., S. 142, 261. Daneben Lehmann, a.a.O., S. 67, 169.

ist das erste »Zeichen« in einer Folge von Epiphanien des »Geheimnisses« oder der »Intensität.«

Zweitens: Die Erzählung des Chors vom Opferritual der Iphigeneia. Hier treffen Epiphanien des Geheimnisses beziehungsweise des Rätsels und der Intensität aufeinander. Vorbereitet ist die Opferszene der Iphigeneia durch die Erzählung des Chors vom Beginn des Trojanischen Kriegs, der in einer eigentümlichen, im Fortschritt der Erzählung widersprüchlichen Metapher zentriert ist: Die beiden Atriden-Brüder, Agamemnon und Menelaos, werden mit Geiern verglichen, die im äußersten Schmerz über dem leeren Nest, aus dem ihre Jungen verschwunden sind, im Kreise fliegen, »Rudernd mit Rudern der Flügel« (Vers 52). Die geraubte Brut ist das Zeichen für die geraubte Helena, das Motiv zum Krieg gegen Troja. Das Unedle der Geier ist aber verknüpft mit einer ergreifenden Haltung von Schmerz. Äußere Erscheinung und innerer Zustand widersprechen einander. Um so schärfer sticht die zweite Vogelmetapher zur dramatischen Charakteristik Agamemnons und Menelaos' heraus: Diese werden nämlich schließlich mit zwei »Adlern« nicht nur verglichen, sondern identifiziert, die eine trächtige Häsin schlagen! Aber der Widerspruch von äußerer Erscheinung und innerem Zustand – die Bedeutung des majestätischen Vorstellungsbildes von zwei Raubvögeln, den Königen der Vögel, der eine »schwarz«, der andere »schimmernd« (Vers 114) – steht in Opposition zu der niedrigen Handlung, ein unschuldig-wehrloses Wesen zu ermorden. Das Schlagen der Häsin durch die Adler ist die metaphorische Präfiguration sowohl der Eroberung Trojas als auch des (geplanten) Ritualmords an Iphigeneia.[45] Gerade diese Inversion der Zeichenbedeutung – die Majestät schöner Gewalt, die Niedriges tut – enthält aber wiederum die Epiphanien der Intensität und des Geheimnisses. Es ist deutlich geworden, daß das Adlerbild in seiner intensiven Extremität, unterstützt durch die Vermeidung des grammatisch eindeutigen Vergleichs zugunsten einer metaphorischen Identifikation, eine Epiphanie des schönen Gewaltigen darstellt. Diese Bedeutung aber wird wiederum subversiv unterminiert, als ihr keine analoge Tat zugeordnet ist. Somit entsteht eine in sich widersprüchliche Metaphernkette. Dieses Verfahren wird schließlich kommentiert durch die dreimal auftauchende spruchartige Rätselrede des Chors:

45 Hierzu ausführlich Vernant/Naquet, a.a.O., S. 147.

»Wehe –, Wehegesang! Doch es siege das Gute« (Vers 139). Ausgesprochen wird eine Kollision von prophetischer Erkenntnis bevorstehenden Schreckens und der Hoffnung auf Überwindung desselben. Was wird gelten können?
Diesen metaphorischen Oppositionen entspricht auch die vom Chor erzählte moralische Abwägereflextion Agamemnons, ob er den gottbefohlenen Ritualmord an der Tochter begehen soll oder nicht. Es ist schon betont worden, daß der Stellenwert solcher Reflexionen nicht isoliert behandelt werden darf, sondern im Kontext der prädominierenden Redeformen – Klage und Befürchtung – gesehen werden muß. Aber auch hier ist Ambivalenz die konstante Redefigur. Alle die vornehmlich metaphorischen Darstellungen, die Widersprüchlichkeit, Geheimnis, Rätselhaftes evozieren, laufen auf die erinnerte Darstellung der Schlachtung Iphigeneias hinaus, die zur ersten großen Epiphanie des *Erscheinungsschreckens* als Intensitätsereignis wird: Das Zeitmaß wechselt jäh vom Präteritum des epischen Erinnerns zum Präsens des unmittelbar sich vollziehenden Ereignisses. Das grauenhafte Bild von der Ziege, die zum Opferaltar gehoben wird, und ihre Identifikation mit dem anmutigen Bild vom »schön gebogenen Mund« des weiblichen Opfers, das erstickt wird, bilden zusammen eine erste Evokation des Schrecklichen als Schlachtritual. Diese Evokation wird fortgeführt in der Vorstellung vom Blick des Opfers, das seine Schlächter vergeblich um Erbarmen anfleht, nachdem der Mund es schon nicht mehr vermag. Diese auch psychologisch nicht zu überbietende Inszenierung des Grauens wird abermals durch den enigmatischen Gestus abgeschlossen, in dem die erste Rede des Wächters sich wiederholt: »Das Weitere sah und sage ich nicht« (Vers 247). Dieser Geheimnisgestus wird sentenzartig überhöht: »Künftiges wird dir kund / Erst, wenn's geschieht« (Vers 250f.). Mit diesem Satz ist schließlich der Rätselcharakter der Rede in Form von Kontingenzbehauptung, von Bewußtsein der Unsicherheit einer jeweiligen Gegenwart ausgesprochen: Die Struktur der Erwartungsangst ist nunmehr zum Bewußtsein vom unvorhersehbaren Ereignischarakter des Seins transformiert. Es gibt keine absehbare, zu berechnende, mit Sinn begabte Zukunft, sondern ein jeweiliges »Jetzt«.[46]

46 Lehmann ist diesem Momentanismus der Tragödie nachdrücklich nachgegangen. Vgl. Lehmann, a.a.O., S. 112, 119, 170.

Drittens: Die Szene des roten Teppichs. Sie ist Abschluß und Höhepunkt der strukturell ersten Phase, der der Erwartungsangst: als Epiphanie eines intensiven Ereignisses, nämlich der Heimkehr Agamemnons als Erscheinung und der Epiphanie eines vieldeutigen Dingsymbols: des roten Teppichs. Dazu tritt als drittes metaphorisches Element nunmehr endgültig das Haus der Atriden selbst, dessen sich öffnende Tore in das Dunkel eines Mord- und Schlachthauses führen, was vorerst aber noch für Agamemnon und die Zuschauer ein Geheimnis bleibt. Wir betrachten auch diese Szene nicht von ihrer Handlung, sondern ihrer Sprache und Ding-Symbolik her.

Zur Metapher beziehungsweise metaphorischen Epiphanie namens Agamemnon: Seine Erscheinung ist keineswegs bloß als narrativ-epischer Nachvollzug des Mythos zu lesen; es geht nicht vornehmlich um die Darstellung einer »Novella«, denn die athenischen Zuschauer kannten die epischen Fakten. Vielmehr handelt es sich um die schon für die athenischen Zuschauer befremdlich aufregende Inszenierung der archaischen Identität des Krieger-Aristokraten, der zum Schlachtopfer wird. Die rhetorisch lange hinausgezögerte Ankunft des Opfers Agamemnon wird in der gehobenen Anrede des Chors zur zweideutigen Formel: »Wohlan, o König, der Troja zerstört – Des Atreus-Sproß« (Vers 782 f.). Nachkomme des Atreus zu sein heißt schicksalhaft verdammt zu sein. Troja so erobert und zerstört zu haben, wie es Agamemnon selbst in stolzer Rede enthüllt, heißt im Kontext der Ethik des Stücks, Schuld auf sich geladen zu haben: Agamemnon, stehend auf dem Streitwagen, in voller Rüstung, hinter sich als Kriegsbeute Kassandra, die Tochter des toten Königs von Troja, Priamos, ist das *in Erscheinung* tretende ahnungslose Opfer, das in die erste Phase der rituellen Ermordung tritt; eine Epiphanie wenn nicht des Schreckens, so doch der ihn provozierenden Gewalt, deren Träger zu keiner Reflexion fähig ist, wie seine archaisch unbewegte, aus der Ethik des griechischen Krieger-Aristokraten kommende[47],

47 Zur Ethik der Agamemnon-Rede vgl. Hermann Gundert, »Die Stichomythie zwischen Agamemnon und Klytaimnestra«, in: Hommel, Bd. II, a.a.O., S. 220. Hier die Diskussion der sehr kontroversen Lektüre von Agamemnons Haltung gegenüber Klytämnestras Bestehen auf der Ehrung durch den roten Teppich (ebd., S. 224 ff.). Ich schließe mich der nichtpsychologisierenden Ansicht Gunderts an, der frühere Deutungen, vornehmlich die von J. D. Denniston – D. Page (*Aeschylus'*

Rede gegenüber der sich zweideutig verstellenden Klytämnestra belegt.

Zum roten Teppich: Um ihn geht die erste Kommunikation, das Streitgespräch zwischen Agamemnon und Klytämnestra. Es leitet die Phase der rituellen Ermordung Agamemnons ein. Indem dieser den »purpurüberdeckten Pfad« (Vers 910) betritt, den Klytämnestra ihm scheinbar als Siegerehrung bereitet, den er selbst schließlich als »meererzeugten Purpur« (Vers 946) annimmt, obwohl er diese Ehrung zunächst als eine zu üppige, dem griechischen Helden nicht angemessene wertet, betritt er in Wirklichkeit den Todespfad. Religionsgeschichtlich bedeutet diese ursprüngliche Zurückweisung des roten Teppichs die Angst vor dem Neid der Götter. Indem Agamemnon sich zunächst gegen das Betreten des Teppichs sträubt, erhebt er dramaturgisch den roten Teppich zur abermals zweideutig funktionierenden Metapher des »Schrekkens«: Der Purpur ist zugleich Zeichen des Herrschers und des Blutes. Als »Gewebe« repräsentiert er außerdem das Rätsel, das Agamemnon nicht lösen kann. Diese Rätselqualität wird von Klytämnestra hintergründig benannt, wenn Agamemnon den Teppich betritt: »Das Meer ist da – wer schöpft es jemals bis zum Grund?« (Vers 958)

Zur Symbolik des Hauses: Agamemnons letzter Satz als Lebender lautet: »Nun schreite ich, auf Purpur tretend, in mein Haus« (Vers 957). Indem er in der Tür des Hauses verschwindet, ist die vorletzte Phase der rituellen Ermordung eingeleitet. Das Haus der Atriden bietet den räumlich-symbolischen Mittelpunkt des Stücks. Zunächst, während der Phase der *Erwartungsangst* noch kodifiziert mit dem Glanz des Kriegskönigs und der Liebe seines Volkes, wird das Haus im Übergang zum *Erscheinungsschrecken* buchstäblich zum Schlachthaus, der durchgängig anwesenden Epiphanie des Schreckens durch ein Raum-Symbol. Diesen Übergang markiert Agamemnons Eintreten und doppelsinnige Deutung »mein Haus«. Die *Poetik des Raumes* und seiner Ängste, wie sie Gaston Bachelard dargestellt hat[48], ist hier erstmals in der Geschichte der Kunst vollzogen.

Agamemnon, Oxford 1957, S. 226 ff.) mit überzeugenden Argumenten revidiert und deutlich macht, inwiefern Agamemnons Sprachlosigkeit gegenüber Klytämnestra aus einer a priori gesetzten tragischen Blindheit kommt (ebd., S. 229).

48 Gaston Bachelard, *Poetik des Raumes*, München 1960, S. 51 f.

Schließlich Kassandras Prophetien und Gesichte des Schreckens: Hier handelt es sich um die *Epiphanie* des reinen *Erscheinungsschreckens,* in dessen Zentrum das Haus der Atriden, zeitlich und räumlich, als Mordstätte steht. Auch hierbei mischen sich die ästhetischen Bedingungen der *Intensität* und des *Geheimnisses.* In der die vergangenen Morde erinnernden, die zukünftigen Morde voraussehenden Gestalt der Kassandra ist die »Ästhetik des Schreckens« im Sinne des Modells der im eigenen Erschrecken Schrecken verbreitenden Medusa zu ihrem Höhepunkt gekommen. Unter dieser strukturellen Perspektive ist also Kassandra als Epiphanie eine Variante der Klytämnestra des zweiten Teils der Trilogie: Beide sind unterschiedliche Epiphanien des schreckenden Erschreckens. Diese Epiphanie beginnt mit Kassandras Schrei »Apollon! Apollon!« (Vers 1080). Die Bedeutung diese Schreis oder Angstrufs bleibt vorerst verborgen. Nur soviel wird sofort erkennbar: Kassandra ängstigt sich, von Apollon – den sie in einem griechischen Wortspiel zwischen dem Namen Apollon und gleichlautenden negativen Begriffen ihren »Verderber« nennt (Vers 1081) – abermals ins Unheil geführt zu werden. Vor dem Haus der Atriden stehend, in welches das Schlachtopfer Agamemnon schon getreten ist und in das sie selbst auf Klytämnestras Geheiß zu treten im Begriffe ist, fragt sie Apollon, »in welches Haus« er sie führe (Vers 1087). Die vom Chorführer gegebene Antwort »zum Hause der Atriden« (Vers 1088) löst die Kette visionärer und prophetischer Bilder des Grauens aus, in denen das Schicksal Agamemnons als Schlachtopfer eingeholt wird von den Schlachtungen, die hier zuvor begangen wurden: Sowohl die vergangene Schlachtung der Atreus-Söhne und ihre Verzehrung durch den Vater als auch der bevorstehende Mord an Agamemnon werden zeitlich zu einem *präsentischen Ereignis.* Die grauenhaften Ereignisse von Vergangenheit und Zukunft werden nicht in der Consecutio dramatischer Abfolge deutlich, wodurch sie ursächlich und moralisch erklärt würden, sondern in der Form der plötzlichen, nur langsam verständlich werdenden *Erscheinung*![49]

49 Vgl. dagegen Jacqueline de Romilly, die meint, »daß ein altes Vergehen die Dramen, die er beschreibt, vorbereitet, ankündigt, erklärt« und »sich zu einem mit Sinn beladenen Plan zusammenfügt« (Romilly, »Die Beschwörung der Vergangenheit im ›Agamemnon‹ des Aischylos«, in: Hommel, Bd. II, a.a.O., S. 173). Der Sinn, der hier erscheine, sei eine vielschichtige »göttliche Gerechtigkeit«, die zu einer »mensch-

Insofern schmilzt der zentrale dramatische Inhalt, die Ermordung Agamemnons, zur Evokation grauenhafter Bildmotive aus dem Munde der zur Angstsäule erstarrten Kassandra zusammen: Der Erscheinungsschrecken, seine Intensität und sein Geheimnis, überdecken jede Erklärung oder gar Antizipation einer Lösung. Seine Narratio bleibt dunkel, bis Klytämnestra, die Mörderin, in einem Auftritt letzter Epiphanie die Ermordung selbst erzählt.
Diese Verwandlung von Erzählung mythisch-moralischer Kausalität in die Evokation eines *präsentischen* Schreckens wird durch die Reihung der dunklen Metaphern unterstützt: Die Anordnung der Bilder des Schreckens in der Rede der Kassandra ist zum einen so arrangiert, daß die Prophetie von der kurze Zeit später stattfindenden Ermordung Agamemnons zwischen den Evokationen des vergangenen Atreus-Mords und des grauenhaften Gastmahls liegt. Zusammen stellen sie sozusagen die langsame Verfertigung des außergewöhnlichen Grauens dar, nicht die Darstellung einer gewöhnlichen dramatischen Handlung! Die einzelnen Evokationen des Schreckens bleiben zum anderen rätselhaft, wie es der Chor (Vers 1113) und Kassandra selbst (Vers 1184) sagen.
In der ersten Evokation der Atreus-Greuel, die als Antwort auf die Identifikation des Hauses durch den Namen »Atriden« sich bildet, ist die Rede unzusammenhängend von Verwandtenmord, Menschenschlachthaus, bluttriefendem Boden (Vers 1091 f.), von geschlachteten Kindern, deren gebratenes Fleisch der Vater ver-

lichen« zurückgeführt und in den »Eumeniden« als »Prozeß« vollendet werde (ebd., S. 179). Diese These, die durch Romillys Buch *Time in Greek Tragedy* (Ithaca 1968) ergänzt wird, verdankt sich noch jener Forschungstendenz, die die griechischen Tragiker vornehmlich als Ideenproduzenten liest und die szenische Semantik hingegen hintanstellt. Dazu gehört auch eine zu harmonisierende Deutung von Aischylos' Auffassung der Götter, der Wilhelm Nestle (*Die Religiosität des Aischylos*, Berlin 1930) und noch Karl Reinhardt (*Aischylos als Regisseur und Theologe*, Bern 1949) die Richtung gegeben haben, wobei ersterer ebenfalls das schreckliche Ereignis als Schuldzuweisung innerhalb einer Theodizee erkennen wollte, die auch Reinhardt voraussetzt. Zur nicht abgeschlossenen Debatte über das Problem der Religiosität bei Aischylos, vornehmlich seiner Zeus-Vorstellung, vgl. die oppositionellen Beiträge von Hugh-Lloyd Jones und G. M. Grube (In: Hommel, Bd. II, a.a.O., S. 264 ff. und S. 301 ff.), in denen die kontroverse Deutung der Götter als »Gerechte« bzw. »archaisch Naturhafte« beispielhaft vorgeführt sind.

speiste (Vers 1096 f.). Kassandra stößt diese Worte eines gräßlichen Zusammenhangs aus, der noch unverstanden und abgebrochen bleibt. Statt dessen tauchen die prophetischen Bilder von Szenen des Mords an Agamemnon auf: ebenfalls dunkel und unzusammenhängend. Kassandra spricht in der Trance Klytämnestra an: Die zentralen Worte, in drei Schüben der Evokation gehäuft, lauten: Bad, zum Schlage ausholende Hand, Netz. Die vollzogene Tat wird dann ins deutlichere Bild geholt, wenn Kassandra das Opfer, dessen Name nicht fällt, nach einem Stoß in das Mordbad zurücksinken sieht. Aber auch dieses Ereignisdetail ist in einem metaphorischen Gleichnis verrätselt, wenn die Rede ist vom Stier, der fernzuhalten sei von der Kuh und ihrem schwarzen Horn (Vers 1126 f.). Was wirklich geschehen ist, wird man erst später aus Klytämnestras Mund (Vers 1382 f.) erfahren: daß sie Agamemnon in einem Netz gefangen und mit drei Beilschlägen nackt in der Wanne erschlagen hat. Das Schlußbild von Kassandras Visionen ist eine alle Schreckensvorstellungen übersteigende Perversion des Grauens: Sie sieht die von Atreus geschlachteten Kinder vor dem Hause der Atriden sitzen und ihr eigenes Fleisch und die Eingeweide, wovon der Vater aß, in den Händen halten (Vers 1220). Mit dieser erneuten Evokation des Atreus-Mords ist die Kette der Bilder des Schreckens abgeschlossen und dramaturgisch Kassandras eigenes Schicksal als Schlachtopfer der »Doppelaxt« (Vers 1149) vorbereitet: Das Haus, in das sie schaudernd eintritt, ist endgültig als Schlachthaus identifiziert.

Auf der Ebene des moralischen Diskurses liefert dieses Ineinandergehen des mythischen und des gegenwärtigen Schreckens die theologische Begründung, daß Mord Mord fortpflanzt, das heißt sie liefert zweifellos eine Kritik an der Unauflösbarkeit von Schuld in der vorrechtlich mythischen Sphäre.[50] Auf der Ebene des literarischen Verfahrens indes bedeutet das Ineinandergehen der mythischen und aktuellen Schlachtszenen eine Stillegung solcher Zusammenhänge beziehungsweise ihrer möglichen Überwindung zum Effekt einer metaphorischen Substantialisierung des *Erscheinungsschreckens*; Kassandras Erwartungsschrecken produziert ein Grauen, das selbst wieder als Erscheinung im Sinne

50 Hierin ist Romillys Einschätzung der Verknüpfung früherer und gegenwärtiger Verbrechen beizupflichten (Romilly, »Die Beschwörung der Vergangenheit«, a.a.O., S. 177 ff.).

von Caravaggios *Medusa* funktioniert. Für die Intensität der Schreckensbilder ist sicherlich wichtig, daß es sich bei ihnen sozusagen um fundamentale Vorstellungsbereiche handelt, die noch in europäischen Märchenmotiven eine zentrale Rolle spielen (Schlachtung und Kannibalismus). Aber auch die Konnotation von Wasser (in der Wanne) und Blut stellt eine solche Urmetapher dar. Die Vorstellung von der Ermordung schließlich eines nackten Menschen durch den andersgeschlechtlichen und die partielle Auflösung des Körpers beziehungsweise von Körperteilen – ein Leitmotiv der griechischen Mythen – gehört in diesen imaginativen Zusammenhang, wo die »Ästhetik des Schreckens« zweifellos deutlich vom Inventar mythischer Erinnerung lebt, die aber immer nur über eine ästhetische Übersetzung funktioniert. Daß ihre Transformation in ästhetische Rede hier nicht nur objektiv vorliegt, sondern in einem Selbstkommentar des Textes subjektiv reflektiert wird, belegen die Worte des Chorführers an Kassandra, wo er, die langsame Verfertigung des Schreckens in den Worten Kassandras erkennend, sagt, daß sie das Furchtbare in den schönen Gesang erhebe (Vers 1152)! Wir erkennen als *Erscheinungsschrecken* also die Transformierung der Mordvision zu einem Lied, in dem die Metaphorik des Todes aus den Vorstellungsbereichen des Mythos zu einer Poesie des Schrecklichen und Bösen als der nicht mehr von der Phantasie übersteigbaren Imagination von *Intensität* und *Geheimnis* wird.

III

Ein Blick auf die Literatur der klassischen Moderne würde zeigen, daß *Erwartungsangst* und *Erscheinungsschrecken* in dem genau hier vorgefundenen Sinne exemplarisch wiederholt worden sind. Aber nicht bloß als Nachahmung der Griechischen Tragödie, sondern kraft einer notwendigen Konstellation der ästhetischen Mittel. Ich erwähne für die Erwartungsangst pars pro toto die romantische Horrorerzählung zu Beginn und das symbolische Drama zu Ende des 19. Jahrhunderts, vor allem Maeterlinck. Für *Erscheinungsschrecken*: das frühe Drama Hofmannsthals[51], das

51 Hofmannsthals repräsentatives Beispiel *Elektra* stellt einen besonderen Fall insofern dar, als es sich um eine Nachdichtung der Sophoklei-

grausame Theater Artauds und auch Heiner Müllers Dramen. Warum ist die griechische Tragödie nicht bloß von den Aristoteles folgenden Theoretikern der Aufklärung und des Klassizismus, sondern auch von der zeitgenössischen Philologie auf eine Anthropologie beziehungsweise einen geschichtsphilosophischen Diskurs festgelegt worden? Sicherlich hat – historisch gesehen – dabei Hegels berühmte Tragödiendefinition (in den *Vorlesungen über die Philosophie der Religion*), wonach der tragische Held, vor die Wahl zwischen zwei objektiv gleichwertigen moralischen Geboten gestellt, nur scheitern könne, eine entscheidende Rolle gespielt. Diese Hegelsche Definition ist Sophokles' *Antigone* abgeleitet. Goethe hat diese Definition dahingehend kritisiert, Sophokles' Drama sei nicht die Ausführung einer abstrakten Idee. Goethe selbst hat trotz der Nähe seines klassizistischen Dramas zu Euripides nicht diesen, sondern Aischylos besonders gepriesen: Aischylos' Stück sei nämlich unvergleichlich wegen des Reichtums der poetischen Mittel. Goethe stellte die poetischen Mittel, anders als Hegel das vermocht hätte, ins Zentrum seines Interesses. Daß er allerdings diese in einer »Ästhetik des Schreckens« gefunden hätte, wurde durch die Winckelmannsche Perspektive seiner klassischen Periode verhindert. In der *Italienischen Reise* (17. Mai 1787) hat er über die griechischen Dichter notiert: »Sie schildern das Fürchterliche, wir schildern fürchterlich«, das heißt dort sei der Stoff, hier die Methode – also die Ästhetik – das Fürchterliche.

Diese schon von Goethe angenommene Differenz zwischen vormoderner und moderner »Ästhetik des Schreckens«, die durch die Aristotelische Tragödientheorie bis zu Nietzsches Widerspruch[52] bestätigt wurde, konnte am Beispiel des poetischen Sachverhalts selbst in Frage gestellt werden. Was die These von der Differenz – abgesehen von der prinzipiellen Unterscheidung zwischen Antike und Moderne, ja moderner und vormoderner Welt – in dem hier zu erörternden Fall besonders stark gemacht hat, ist das Faktum, daß der Begriff des »Schreckens« in Form der ihm benachbarten

schen Tragödie handelt. Dennoch entstammen hier gerade die Mittel des ästhetischen Schreckens einem autonomen Antrieb der Sprache, die sowohl von mythologischem als auch psychoanalytischem Interesse unterschieden werden muß. Näheres hierzu S. 69 ff. dieses Buches.

52 Vgl. Bohrer, »Ästhetik und Historismus: Nietzsches Begriff des ›Scheins‹«, in: *Plötzlichkeit*, a.a.O., S. 111 ff.

Begriffe »Furcht« und »Angst« seit Kierkegaards Bestimmung der Angst als modernem Reflexionsakt (*Entweder–Oder*) im Zentrum der modernen Selbstreflexion und Kulturdiagnose steht. Der Schrecken wurde sozusagen zum Inbegriff des modernen Modus emphatischer Wahrnehmung, nicht zuletzt im Phänomen des »Schocks«, sei es bei Baudelaire, Walter Benjamin oder Virginia Woolf. Das macht die These vom Schrecken als exklusiv »modernem« aber keineswegs besser, sondern zeigt, daß vorab bei dieser Debatte der Blick auf vormoderne Beispiele, namentlich die griechische Tragödie, wegen der oben dargelegten Gründe ausgeblendet blieb. Es entstehen dabei immer wieder zwei Muster: Entweder meint man, so die existentialistisch-moderne Version, die Angst sei sozusagen die Wunde an der Schläfe des modernen Menschen. Die philosophisch-literarische Formel (Heidegger, Auden, Nathalie Sarraute) beinhaltet das. Hierzu kann auch die anthropologisch mythisierende Version treten, die Sehnsucht nach der Urangst der Vorzeit. Der literarisch-ästhetische Diskurs steht zweifellos dieser Version näher. Oder aber – so die aufklärerisch-moderne Version (sie hat seit zwanzig Jahren leichte Vorteile im akademischen Diskurs) – man erklärt die Angst in der modernen Kunst funktionalistisch: Nachdem objektiv reale Angstpotentiale im fortschreitenden Prozeß der Aufklärung verschwunden seien, würden sie in der »zeremoniellen Form« der Kunst weiterbehandelt. Die »literarische Angst« hat in dieser Lesart sozusagen eine hygienische Funktion im Fortschritt der Moderne zur Bewältigung realer Ängste.[53] Richard Alewyn hat dieser aufklärerischen Deutung der »literarischen Angst« das philologische Argument geliefert, indem er die Entstehung der *Erwartungsangst* als Lustangst im gotischen Horrorroman mit der stattgefundenen Befreiung von realen Ängsten in der Aufklärungsepoche erklärte: Je angstärmer die Realität, um so angstbereiter die Phantasie, lautete seine These.[54]

Nach der Darstellung einer »Ästhetik des Schreckens« in der Tragödie des Aischylos, die man auf die griechische Tragödie überhaupt erweitern könnte[55], sowie auf die Schreckensmotive der

53 Hierzu Jürgen Habermas' Beitrag in: Hoimar von Ditfurth (Hg.), *Aspekte der Angst*, Stuttgart 1965, S. 40.

54 Richard Alewyn, *Die literarische Angst*, in: Dithfurth, a.a.O., S. 36.

55 Hierzu Lehmann, a.a.O., S. 85, 113f., 177.

klassisch-spätrömischen Literatur (Ovids *Metamorphosen*, Lukans *Pharsalia*[56]), ist solchen Versionen geschichtstheoretischer Deutung »literarischer Angst« mit äußerster Skepsis zu begegnen: Beide haben zunächst den zentralen Irrtum gemeinsam, daß sie die literarische Angst auf die nachaufklärerische Periode beschränken, wenn auch aus verschiedenen Gründen. Diese falsche Datierung verbirgt ein substantielleres Fehlurteil: In beiden Versionen wird die Angst beziehungsweise der Schrecken nicht eigentlich als ein autonomer ästhetischer Akt verstanden, sondern mit der realen Äquivalenz einer real gegebenen epochalen Angst erklärt, die in der Moderne entweder zunehme oder abnehme, je nach dem politischen Interesse. Das Auschwitz-Motiv innerhalb der literarisch-philosophischen Debatte etwa ist ein Syndrom der falschen Beruhigung: So wird etwa das Beunruhigende von Kafkas Erzählung *In der Strafkolonie* wegerklärt, wenn man es auf den realen Fall der Konzentrationslager bezieht. Dieser Einzelfall wäre zu verallgemeinern: Die »Ästhetik des Schreckens« – das bewies die Anwendbarkeit moderner ästhetischer Kategorien auf die Griechische Tragödie – existiert offenbar unabhängig von historisch-sozialen Ursachen als Bedingung der Kunst selbst. Den ästhetischen Schrecken bloß als epochalen zu reflektieren heißt, die radikalere Frage nach einem möglichen außermoralischen Zentrum künstlerischer Konstrukte von vornherein zugunsten geschichtsphilosophischer Beruhigung abzubiegen.

Aus der »Ästhetik des Schreckens« als plötzlicher Epiphanie von *Intensität* und *Geheimnis* folgt allerdings nicht, daß man sich von der Konzeption der Moderne zu verabschieden hätte. Die Tatsache, daß diese Epiphanie sowohl in der griechisch-römischen als auch in der modernen Literatur auftaucht, gibt nur Anlaß, künstlerische Phänomene nicht mehr historisch aufzulösen. Goethes Unterscheidung zwischen fürchterlichem Inhalt und fürchterlicher Darstellungsweise bliebe dabei verpflichtend, auch wenn wir eine andere Anwendung daraus machen als er. Wir haben gesehen, daß die Griechen entgegen Goethes Urteil nicht bloß Fürchterliches darstellen, sondern es sehr wohl auf eine fürchterliche Weise taten. Wie verhält es sich hierin mit der mittelalterlichen Kunst

56 Vgl. Fuhrmann, »Die Funktion grausiger und ekelhafter Motive in der lateinischen Dichtung«, in: *Die nicht mehr schönen Künste*, Poetik und Hermeneutik III, a.a.O., S. 23-66.

und der des Barock? Das Beispiel der Renaissance-Medusa als Modell des ästhetischen Schrecken vorbereitenden Erschreckens steht historisch zwischen antiker und moderner Epiphanie des Schreckens. Es macht die Vermutung noch zwingender, daß wir es mit einer ästhetischen Struktur zu tun haben, die sich zu unterschiedlichen Zeitphasen der europäischen Literatur und Kunstgeschichte wiederholt. Diese *ästhetische Selbstreferenz* schließt historisch günstige Bedingungen nicht aus. Offenbar begünstigte das Athen des 5. Jahrhunderts, die Spätrenaissance und die dekadente Moderne um 1900 die Darstellung des ästhetischen Schrekkens. Und diese Begünstigung muß ewas zu tun haben mit einem Zurücktreten der theologischen und philosophisch-historischen Motivation des Diskurses. Fürchterliche Themen allein, das sollte deutlich geworden sein, machen noch keine »Ästhetik des Schrekkens«. Wenn das Fürchterliche, etwa die Folterung des Märtyrers, in Mittelalter und Barock nicht »fürchterlich« wurde, dann, weil die christliche Heilslehre dies unmöglich machte. Hegel sah es so, und sein sowohl antimoderner als auch antiantiker Klassizismus[57] verbot explizit die fürchterliche Darstellung in der Kunst, es sei denn in letzter Rückversicherung einer Versöhnung im Geiste (*Vorlesungen über die Ästhetik*). Insofern zeigte die Ästhetik des Schreckens um 450 vor Christi, um 1600 und 1900, daß die christlich-philosophische, die idealistische Geschichtsauffassung – die oben erwähnte aufklärerische Deutung der literarischen Angst ist eine besondere Form der letzteren – die sublimsten Möglichkeiten der Kunst verhinderte oder übersah. Soweit das Moderneprojekt Erbschaft dieser geschichtsphilosophisch-aufklärerischen Linie ist, wäre es im Lichte der griechischen und modernen »Ästhetik des Schreckens« zu korrigieren.

57 Hierzu Bohrer, *Die Kritik der Romantik*, a.a.O., S. 176f.

Die Wiederholung des Mythos als Ästhetik des Schreckens

Hugo von Hofmannsthals Nachdichtung von Sophokles' *Elektra*

1. Die ästhetizistische und die psychologische Mißdeutung des Problems

1.1. *Die konventionell klassizistische Ablehnung von Hofmannsthals Versuch*: Beispielhaft hierfür war Paul Goldmanns Kritik in der *Neuen Freien Presse* (Wien).[1] Dieser gehörte zum Freundeskreis Hofmannsthals und Schnitzlers. Der Grundfehler des Stükkes sei – so sein zentraler Einwand –, daß es absolut nicht »nach Sophokles«[2], wie die Anzeige behaupte, verfahre. An die Stelle dieser großen Vorlage sei nichts getreten, was an's »Herz greift«[3], wie in Sophokles' Tragödie. Den Gestalten, die bloß noch die Namen des erhabenen Vorbilds trügen, fehle jede Größe. Die »hehren Bilder dieser Frauen«, die mit »ewigen Zügen« ausgezeichnet waren, seien entstellt, verzerrt[4]: »So wird in diesem Drama gehaßt um des Hasses, gemordet um des Mordes willen. Elektra schreit nach Blut, und sie schreit nicht allein aus Haß, sie scheint nach Blut zu schreien, weil sie das Blut liebt. An die Stelle der Psychologie tritt die Perversität. Mit demselben Hochgefühl, mit dem in anderen Dramen von der Liebe gesprochen wird, wird in diesem Drama von Blut gesprochen. Elektra wird nicht müde, sich die Ermordung ihrer Mutter und des Ägisth, die Orest vollführen soll, in immer neuen Einzelheiten vorzustellen. Sie schwelgt in gräßlichen Visionen: wie das Blut aus hundert Kehlen auf des Vaters Grab stürzen wird; wie es aus den gebundenen

1 Paul Goldmann, »Elektra«. Von Hugo von Hofmannsthal, in: *Hofmannsthal im Urteil seiner Kritiker. Dokumente zur Wirkungsgeschichte Hugo von Hofmannsthals in Deutschland*, hg., eingeleitet und kommentiert von Gotthart Wunberg, Frankfurt a. M. 1972, S. 113 ff.

2 Ebd., S. 114.

3 Ebd.

4 Ebd.

Mördern fließen wird, als flösse es aus umgeworfenen Krügen; wie die nackten Leiber von Männern und Frauen gleich Marmorkrügen sein werden, und wie sie in einem Schwall, mit einem geschwollenen Bach ihres Lebens Leben aus ihnen stürzen wird; wie Purpurzelte aufgerichtet sein werden vom Dunst des Blutes, den die Sonne an sich zieht, und wie sie dann tanzen wird und das Knie hochheben wird über Leichen. Sie hält ihr Versprechen; und nachdem Ägisth und die Mutter ermordet sind, steigt sie in den Hof hinab, wirft die Knie, reckt die Arme und führt einen Tanz auf. Blut, Blut – sie schwärmen alle vom Blut in dem Stücke. Elektra lechzt nach dem Blut der Klytämnestra; Klytämnestra möchte das Blut eines Kindes oder auch einer Jungfrau oder auch eines Weibes, ›das schon erkannt vom Manne‹, vergießen, um sich durch solches Opfer die schlechten Träume zu vertreiben. Die Frauen in diesem Drama unterhalten sich vom Schlachten der Menschen, und hinter der Bühne werden Sklaven gepeitscht. Die Ermordung des Ägisth geht zwar hinter den Kulissen vor sich; aber Ägisth erscheint zweimal, nach Hilfe brüllend, an einem Fenster; man sieht, wie ihn die Mörder wegreißen und ihm den Mund mit den Händen zupressen. Und diese Kollektion widerlicher Ausartungen, diese Orgie des Sadismus nennt sich eine Nachdichtung nach Sophokles!«[5] Kriterium dieser Kritik war die Vorbildlichkeit eines klassizistisch gesehenen Altertums – die Begriffe »Größe«, »hehre Bilder«, und »ewige Züge« verweisen im Sinne eines von Grillparzer noch herstammenden Wiener Antikenkults, der auch in den Gymnasien vorherrschte[6], auf die Winckelmannsche Definition über Goethes klassische Iphigenie-Periode hinweg. Gleichzeitig wird das Defizit an immanenter Psychologie (»die gesamte psychologische Motivierung«)[7] beklagt. Die normative Verbindlichkeit des griechischen Vorwurfs wird dann explizit formuliert: Wenn die Anhänger Hofmannsthals behaupteten, er habe »modernisiert«, so sei zu fragen, was es an Sophokles zu modernisieren gäbe: »nichts Moderneres als dieses Schwesterpaar«[8], nämlich die ideale Forderung wider die

5 Ebd.

6 Hierzu Jacques Le Rider, *Das Ende der Illusion. Die Wiener Moderne und die Krisen der Identität,* Wien 1990, S. 206f.

7 Ebd., S. 115.

8 Ebd., S. 114.

Notwendigkeiten des Lebens. Ex negativo gibt Goldmann in der oben zitierten Charakteristik durchaus angemessen jene Charakteristika an, die, abgesehen von ihrer moralischen, dramaturgischen und ästhetisch-intellektuellen Bewertung, dem klassizistischen und psychologischen Modell widersprechen, verkürzt gesagt: an die Stelle der Sophokleischen Motivation rücke der Haß um des Hasses willen, der Mord um des Mordes willen. An der Stelle der Herleitung seien nur die Greuel übriggeblieben. An der Stelle der Psychologie die Perversion. Die Kritik an der Blut- und Tanzmetaphorik läuft aus in die Fragestellung, diese Nachdichtung des Sophokles sei eine Orgie des Sadismus: ein besonderer Punkt dieser negativen moralischen Wertung ist der Hinweis auf Elektras komplexe Perversität: »Zwei der edelsten Frauengestalten der altgriechischen Dichtung, Elektra und Chrysothemis, die herrlichen Schwestern, in ein lesbisches Verhältnis zueinander gesetzt«.[9] Fassen wir die Kriterien dieser von einem breiten Publikum geteilten Position zusammen: ästhetisch ist es das Kriterium des am organistisch-klassischen Schönheitsideal orientierten Traditionalismus, dem die Antike nach wie vor Modell bedeutet. Die moralische Kritik verweist auf die Überschreitung des bürgerlichen Sittenkodex, sowohl was die Art und Intensität der dargestellten Emotionen als auch ihre angebliche Richtung (lesbische Liebe zwischen Schwestern) betrifft. Dabei sind die analytischen Charakteristika – Entzug der Psychologie durch Blutmetaphorik – durchaus richtig benannt. Fazit: Hofmannsthals Stück verstößt gegen die Grundgesetze des zeitgenössischen ästhetischen Konservativismus.

1.2. *Der psychologisch-ästhetische Beifall*: Beispielhaft hierfür ist die Kritik Alfred Kerrs in der *Neuen Deutschen Rundschau* vom Dezember 1903.[10] Im entscheidenden Gegensatz zu Goldmann stellt Kerr heraus, daß die Sittlichkeit des Sophokles nicht mehr die unsrige ist.

Indem das Argument des klassischen Paradigmas also aufgegeben ist, kann der radikale Auffassungswechsel der Antike, den Goldmann anklagt, anders bewertet werden: Kerr gliedert seine Beschreibung der Elektra als psychotische Gestalt in mehrere

9 Ebd., S. 117.

10 Alfred Kerr, »Elektra«, in: *Hofmannsthal im Urteil seiner Kritiker*, a.a.O., S. 75 ff.

Aspekte: an die Stelle von Befriedigung der Sittlichkeit eines ganzen Volkes (Sophokles) rücke der private Rachedurst einer Epileptikerin. Dazu Maeterlincks Stimmung des Grauens. Kerr setzt argumentativ eine Stufe noch höher an: Vielleicht habe Hofmannsthal das Stück Sophokles' nicht erneuern wollen, sondern die Sage von Mykenä.[11] Das ist eben das zentrale Problem, das uns beschäftigen soll: Die Wiederholung des Mythos soll die Radikalität der ästhetischen Mittel beglaubigen. Was Goldmann als »Barbarei« verwirft, akzeptiert Kerr im Kontext eines um 1900 neu erwachten Interesses an mythologischen Stoffen, das durch die Rezeption Nietzsches, Jakob Burckhardts sowie die archäologischen Entdeckungen Heinrich Schliemanns, nicht zuletzt seiner Entdeckung der mykenischen Gräber (1876), vorbereitet war. Kerr verteidigt das Schlachtungsmotiv, ohne sich allerdings theoretisch mit diesem interessanten Motiv weiter auseinanderzusetzen, nämlich die Frage des Mythos zu erörtern. Vielmehr setzt er zur Darstellung der hier vorwaltenden Ästhetik an. Seine Grundansicht: Eine »tierhafte Katharsis« – er meint Orgiastisches, Lustgefühle, Triebhaftes – »ohne Rücksicht auf jede Weltanschauung«.[12] Kerr umkreist, ohne es begrifflich zu fassen, das, was als das Problem des rückkehrenden Mythos via Ästhetik umschrieben werden könnte. Sein Hinweis, »ohne Rücksicht auf jede Weltanschauung« – man fragt sich wirklich jede? – enthält jedenfalls implizit die Vermutung, daß es Hofmannsthal um eine Art absoluter Tragödie, begründet auf einer Emotionalität jenseits des traditionellen, moralisch-rechtlichen Tragödiendiskurses, gegangen sei. Es bleibt nur bei dem Ansatz, dem wir später genauer nachgehen werden. Ausgeführt sind nur die Merkmale des ästhetizistisch vorwaltenden »großen« Stils. Kerr lobt innerhalb dieses ästhetizistisch gesehenen Stilkonzepts, das er mit Oscar Wildes *Salome* vergleicht, Elektras Triumph-Haß vor der Ermordung des »Weibs« und führt die Blut- und Schlachtmetaphern aus, dabei auf das »Blutplätschern« bei D'Annunzio verweisend. Er sieht das Stück also als eine Großtat der L'art pour l'art-Ästhetik. Dieses Stück sei »die Erfüllung eines Gefühls. Wir haben keinen Schlächterdurst; wir sehen daher einen Menschen, dessen Gefühle wir nicht teilen; der aber in einem riesenhaften Gefühl ganz aufgeht

11 Ebd., S. 78.
12 Ebd., S. 79.

und untergeht.«[13] Kerr, der selbst dem symbolistischen Programm bekanntlich nicht nahestand, wertet *Elektra* innerhalb der ihr zugeschriebenen ästhetizistischen Bewegung der D'Annunzio, Wilde und Maeterlinck als eine »Phantasie des Hasses«[14] von großem Stil. Indem er das Stück zum Dokument der artistischen Décadence-Bewegung erklärt und bewundernd »Ecce artifex!«[15], den von Maurice Barrès der Dekadenz überlieferten Wahlspruch, zitiert, relativiert er gleichzeitig den geistigen Anspruch Hofmannsthals. Fazit: Trotz der Ansätze zur Frage nach der gelungenen oder mißlungenen Behandlung des Mythos-Problems tritt für den führenden Berliner Kritiker Hofmannsthals Stück nicht aus dem Horizont des Ästhetizismus heraus. Der Horizont Kerrs selbst ist, soweit er positiv urteilt, ästhetizistisch strukturiert.[16]

1.3. *Das psychoanalytische Interesse*: Als beispielhaft hierfür wählen wir Maximilian Hardens Kritik, als Herausgeber der politisch-literarischen Wochenzeitschrift *Die Zukunft* neben dem Theaterkritiker Kerr und dem Moralisten und Sprachkritiker Karl Kraus der wohl wichtigste und einflußreichste deutschsprachige Publizist der Wilhelminischen Epoche. Harden steht der Position Goldmanns noch ferner als Kerr. Er beginnt seine objektive und analytisch-informierende Darstellung mit dem Hinweis auf das neue Wiener Interesse, nicht mehr an der griechischen »stillen Einfalt und Größe« anzuknüpfen, sondern an der griechischen »Hysterie«. Er zitiert Bahrs Worte: »meine Griechen, die wirklichen, mit ihrer furchtbaren Hysterie, nicht die von Gips.«[17] Bahrs *Dialog vom Tragischen* gilt Harden sozusagen als theoretisches Gegenstück zu Hofmannsthals *Elektra*. Und dazu paßt es, daß auch Schnitzler an dieser Frage der »Hysterie« interessiert sei, die gerade von den Nervenpathologen Freud und Breuer in ihren Hysterie-Studien erörtert worden ist. Harden kommentiert die

13 Ebd., S. 81.

14 Ebd.

15 Ebd.

16 Hofmannsthal war, und das beweist seine eigene Distanz gegenüber den ästhetizistischen Unterstellungen, selbst über die wohlwollende, sozusagen rühmende Art der Kerrschen Kritik so indigniert, daß er seine eigene Mitarbeit an der *Neuen Rundschau* fortan abbrach. (Vgl. hierzu: *Hofmannsthal im Urteil seiner Kritiker*, a.a.O., S. 482.)

17 Maximilian Harden, »Elektra«, in: *Hofmannsthal im Urteil seiner Kritiker*, a.a.O., S. 82.

psychoanalytische Relevanz von Hofmannsthals Stück indirekt, wenn er Bahr abermals zitiert: »die Hysterie aus Affekten erklärt, welch ein Mensch, statt sich natürlich zu entleeren und sich dadurch abzuspannen und wieder ins Gleichgewicht zu kommen, unterdrückt und gewaltsam vergessen hat, worauf sie sich ... oft sogar in ein körperliches Phänomen ... ja schauerlichen Tic verwandeln.«[18] Bahrs Erklärung der griechischen Tragödie als eine »entsetzliche Kur der Erinnerung an alles Böse«, indem sie die kranke Kultur an die frühere Wildheit des Menschen erinnere, die im modernen Menschen noch immer anwesend sei, diese Erklärung gibt für Harden dem Hofmannsthalschen Stück die Lizenz. Die Entdeckung der »Hysterie« ist sozusagen die letzterreichte Phase der Griechen-Rezeption, ein Argument, das es dem hier historistisch urteilenden Harden möglich macht, Hofmannsthals Stück sowohl zu akzeptieren als auch zu relativieren: er empfindet zwar, daß die Gestalten der sophokleischen Geschwister, Elektra und Orestes, sich im Stück des Modernen unendlich verkleinert hätten. Aber er zieht aus dieser Einsicht nicht wie Goldmann eine negative ästhetische bzw. moralische Bilanz. Im Hinweis auf die freizügige Behandlung antiker Stoffe bei Shakespeare, Goethe, Hebbel und Kleist lobt er sogar Hofmannsthals Mut, der »Erinnerung an die Oresteia« zu trotzen, d. h. qua Sophokles' Vorlage mit Aischylos zu wetteifern. Der Paradigmenwechsel wird also von Harden wie von Kerr akzeptiert. Harden begründet ihn jedoch nicht im ästhetizistischen Programm, sondern im Hinweis auf Freuds »Hysterie«-Konzeption, der Theorie, die diese Krankheit im Anschluß an eine längst schon entwickelte Hysterie-Deutung als eine ausschließlich weibliche darstellte. Harden fragte: ist diese »Agamemnons Tochter oder ein hysterisches Mädchen« und antwortet: »Agamemnons hysterische Tochter«.[19] Damit will Harden durchaus eine neue Dimension, die in dem archaischen Thema schon von jeher beschlossen lag, unterstreichen. So wie die antike Katharsis per Tragödie erreicht wurde, so die moderne Katharsis durch die hypnotische Beichte. Diese durch Bahrs Vermittlung gewonnene Analogisierung zwischen Tragödienprozeß und psychoanalytischem Prozeß verschafft für Harden der *Elektra* Hofmannsthals ihre dramatische Evidenz. In dieser Argumentation ist die Frage nach dem Mythos, die Kerr als zentra-

18 Ebd., S. 83. 19 Ebd., S. 84.

les Motiv erkannte, wenn auch nicht verfolgte, dann offenbar nicht mehr so brennend. Diese Frage wird – und das ist schon freudianisch argumentiert – nur noch funktional verstanden: an die Stelle des archaischen Mythos tritt die Einsicht in die Triebstruktur. Harden kann deshalb den aufschlußreichen Satz Elektras zitieren: »Ich hab' die Götter nie gesehen«.[20] Fazit: Keine ästhetisch-stilistischen Kriterien unterstützen das im Ganzen positive Urteil, sondern psychoanalytische: Hofmannsthals Stück inszeniere sozusagen eine gerade entdeckte wissenschaftliche Erkenntnis über die Psyche des Menschen. Es aktualisiere damit eine Einsicht, die unter anderem Namen, nämlich mythologischem, auch schon in der attischen Tragödie versteckt gewesen sei. Damit ist Hofmannsthal aber nur durch eine rationalistische Reduktion gerettet. Die Frage nach dem Verhältnis von ästhetischer Methode und mythischem Inhalt (Ritual, Tanz, Tat) ist gar nicht gestellt worden.

Es hat sich gezeigt, daß Hofmannsthal zumindest etwas anderes im Auge hatte als die zeitgenössische Rezeption, deren Argumente wir an repräsentativen Beispielen durchgesehen haben, in der Lage war aufzufassen. Weder das ästhetizistisch noch das psychoanalytisch reduzierte Erklärungsmodell für den Tanz und die Blutorgie hat er akzeptieren wollen. Er war auf etwas jenseits der ästhetizistischen Sensation und der analytischen Erklärung aus. Es ist nun die Frage, ob ihm dies gelungen ist. Bevor wir diese Frage wenn nicht direkt beantworten, aber doch als Frage genauer präzisieren, sei zunächst anhand von Hofmannsthals theoretischen Äußerungen zum Mythos-Problem gezeigt, inwiefern weder die ästhetizistische noch die psychoanalytische Perspektive das von ihm gesuchte »Phänomen« angemessen wiedergibt. (Die Frage nach dem Paradigmawechsel, also dem Vorwurf der Traditionalisten, Hofmannsthal habe sich nicht mehr an die klassisch-klassizistische Vorlage gehalten, spare ich aus, da sie absehbar für das Mythos-Problem nichts einbringt.) Hofmannsthal hat sehr früh das Thema des Mythos aufgegriffen. Es war ein Teil seines nie ausgegebenen Urmotivs des »Magischen«, das die poetologische Metapher seiner »Präexistenz« darstellt: die Frage nämlich nach dem Zusammenhang zwischen dem individuellen historischen Ich und dem archaischen »Über-ich«.[21]

20 Ebd., S. 86.
21 Dieser Begriff ist nicht mit dem Freudschen Begriff des »Über-Ich« zu

11. Die Substitution des »Innen« durch das »Draußen«

Dieser Zusammenhang ist schon aufgeworfen in Hofmannsthals Frage nach der »Präexistenz«, dem zentralen Begriff der Entwicklung seiner Poetologie zwischen 1896 und 1903 vom Symbolbegriff zum Mythos: Die Vorstellung vom reinen Gedicht, wie Hofmannsthal sie im *Gespräch über Gedichte* (1903), im gleichen Jahr der Uraufführung der *Elektra,* entwickelte, ist nicht mehr nur ästhetisch-poetologisch begründet wie noch im Vortrag *Poesie und Leben* (1896). Hatte er dort fast im Sinne der poésie pure den Materialcharakter des Gedichts als ein »gewichtloses Gewebe aus Worten« charakterisiert und den Grundsatz des L'Art pour l'art-Programms auf die Pointe gebracht: »Es führt von der Poesie kein direkter Weg ins Leben, aus dem Leben keiner in die Poesie«[22], so gibt er sechs Jahre später eine ontologische Begründung für diese Reinheit, die wir als Durchbrechung des künstlichen Ding-Symbolismus Georgescher Manier verstehen können. Eine Akzent-Verschiebung vom artifiziellen Gesichtspunkt lyrischer Produktion zum existentiellen (»Verfassung unseres Daseins«[23]) der Erfahrung ist zu konstatieren. Schon im Vortrag *Poesie und Leben* bindet Hofmannsthal die Wirkung des Gedichts an die Bewußtwerdung von Vergangenheit, d. h. an einen »traumhaft deutlichen, flüchtigen Seelenzustand«, ein erinnerndes Verhalten.[24] Ebenfalls gibt es dort schon eine Kritik am schulgerechten Verfahren des ästhetizistischen Symbolismus: »Eine schöngesinnte Dichterschule der halbvergangenen Zeit hat viel Starrheit und enges Verstehen verschuldet, indem sie zu reichlich war im Vergleichen der Gedichte mit geschnittenen Steinen, Büsten, Juwelen und Bauwerken.«[25] Nunmehr, im *Gespräch über Gedichte,* ist die »Erinnerung« zum eigentlich aufschlüsselndsten Begriff geworden,

verwechseln. Vielmehr meint er die Hofmannsthalsche Annahme eines »Seins« von »magischer« Qualität. Hierzu: Hofmannsthal, »Ad me Ipsum«, in: *Aufzeichnungen,* a.a.O., S. 219 u. S. 226.

22 Hugo von Hofmannsthal, *Gesammelte Werke, Prosa* I, hg. v. Herbert Steiner, Frankfurt a. M. 1956.

23 Ders., *Prosa* II, a.a.O., S. 83.

24 Ders., *Prosa* I, a.a.O., S. 263.

25 Ebd., S. 266 f.

weil nunmehr das poetologische Interesse nicht mehr auf das Äußere des Gedichts, sondern ausschließlich auf die »geheimsten und tiefsten Zustände unseres Inneren« gerichtet ist.[26] Dieses »Innere« wird zum Organon der Vergangenheit, wenn es auf Dichtung trifft. Das Naturgedicht Georges provoziere, daß ich »eine Landschaft meiner Kindheit« sehe.[27] Durch dieses nicht bloß gegenständliche, sondern reflexive, wenn auch unbewußte Zurückgehen auf Vergangenheit bekommt der poetische Gegenstand (Natur) seine eigentlich seinsmäßige, der aktuellen Zeit enthobene Qualität: »das Gefühl eisigen Wassers, das aus einem Laufbrunnen über deine Hände sprüht« – »Eine gewisse Bewegung, mit der du von einem hohen Wagen abspringst«[28] – das sind nicht bloß einfache Vergegenwärtigungen einer physischen Präsenz. Was da vergegenwärtigt wird, ist auch das, was Hofmannsthal das »Andere« nennt.[29] Der Terminus das »Andere« hat nicht den gleichen Sinn, wie wir ihn aus der phänomenologischen Ästhetik seit dem späten Adorno kennen: die Bezeichnung ist nicht Bezeichnung für das Heteronome, das Nicht-Identische am ästhetischen Phänomen, für das, was sich dem Begriff entzieht. Diese Ansicht ist Hofmannsthal ohnehin Selbstverständnis, das Heterogene des Schönen ist ihm kein theoretisches Problem. Vielmehr verweist der Terminus des »Anderen« auf die besondere Beschaffenheit des Verhältnisses von Identischem und Nicht-Identischem: es ist keine reine Bewußtseinsdifferenz, sondern transsubjektiv in der plötzlichen Anwesenheit von »Natur« begründet, die außerhalb meines Selbst liegt: »Wollen wir uns finden, so dürfen wir nicht in unser Inneres hinabsteigen: draußen sind wir zu finden, draußen. Wie der wesenslose Regenbogen spannt sich unsere Seele über den unaufhaltsamen Sturz des Daseins. Wir besitzen unser Selbst nicht: von außen weht es uns an, es flieht uns für lange und kehrt uns in einem Hauch zurück.«[30] Dieser Begriff des »Draußen« unterbricht die lange währende Vorherrschaft der Bewußtseins- und Ich-Identität des deutschen Idealismus, die selbst noch den frühromantischen Ich-Begriff geprägt hatte. Hofmannsthals »Drau-

26 Ders., *Prosa* II, a.a.O., S. 82.
27 Ders., Prosa II, a.a.O., S. 82.
28 Ebd.
29 Ebd.,
30 Ebd.,. S. 82 f.

ßen« ist sozusagen die Umkehrung von Novalis' Begriff des »Innen«, der in den berühmten »Blütenstaub«-Sätzen entfaltet ist: »...ist denn das Weltall nicht in uns? Die Tiefen unsers Geistes kennen wir nicht. – Nach Innen geht der geheimnißvolle Weg. In uns, oder nirgends ist die Ewigkeit mit ihren Welten, die Vergangenheit und Zukunft.«[31] Die absolute Vorherrschaft der selbstreflexiven Subjektivität gegenüber der Natur war in Novalis' Naturphilosophie (*Die Lehrlinge zu Sais*) definitiv festgelegt worden: die Natur ist nur »irre« Redenden eine »wüste Phantasie ihres Traumes« oder ein »entsetzliches Tier«.[32] Dagegen sieht der »wachende Mensch« die Natur »ohne Schaudern« an, denn der »Sinn der Welt ist die Vernunft.«[33] Zwar ist diese Novalissche Naturansicht und seine Anschauung von der Vorherrschaft des »Innen« zur gleichen Zeit schon konterkariert worden durch die Dämonisierung der Natur und die Auflösung des Ichs in ihr (in Tiecks frühen Erzählungen) und später durch Schellings Naturphilosophie, aber es bedurfte noch einer ganz anderen, szientifisch begründeten Relativierung des Vernunft-Ich nach Nietzsche, um die Stimme des »Draußen« überhaupt mit solcher quasi mystischen Emphatik zum Sprechen zu bringen. Der Einfluß der Machschen Ich-Dekonstruktion (*Die Analyse der Empfindungen*, 1885) ist eine in der Forschung hinlänglich bemerkte Beschleunigungsstelle der Entwicklung des »Innen« zum »Draußen«. Neben dem jungen Hofmannsthal hat das vor allem Robert Musil in seinen frühen Erzählungen versucht. Die theoretischen Probleme, die Adorno dann später mit der begrifflichen Fassung des Erhabenen als dem Naturschönen hatte[34], weisen noch immer zurück auf diese Virulenz des »Draußen« als eines ehemaligen »Innen«. Ob literarische Sprache überhaupt jemals von einem souveränen »Innen« beherrscht worden ist, ließe sich seit dem Diskurs über die »Unverständlichkeit« von Stil im 18. Jahrhundert (Hamann, Claudius, F. Schlegel) mit guten Gründen bezweifeln. In Hofmannsthals *Chandos*-Brief war dieses Auseinanderklaffen einer potentiell neuen Sprache und dem konventionellen Bewußtsein

31 Novalis, *Werke, Tagebücher und Briefe*, hg. v. H.-I. Mähl u. R. Samuel, Bd. 2, München 1978, S. 233.

32 Ders., *Werke und Tagebücher und Briefe*, Bd. 1, a.a.O., S. 213.

33 Ebd.

34 Vgl. S. 110ff. dieses Buches.

auf der Höhe der ästhetizistischen Poetik formuliert. Hofmannsthals Text *Gespräch über Gedichte* entstand ein Jahr nach der sogenannten Chandos-Krise. Die Chandos-Krise beschreibt, verkürzt gesprochen, das Dilemma des Ichs angesichts der ständig wechselnden Flut der wahrgenommenen Dinge, die sich der bekannten Literatur- und Alltagssprache entziehen, d.h. sie zieht dessen verpflichtende Struktur und Aussagefähigkeit in Zweifel und gibt den »Dingen«, d.h. dem »Draußen«, die Priorität. Dieser Grundgedanke wird hier poetologisch eingesetzt: produktionsästhetisch gesprochen bedeutet das Gedicht die einzige Berührung unseres »Selbst« mit sich selbst, nämlich mit den Dingen einer vorpersonalen Natur, die wir irgendwann schon einmal gesehen haben, ein Gedanke, der auch in Rilkes *Duineser Elegien* auftaucht. Deshalb regt sich das »dunkle Heimatgefühl«.[35] Es ist interessant, daß dieser Gedanke einer Wiedererinnerung des Ichs nicht nur Prousts »Mémoire involontaire« strukturiert, sondern sich ebenso bei parallelen Bewußtseinszuständen der ästhetischen »Epiphanie« bei James Joyce und Musil nachweisen läßt. Allerdings hat das Ich bei Proust und James Joyce eine feste Bewußtseinsidentität und wird, das gilt vornehmlich für Proust, als reine psychisch determinierende Struktur behandelt, ohne Transzendenz eines Göttlichen oder Mythischen.

Hier liegt der zentrale, unterscheidende Punkt zu Hofmannsthal und auch Musil: Je mehr das Ich keine »Wesenheit« besitzt, um so mehr bedarf es der Berührung mit dem »Draußen«, das ist die mythisch interpretierte Präsenz der »Natur«, des »Lebens«: »Wovon unsere Seele sich nährt, das ist das Gedicht, in welchem, wie im Sommerabendwind, der über die frischgemähten Wiesen streicht, zugleich ein Hauch von Tod und Leben zu uns herschwebt, eine Ahnung des Blühens, ein Schauder des Verwesens, ein Jetzt, ein Hier, und zugleich ein Jenseits, ein ungeheueres Jenseits. Jedes vollkommene Gedicht ist Ahnung und Gegenwart...«[36] Das Jetzt gewordene Damals, die Epiphanie des in einem Augenblick anwesenden Vergangenen, ist die anthropologische Begründung für das lyrische Erlebnis: »Das wirkliche Erlebnis der Seele, welche Worte möchten es ausdrücken, wenn nicht bezauberte! Ein Augenblick kommt und drückt aus tausenden

35 Hofmannsthal, Prosa II, a.a.O., S. 83.
36 Ebd., S. 94.

und tausenden seinesgleichen den Saft heraus, in die Höhle der Vergangenheit dringt er ein und den tausenden von dunklen erstarrten Augenblicken, aus denen sie aufgebaut ist, entquillt ihr ganzes Licht: was niemals da war, nie sich gab, jetzt ist es da, jetzt gibt es sich, ist Gegenwart, mehr als Gegenwart; [...] Und diese Augenblicke sind die Geburten der vollkommenen Gedichte, und die Möglichkeit vollkommener Gedichte ist ohne Grenzen wie die Möglichkeit solcher Augenblicke. Wie wenige gibt es dennoch, Clemens, wie sehr wenige.«[37]

Es ist das Eindringen in die »Höhle der Vergangenheit«, die Gegenwart schafft, die »mehr als Gegenwart« ist. Die Gegenwart »der Kindheit« ist hier identisch mit der Gegenwart des »Mythos«. Diese mythische Dimension, in der das Selbst erst wieder zu sich findet, prägt auch Hofmannsthals neue Interpretation des poetischen Symbolbegriffs. Hofmannsthals Symbolbegriff impliziert eine Vernichtung des Ichs. Anknüpfend an das mythisch archaische Opfer, in dem das Tier an die Stelle des Menschen trat, um den Zorn der Götter zu besänftigen, also einen »symbolischen Opfertod« starb[38], stellt Hofmannsthal das »große Mysterium«, die »große Wahrheit« der Poesie dar: »Daß sich sein Dasein, für die Dauer eines Atemzugs, in dem fremden Dasein aufgelöst hatte. – Das ist die Wurzel aller Poesie.«[39] Der »Inbegriff der Symbole, die uns bezwingen« liegt darin, daß in ihnen die archaische Natur zurückkehrt und uns an sich reißt. Wie sich der archaische Mensch für einen Augenblick im sterbenden Tier aufgelöst hatte, das sterbende Tier war, so löst sich der poetisch ergriffene Mensch in den Symbolen auf. Diese anthropologisch-mythische, keineswegs bloß psychologisch-metaphorische, Erklärung der dichterischen Sprache hat ihre Vorgeschichte beim frühen Nietzsche. Vornehmlich in Nietzsches dionysischer Begründung der Attischen Tragödie (1871): Das Dichterische wird dort nicht bloß aus dem Zusammenbruch des Selbstbewußtseins, sondern einer Auflösung des Ichs im mythischen Material erklärt. Die Interpretation des Symbolbegriffs, wie sie Hofmannsthal 1903 vornimmt, rückt ganz entschieden von dem symbolistischen Verständnis des poetischen Wortes und seinem Bezug zur intellektuell getönten

37 Ebd., S. 95 f.
38 Ebd., S. 89.
39 Ebd.

Allegorie ab, wie sie in den Gedichten Baudelaires, aber auch Stefan Georges anwesend ist: Nicht mehr Selbstverweis der Wörter im Kontext der Gesamtstruktur des Gedichts, wie es auch noch in Hofmannsthals Vortrag *Poesie und Leben* anklingt, sondern Verweis auf etwas außerhalb der Wörter Liegendes, hier konkret das archaische Opfer, generell eine mythische Gegenwart.

Von dieser mythischen Gegenwart handelt das Gedicht *Weltgeheimnis*: Die beiden letzten Strophen wenden das im Gedicht ausgesprochene mythische Wissen des Brunnens, das zugleich die Geschichte eines Verlustes ist, auf das historische Präsens an. Dieses »Wissen« ist noch in den Worten unserer Alltagssprache enthalten: wir sind wie Bettler, deren Füße den Stein berühren, ohne zu wissen, daß er einen edelsten verborgenen enthält. Die abschließende Strophe variiert die allererste, sie differenziert den bis dahin polar gehaltenen Gegensatz zwischen dem Wissen des mythisch vorpersonalen Einst und seinem Verlust in historischer Zeit, indem sie ein neues, bis dahin nicht verwandtes Wort gebraucht: »Traum«. »Die Tiefe« des »Brunnens« verweist nicht auf die »Tiefe« des »Ichs«, sondern auf die Tiefe des »Draußen«, des »Lebens«, ... sagen wir es bezogen auf das mythische »Einst«: auf die Tiefe der Zeit. Indem das Ich teilnimmt an der Tiefe der Zeit, an dem »Einst«, kehrt es zu sich selbst zurück, von dem es in der Zeitform des Präsens abgespaltet ist. Es ist festzuhalten (worauf Szondi nachdrücklich aufmerksam machte)[40], daß in diesen und in den anderen großen Gedichten jener Periode kein lyrisches Ich mehr spricht, sondern dieses eingegangen ist in die lyrischen Gegenstände. Durch diese Entsubjektivierung erst kann es durch das Brunnenmotiv repräsentiert werden. Der »Brunnen« faßt die reflexive Tiefe und Stummheit der frühen Menschen symbolisch auch jetzt noch zusammen: als künstlerisches Symbol des von »Leben« und seiner »Tiefe« nicht getrennten Menschen. Nur in der Sprache des Künstlers ist die Tiefe des verlorenen »Ichs« heute noch erreichbar. Der Gegensatz Einst-Jetzt, von mythischer Vergangenheit und historischer Gegenwart, der das Gedicht durchzieht, verdeutlicht die Perspektive auf eine früher, nicht nur im Sinne einer archaischen Frühzeit, sondern ebenso auf die Frühzeit einer jeden individuellen Entwicklung, auf die Kindheit. Je mehr

40 Peter Szondi, *Lyrik und lyrische Dramatik in Hofmannsthals Frühwerk,* in: ders., *Satz und Gegensatz,* Frankfurt a. M. 1976, S. 68.

sich der Mensch dieser archaisch individuellen Frühe nahegehalten hat, je mehr weiß er noch von den »Zauberworten«, die der »Brunnen« in sich beschließt. Die »Zauberworte« sind in der Dichtung, sie gehen jetzt als Tagessprache zwar von Mund zu Mund, diese aber wird nicht mehr in ihrem Zauber begriffen. Die Personen werden im Gedicht *Weltgeheimnis* genannt, die jede in ihrer Weise, noch ein besonderes Verhältnis zu diesem Wissen haben, das nur der Brunnen weiß, der das archaisch fiktive Ich selbst symbolisiert, von dem sich die Menschen der historischen Gegenwart graduell entfernt haben, dem die drei hier genannten Personen aber noch nahestehen. Es sind ein Mann, ein Kind und ein Weib. Der Mann: es ist nicht irgendein Mann, sondern ein spezifisch ausgestatteter: was jetzt nicht mehr begriffen wird – hier taucht das spezifisch mythische »es« Hofmannsthals auf –, begriff dieser »Mann« einmal und verlor es dann wieder. Nicht ganz verlor er »es«: in der Form der »irren« Rede und des »Liedes« reproduziert er dieses »es« noch. Damit ist dieser Mann als der Dichter gekennzeichnet, der in der modernen Literatur seit Hölderlin auch als der »irr« Sprechende, der Wahnsinnige gefaßt ist, einer Figur, der Hofmannsthal im *Kleinen Welttheater* (1897) eine tiefsinnige Auslegung zukommen ließ, deren Vergleich mit dem Porträt des »Dichters« (sowohl im Gedicht *Nox portentis* als auch im *Kleinen Welttheater* sowie in *Gestern*) ergiebig wäre. Die zweite Person ist ein Kind: im Gegensatz zum Mann, dem Dichter, steht sein intuitives Erfassen des Brunnenwissens nicht in der Zeitform des historischen Präteritums, der zeitlichen Einmaligkeit, sondern im mythischen Präsens: die Entrückung, nachdem das Kind sich über den »Spiegel« des Lieds gebeugt hat – hier wiederholt sich das Motiv einer »Tiefe« noch einmal –, ist die Nähe der Kindheit. Nähe der Kindheit bedeutet sowohl Nähe zur Sprache des Dichters wie zur Tiefe des Brunnen-Wissens, die ja beide einander zugeordnet sind. Aber dieser Zustand der Kindheit geht verloren. Es folgt einem zentralen Motiv der ästhetizistischen Tradition, daß dieses mythisch begabte Kind sich nicht im gewöhnlichen Manne, sondern in dem »Weib« wiederfindet. Das »Weib« als dämonische Femme fatale (Sphinx, Medusa) oder als gefährdetes Opferwesen (Femme fragile), etwa die »Frau im Fenster« nach dem Vorbild von Motiven Maeterlincks und D'Annunzios, oder schließlich als die eigentlich erotisch definierte, von der »Natur« ausgezeichnete, ist den »Dingen« nahe. Auch sie versteht

die »Zauberworte« ebensowenig wie der Dichter und das Kind, aber sie hat eine »dumpfe Ahnung« davon: Kunst und Erotik sind die beiden seit der Romantik wiederholten Sphären des mythisch vorpersonalen Wissens. Hofmannsthal zitiert hier also abermals in der Erwähnung des »Weibs« und der »Liebe« ein schon definiertes, symbolisch repräsentierendes Figurenpaar. Aber er gewinnt dabei stilistisch die mythische Einfachheit, die das Thema des Gedichts ist, das der »Brunnen« leitmotivisch darstellt.
Mit dem Wort »Traum« ist der Hinweis gegeben, daß wir alle, nicht nur der Dichter, das Kind und das Weib, die jeder in seiner Weise dem »Brunnen«-Geheimnis, das ist das »Welt-Geheimnis«, nahe sind, jedenfalls in der Form des Vor- oder Unbewußten an diesem Gedicht teilnehmen. Der »Traum«, im Gedicht *Weltgeheimnis* effektvoll fast als allerletztes Wort angeführt, was einen begrifflichen, nicht einfach einen lyrisch-metaphorischen Status unterstützt, ist eine zentrale Metapher in Hofmannsthals Werk. In fast allen seinen großen Gedichten kehrt das Traum-Motiv wieder: »Dein Antlitz war mit Tränen ganz beladen«, in *Terzinen über die Vergänglichkeit* und vor allem in: *Traum von großer Magie*. Die Konnotation von mythischem Ich und Dichtung ist überall gegeben. Es stellt sich dabei die Frage, wie in systematischem Sinne dieser Zusammenhang zu denken ist. Bedeutet das Wort vom »Traum«, das Hofmannsthal keineswegs im psychologisch angespannten Wien Freuds aufnahm, sondern als große Metapher der Renaissance aus der Lektüre Calderons und Shakespeares kannte, dennoch eine immanent psychopathische Lösung, oder weist das Motiv vom Wissen des mythischen »Brunnens« auf einen Ansatz von adamitischer Sprachphilosophie, wie sie wenig später der junge Walter Benjamin entwickelte?

III. Opfer-Ritual und literarisches Symbol

Es ließen sich anhand der Gedichte *Weltgeheimnis* und *Traum von großer Magie* die Beziehung zwischen historisch-aktuellem Ich und archaischem »Über-Ich« erläutern und so das Beispiel, das der Lord Chandos-Brief in seiner magischen Sprach-Konzeption vorgab, präzisieren: Es geht immer um die Einheit der durch die Begriffe von Subjekt und Objekt auseinandergefallenen Welt. Erkenntnistheoretisch formuliert ergab sich daraus ein Dilemma der

Sprache bzw. die Suche nach einer neuen Sprache. Metaphysisch gesehen stand für Hofmannsthal von Anfang an das Problem des Mythos an. Schon während der allerersten Aufzeichnung zum Ästhetizismus-Problem finden sich Sätze wie die beiläufigen: »Bacchien' des Euripides zu erneuern«, also schon ein Vorgriff auf das Thema der *Elektra*, oder aber die grundsätzlichen Sätze einer allerersten Definition: »Der tragische Grundmythos: die in Individuen zerstückelte Welt sehnt sich nach Einheit, Dionysos Zagreus will wieder geboren werden« (17. XII. 93, *Aufzeichnungen und Tagebücher aus dem Nachlaß*).[41] Es handelt sich um eine erste Darstellung seines Mythos-Begriffs, und dabei erscheint eben das Bild eines griechischen Gottes, auf den Nietzsche seine neue Interpretation der Attischen Tragödie gegründet hatte. Zur Vorgeschichte der *Elektra* heißt es am 17. VII: »– ›Elektra‹. – Der erste Einfall kam mir Anfang September 1901. Ich las damals, um für die ›Pompilia‹ Gewisses zu lernen, den ›Richard III.‹ und die ›Elektra‹ von Sophokles. Sogleich verwandelte sich die Gestalt dieser Elektra in eine andere. Auch das Ende stand sogleich da: daß sie nicht mehr weiter leben kann, daß, wenn der Streich gefallen ist, ihr Leben und ihr Eingeweide ihr entstürzen muß, wie der Drohne, wenn sie die Königin befruchtet hat, mit dem befruchtenden Stachel zugleich Eingeweide und Leben entstürzen. Die Verwandtschaft und der Gegensatz zu Hamlet waren mir auffallend. Als Stil schwebte mir vor, etwas Gegensätzliches zur ›Iphigenie‹ zu machen, etwas worauf das Wort nicht passe: ›dieses gräzisierende Produkt erschien mir beim erneuten Lesen verteufelt human‹ (Goethe an Schiller).«[42]

Die Entscheidung, sowohl die Vorlage des Sophokles zu verwandeln als auch dem klassisch-»humanen« Vorbild Goethe zu opponieren, vollzog sich also nicht als ein Schreib-Prozeß, sondern ergab sich von Beginn an aus dem oben erörterten ›mythischen‹ Bewußtsein generell und einer spezifisch Nach-Nietzscheanischen Griechen-Konzeption im besonderen. Die Notiz von 1892: »Die Griechen Goethes. Die Griechen von Nietzsche. Die Griechen von Chénier« enthalten schon das Programm der neuen Altertumsdarstellung, ebenso der Hinweis: »Daß Goethe nicht gut Griechisch konnte und nie ein echtes griechisches Bildwerk

41 Hofmannsthal, *Aufzeichnungen*, Frankfurt a. M. 1973, a.a.O., S. 106.
42 Ebd., S. 131.

mit Augen gesehen hat, ist seltsam zu denken« (*Buch der Freunde*).

Schon diese verstreuten Einfälle beweisen, daß es Hofmannsthal mehr um eine neue, nämlich archaische Fassung des griechischen Themas ging als bloß um eine neue Form des Dramas bzw. der Tragödie. Ein anthropologisch-existentielles Interesse unterscheidet diesen Horizont von Beginn an vom klassizistisch-epigonalen als auch vom ästhetizistisch-stilistischen Konzept. Die erste zusammenhängende theoretische Äußerung zum Mythos erschien dann 1903, also im Aufführungsjahr der *Elektra.* Die Vorstellung des rituellen Opfers ist neben der des Tanzes für die mythische Dimension der *Elektra* entscheidend. Hofmannsthals schon oben angedeutete Ausführungen über den archaischen Opferakt können als direkte theoretische Erläuterung gelesen werden. Die zentrale Passage lautet: »Weißt du, was ein Symbol ist?... Willst du versuchen dir vorzustellen, wie das Opfer entstanden ist? Mir ist, als hätten wir früher einmal darüber gesprochen. Ich meine das Schlachtopfer, das hingeopferte Blut und Leben eines Rindes, eines Widders, einer Taube. Wie konnte man denken, dadurch die erzürnten Götter zu begütigen? Es bedarf einer wunderbaren Sinnlichkeit um dies zu denken, einer bewölkten lebenstrunkenen orphischen Sinnlichkeit. Mich dünkt, ich sehe den ersten, der opferte. Er fühlte, daß die Götter ihn haßten: daß sie die Wellen des Gießbaches und das Geröll der Berge in seinen Acker schleuderten; daß sie mit der fürchterlichen Stille des Waldes sein Herz zerquetschen wollten; oder er fühlte daß die gierige Seele eines Toten nachts mit dem Wind hereinkam und sich auf seine Brust setzte, dürstend nach Blut. Da griff er, im doppelten Dunkel seiner niedern Hütte und seiner Herzensangst nach dem scharfen krummen Messer und war bereit, das Blut aus seiner Kehle rinnen zu lassen, dem furchtbaren Unsichtbaren zur Lust. Und da, trunken vor Angst und Wildheit und Nähe des Todes, wühlte seine Hand, halb unbewußt, noch einmal im wolligen warmen Vlies des Widders. – Und dieses Tier, dieses Leben, dieses im Dunkeln atmende, blutwarme, ihm so nah, so vertraut – auf einmal zuckte dem Tier das Messer in die Kehle und das warme Blut rieselte zugleich an dem Vlies des Tieres und an der Brust, an den Armen des Menschen hinab: und einen Augenblick lang muß er geglaubt haben, es sei sein eigenes Blut; einen Augenblick lang, während ein Laut des wollüstigen Triumphes aus der seiner Kehle sich mit dem ersterbenden Stöhnen des Tieres mischte, muß er die Wollust gesteigerten Daseins für die erste Zuckung des Todes genommen haben: er muß, einen Augenblick lang, in dem Tier gestorben sein, nur so konnte das Tier für ihn sterben. Daß das Tier für ihn sterben konnte, wurde ein großes Mysterium, eine große geheimnisvolle Wahrheit. Das Tier starb hinfort den symbolischen Opfertod. Aber alles ruhte darauf, daß auch er in dem Tier gestorben war, einen Augenblick lang. Daß sich sein Dasein, für die Dauer eines Atemzugs, in dem fremden Dasein aufgelöst hatte. – Das ist die Wurzel aller Poesie ...«[43]

Ich übergehe im Folgenden die Ableitung des poetischen Symbols und beziehe mich nur auf die Auffassung vom Opferritual: Man liest die identifikatorische Darstellung des Schlachtvorgangs nicht ohne Irritation und versteht Adornos Warnung vor der »blutrünstigen Theorie des Symbols, welche die finsteren politischen Möglichkeiten der Neu-Romantik einbegreift«. Die Identifikation mit der »wunderbaren Sinnlichkeit«, der »orphischen Sinnlichkeit« denkt den von Nietzsche gedachten dionysischen Akt vom Verlust des principii individuationis nicht mehr rein ästhetisch oder metaphysisch, also immer noch orientiert an einem substantiellen Begriff von Sein. Vielmehr ist dieses Dionysische als ein Vorgängiges gedacht: als »ersterbendes Stöhnen«, als »warmes Blut«. Daß daraus die Vorstellung von der »Wollust gesteigerten Daseins« und die Begriffe eines »großen Mysteriums«, einer »großen geheimnisvollen Wahrheit« gewonnen werden, kann die unvermittelte Bindung an die reine Vorgängigkeit des Schlachtakts nicht verdecken. Prinzip ist jedenfalls die Evidenz einer Erfahrung von komplexer »Wollust«, ohne das Dazwischentreten moralischer Zensur (gegen das Interesse am Tod, gegen Sexualität, mag im Hintergrund auch noch eine universalistische Vorstellung, sozusagen als konventionelle letzte Begründung, zu finden sein). Daß diese ritualistische Konsequenz der Ästhetik der Décadence enthalten war, ist nicht zu leugnen. Aber sie geht eindeutig über die ästhetizistisch-ornamentale Programmatik und die Immanenz eines Stilbegriffs hinaus, den die *Pentheus*-Skizze noch nahelegt. Die anthropologische Vertiefung und Radikalisierung nimmt ihre Freiheit zwar vom Immoralismus und Hedonismus des ästhetischen Weltverständnisses. Ihre gewonnenen In-

43 *Prosa* II, a.a.O., S. 88 f.

halte aber rücken Hofmannsthals Konzeption schon in die Nähe einer später auftauchenden Verknüpfung von anthropologischen und ästhetischen Elementen, vornehmlich bei Bataille.
Die andere ästhetische Grundfigur des *Elektra*-Dramas ist der Tanz. Es gibt aus der Entstehungszeit keine theoretischen Äußerungen hierzu, wohl aber das 1907 veröffentlichte Prosa-Stück *Furcht.* Obwohl dieses Stück drei Jahre nach den beiden griechischen Mythen-Bearbeitungen erschien, ist die dort entwickelte Theorie über den mänadischen Tanz heranzuziehen. In einem fingierten Rollengespräch zweier altgriechischer Tänzerinnen entspinnt sich das Thema von der inneren Beziehung der Tänzerin zur schreckhaft gesehenen vorpersonalen, mythischen Erfahrung. Nachdem die eine das Motiv der »Furcht« im gespielten Tanz der »Meduse« und der ihr folgenden Versteinerung nur andeutet, entwickelt die andere das Erlebnis der archaischen Furcht aus der graduell sich steigernden Erfahrung bzw. Identifikation mit dem Nicht-Ich, d. h. der Natur, die im mänadischen Tanz ihren furchtbaren Höhepunkt findet. Als erster Grad liest sich folgender Absatz: »So hast du Wünsche, und Wünsche sind Furcht. Dein ganzes Tanzen ist nichts als Wünschen und Trachten. Du springst hin und wieder: flüchtest du vor dir selber? Du birgst dich: birgst du dich vor dem ewigen rastlosen Begehren in dir? Du äffst die Gebärden der Tiere und Bäume: wirst du eins mit ihnen? Du steigst aus deinem Gewand. Steigst du aus deiner Furcht? Kannst du jemals nur für zwei Stunden alle Furcht loswerden? Und sie könnens! Sie haben keine Furcht, einen solchen Tanz im Freien unter den heiligen Bäumen zu tanzen.«[44]
Die verschärfte Phase des Dialogs über den Tanz lautet: »Muß man sich nicht fürchten, wenn die Sonne in der Früh so klein ist, wenn sie manchmal in der Früh wie etwas Kindisches, das Kinder aufgehängt haben, in den Zweigen des Feigenbaumes hängt und dann emporklimmt? Aber was ist denn *nicht* fürchterlich? Und was wäre es denn, das uns tanzen macht, wenn nicht die Furcht? Die hält oben die Fäden, die mitten in unserm Leib befestigt sind, und reißt uns hierhin und dorthin und macht unsre Glieder fliegen. Und wenn ich als Mänade die Füße werfe und meine Arme und mein Haar gegen die Sterne fliegen, meinst du, es ist Lust? Siehst du denn nicht, daß es Furcht ist, die mich springen macht?«[45]

44 *Furcht,* in: Prosa II, a.a.O., S. 314. 45 Ebd., S. 317.

Während der letzten Phase geht die Rede der mänadisch erfahrenen Tänzerin in die szenische Beschreibung ihres Tanzes über. Diese lautet: *»Sie fängt an, sich in den Hüften zu bewegen. Irgendwie fühlt man, daß sie nicht allein ist, daß viele gleiche um sie sind, und daß alle zugleich tanzen unter den Augen ihrer Götter. Sie tanzen und kreisen, und es dämmert schon: von den Bäumen lösen sich Schatten und sinken hinein in das Gewühl der Tanzenden, und aus den Wipfeln heben sich die großen Vögel, in denen Verstorbene wohnen, und kreisen mit, und die Insel schwankt unter ihnen allen wie ein Boot voll Trunkner. Und nichts auf der Insel entzieht sich der Gewalt der Tanzenden; diese sind in diesem Augenblick so stark wie die Götter; die Arme und Hüften und Schultern der Götter sind gemengt unter ihre Bewegung; von nirgendher kann das blaue Todesnetz oder das korallenrote Schwert der Götter auf sie fallen. Sie sind die Gebärenden und die Geborenen der Insel, sie sind die Trägerinnen des Todes und des Lebens.*
Laidion gleicht in diesem Augenblick kaum mehr sich selber. Unter ihren gespannten Zügen ist etwas Furchtbares, Drohendes, Ewiges: das Gesicht einer barbarischen Gottheit. Ihre Arme fliegen in einem furchtbaren Rhythmus hinauf und wieder hinab, todesdrohend, wie Keulen. Und ihre Augen scheinen angefüllt mit einer kaum mehr erträglichen Spannung inneren Glücks. Da liegt sie auch schon, hart und kurz atmend, auf dem Bett, und um sie ist das kleine menschenleere Zimmer, die Wirklichkeit und Hymnis, die sie mit einer kleinen roten Decke zudeckt.«[46] Der indirekte Kommentar zu dieser Szene, in der die Rollensituation einer sich vom Erlebten distanzierenden Tänzerin in ästhetizistischer Manier gegen die Lakonie des mythischen Augenblicks ausgespielt wird, sei übergangen. Erwähnt werden muß, daß die Tänzerin ihr Erlebnis als »Glücklichsein ohne Hoffnung« charakterisiert und es offenbar als die höchste neue Form von Selbsterfahrung ohne Ideen anbietet. Diese Pointe sei vor allem erwähnt wegen der hier verborgen liegenden ideologischen Erweiterung des mänadischen Tanzmotivs. Für den mythischen Aspekt der *Elektra* von Belang ist aber nur die Transformation der Tänzerin in eine »barbarische Gottheit«, die Verwandlung des individuellen Gesichts in das Vorpersonale des »Fruchtbaren«, das Eingehen des temporären Ichs

46 Ebd., S. 318 f.

des Hier und Jetzt in etwas »Ewiges«. Ziehen wir den Schluß: Hofmannsthals theoretische Äußerungen über die das *Elektra*-Drama strukturierenden Figuren des Schlachtrituals und des Tanzes beweisen, daß im archaischen Mythos lebenspraktische Identifikationen gesucht werden, daß dieser keineswegs nur allegorisch oder symbolistisch, ganz gewiß nicht im Verständnis eines immanent bleibenden Stilbegriffs ausgelegt wird.

IV. Wiederholung des Mythos als Ästhetik des Schreckens?

Wir haben nunmehr zu fragen, ob und wie die beiden als eindeutig mythisch rezipierten Figuren des Schlachtrituals und des Tanzes innerhalb der *Elektra* wirklich einen Zusammenhang schaffen, der es erlaubt, von einer theatralischen Wiederholung des Mythos im Sinne Batailles oder des Theaters der Grausamkeit zu sprechen, oder ob diese Figuren innerhalb einer ästhetizistisch-anthropologisch fundamentalisierten Ästhetik des Schreckens, d. h. einer Ästhetik der plötzlichen Epiphanie funktionieren, also letztlich unabhängig von einem regressiven Angebot. Dabei haben wir zunächst zwei Vorentscheidungen zu erkennen: Indem Hofmannsthal die Figur der *Elektra* sich als Tanzende entwickeln läßt – als mänadische Existenz ist diese schon im ersten Schlachtgesang des Stücks angelegt –, reduzierte er rein strukturell schon die klassische Tragödienform auf deren kultische Vorform. Indem er in der ersten Auftrittsszene der Elektra das Rachemotiv umbog zu einem Opfermotiv, veränderte er die dramatische Struktur prinzipiell: an die Stelle des dialektischen Diskurses der Tragödie rückte er den Prozeß der mänadisch-archaischen Introversion. Dieser Strukturveränderung entspricht es, daß Orestes, der bei Sophokles die erste Szene einleitet, völlig zurückgedrängt ist und es zwischen Klytämnestra und Elektra zu keiner intellektuellen Auseinandersetzung mehr über das Für und Wider des Mords an Agamemnon kommt: Klytämnestra ist nur noch Adressat der Sprache einer Haß-Phantasie Elektras und ihrerseits Subjekt der Sprache extremer Gefühlszustände. Wir würden diesen Befund für sich auf der strukturellen Ebene für eine mythisch-kultische Reduktion nehmen können, gäbe es nicht gleichzeitig eine gravierende Gegenrechnung aufzumachen: Indem Hofmannsthal die Tragödie sozusagen auf den Kult-Tanz zurücknahm, eliminierte er gleichzeitig gerade alle jene Elemente, die innerhalb der Sophokleischen Tragödie den mythischen Begründungszusammenhang objektiv schufen: 1. die Hinweise auf den verhängnisvollen Mythos des Hauses des Tantalus und seines Grauens, der die tragischen Ereignisse überhaupt erst erklärt und objektiviert. 2. die kausale Verknüpfung von Muttermord und Göttergebot. Hofmannsthal eliminierte jeden Hinweis auf das Orakel von Delphi und den Befehl Apollos an Orestes, den Vater zu rächen und die Mutter zu töten. Es ist am Beispiel der Orestie des Aischylos nachweisbar[47], daß solche Begründungszusammenhänge selbst in der Attischen Tragödie hinter einer Ästhetik des Schreckens zurücktreten können. Bei Hofmannsthal ist diese Methode radikalisiert. Es ist klar ersichtlich warum: gerade weil es ihm so ernsthaft um eine mythisch-archaische Reduktion ging, konnte er alle jene mythischen Elemente nicht gebrauchen, die dem modernen Bewußtsein und seiner historistischen Kritik offen und unmittelbar widersprachen: also die mythische Vorgeschichte und die objektive Begründung des Mords in der Existenz von Göttern. Elektra sagt: »Ich hab' die Götter nie gesehn, allein / ich weiß, sie werden da sein, dir zu helfen.«[48] Diese vage Relativierung der Sophokleischen Kernbegründung wird vollends vollendet: »Es sind keine Götter im Himmel!«[49] Hier erklärt sich auch, warum Hofmannsthal das Rachemotiv zum Schlachtritual umsetzen mußte: Wenn die objektive Begründung des Muttermords wegfiel, dann konnte die Rache im individual-psychologischen oder kulturell-normativen Bereich keine theatralisch starke Unterstützung mehr finden, sonder nur in einem Sprung ins vollends selbstreferentielle Ästhetische. Und damit ist der Grundwiderspruch eines mythischen Anspruchs, sollte es denn einer sein, benannt: Der moderne Dichter kann nichts mehr mit dem bestimmten Mythos des Tantalus und nichts mit den griechischen Göttern anfangen, sondern nur noch mit dem generellen »Mythos«, d.h. einer Abstraktion des archaischen Schreckens. Er findet diesen nicht mehr in den einzelnen Mythen der Griechen beglaubigt, sondern in der eigenen

47 Vgl. S. 45 ff. dieses Buches.
48 *Elektra,* in: *Dramen* II, a.a.O., S. 64.
49 Ebd., S. 68.

Seele bzw. dem modernen Unterbewußten, das er zum »Mythos« transformiert. Daß dort ein »Es«, ein »Etwas«, wie Hofmannsthal immer wiederholt sagt, liegt, trennt die seelischen Vorgänge vom Zugriff der analytischen Psychologie und verweist wiederum auf die Mythen der Griechen zurück. Nicht mehr wie Sophokles im Detail, sondern im ›Ganzen‹. Wegen dieses Widerspruchs zwischen Unverbindlichkeit der konkreten griechischen Mythen in der Moderne einerseits und einer fundamentalistischen Sehnsucht nach *dem* Mythos andererseits kommt es zur Reduktion der mythos-kritischen Tragödie zur mythos-identifizierenden Theatralik.

Soviel zur archaischen Struktur und dem mythologisierenden Argumentationszusammenhang. Wie aber sieht es auf der semantisch-metaphorischen Ebene aus? Unbezweifelbar ist, daß sämtliche szenischen Anweisungen des Blutes und des Schreckens (1. Auftritt der Elektra, 1. Auftritt der Klytämnestra, Gesprächsszene Klytämnestra/Elektra) von hochsymbolistischem Stil geprägt sind und in ihren Gefühlsumschwüngen durchaus vergleichbar den von Maeterlinck unmittelbar beeinflußten Stücken und deren letzten Szenen, etwa der *Frau im Fenster*. Hier stellen sich auch alle Mittel der sensationalistischen Ästhetik der Dekadenz ein: Die Szenenanweisung lautet: »In dem breiten Fenster erscheint die Gestalt der Klytämnestra. Ihr fahles, gedunsenes Gesicht, in dem grellen Licht der Fackeln, erscheint noch bleicher über dem scharlachroten Gewand. Sie stützt sich auf eine Vertraute, die dunkelviolett gekleidet ist, und auf einen elfenbeinernen, mit Edelsteinen geschmückten Stab. Eine gelbe Gestalt, mit zurückgekämmtem schwarzem Haar, einer Ägypterin ähnlich, mit glattem Gesicht einer aufgerichteten Schlange gleichend, trägt ihr die Schleppe. Die Königin ist über und über bedeckt mit Edelsteinen und Talismanen. Ihre Arme sind voll Reifen, ihre Finger starren von Ringen. Die Lider ihrer Augen scheinen übermäßig groß, und es scheint ihr eine furchtbare Anstrengung zu kosten, sie offen zu halten.«[50] Diese Szenenangabe ist konstruiert nach den Prinzipien des Essays *Die Bühne als Traumbild*, wo es heißt: »Wer die Bühne aufbauen wird, muß durchs Auge gelebt und gelitten haben. Tausendmal muß er sich geschworen haben, daß das Sichtbare allein existiert, und tausendmal muß er schaudernd

50 *Elektra*, in: *Dramen* II, a.a.O., S. 24.

sich gefragt haben, ob denn das Sichtbare nicht, vor allen Dingen, *nicht* existiert. Der Anblick des wohlbekannten Baumes, den der Vollmond verwandelt, zum König über seinesgleichen erhebt, muß ihn erschüttert haben. Er muß Liebe, Haß und Furcht gelitten haben und gespürt haben, wie Liebe, Haß und Furcht ein vertrautes Tal, ein gewohntes Haus, ein höchst gewohntes Gemach verwandeln, daß es jener Höhle des Hades gleicht, deren Wände sich grinsend verzerren, wenn der blutschänderische Muttermörder sie betritt. De Quincey, Poe, Baudelaire sind seine Lieblingsbücher. An ihren dauernden furchtbaren feierlichen Träumen mißt er die Macht und die Farbentiefe seiner eigenen Träume.«[51] In den *Szenischen Vorschriften zu »Elektra«* heißt es: »Diese Beleuchtung ist am stärksten während des Monologes der Elektra, und auf der Mauer, auf der Erde scheinen große Flecken von Blut zu glühen. Während der Szene Chrysothemis–Elektra nimmt die Röte ab, der ganze Hof versinkt in Dämmerung. Der Zug, welcher der Klytämnestra im Innern vorangeht, erfüllt zuerst das große Fenster, dann das zweite Fenster links von der Tür mit Wechsel von Fackellicht und schwarzen vorüberhuschenden Gestalten. Klytämnestra erscheint mit ihren zwei Vertrauten im breiten Fenster, ihr fahles Gesicht, ihr prunkendes Gewand grell beleuchtet – fast wie ein Wachsfigurenbild.«[52] Sind diese Charakterisierungen noch stark durch eine konventionelle Décadence-Ästhetik und ihre symbolistischen Absichten geprägt, so ist die Gestik des Tanzes im Zusammenhang der Frage nach der Alternative: Ästhetik des Schreckens oder Wiederholung des Mythos, wesentlicher. Seit Flauberts *Salammbô*, seit Mallarmés *Hérodiade* und Behandlungen dieses Themenbereichs in der zeitgenössischen Malerei (etwa bei Gustave Moreau) bis hin zum Tanz der Salomé in Oscar Wildes Drama *Salomé*, ist das tanzende exotische Weib ein Grundmotiv der Décadence-Kunst. Wenn Hofmannsthal also die edel erhabene Elektra des Sophokles zu einer wilden »Tanzenden« uminterpretiert, so ist dies zunächst tatsächlich eine ästhetizistische Stilentscheidung in diesem Kontext. Aber der nähere Vergleich mit der *Salammbô* Flauberts oder der *Salomé* Oscar Wildes würde zeigen, daß die mänadische Konzeption Hofmannsthals sich gerade in einem wesentlichen Kriterium von

51 *Die Bühne als Traumbild*, in: *Prosa* II, a.a.O., S. 66.
52 *Szenische Vorschriften zu »Elektra«*, in: *Prosa* II, a.a.O., S. 69.

diesen Vorlagen unterscheidet: Elektras Tanz funktioniert nicht vornehmlich als erotisch-ornamentale Reizgebärde, auch wenn die sexuelle Komponente dem Begriff der »Mänade« wesentlich ist. Es ist vielmehr die vorpersonale Sexualität der Natur selbst, nicht die erotische, zivilisatorisch gebändigte Verführung, die hier auftritt. Im zentral wichtigen Mittel des Tanzes ist also auch auf der rhetorischen Ebene der »mythische« Aspekt gegenüber dem Ästhetizistischen durchgesetzt. Es bleibt die Frage nach dem Zustand der Sprache selbst: Stehen die Metaphern des Blutes, des Schreckens, des Hasses, der Angst, des Opfers und des Todes im Dienste einer sensationalistischen Ästhetik der nicht überbietbaren wirkungsästhetischen Sensation, d. h. des autonom gewordenen ästhetischen »Schreckens« oder leiten sie reflexive innere Erfahrungen jener im Begriff der »Präexistenz« verschlüsselten mythischen Gegenwart ein, die Hofmannsthal im *Gespräch über Gedichte* formulierte? Mit dieser Unterscheidung ist keine Bewertung angedeutet. Eine Ästhetik des Schreckens, die auf die mythische Reflexion verzichtete, wäre sogar im Kontext der poetischen Avantgarde als avanciert zu beurteilen: Der Hinweis auf die experimentell begründete, extreme Emotion einer De-Realisierung und Aufbereitung des »Wunderbaren« im Surrealismus, im Futurismus und im Theater der Grausamkeit belegt das. Hofmannsthals Phantasien des Mordes implizieren sadistische Elemente und psychische Extremfiguren (der verzögerte und ausgesetzte Mord, die Bewußtheit des Opfers), d. h. Bewußtseinserweiterungen, die auf eine solche Ästhetik des »Schreckens« verweisen. Indes scheint doch der Kern woanders zu liegen: nämlich in der Figur des archaischen Wissens, das Elektra besitzt, die in dieser Kraft den Figuren des »tiefen Brunnens«, des magischen Weltverhältnisses nahesteht, also nicht in einer experimentellen Erfahrung bzw. Selbsterfahrung, wie sie die Surrealisten, wohl auch Bataille propagierten und selbst erst herstellten. Klytämnestra spricht dieses aus: »Ja, du! denn du bist klug. / In deinem Kopf ist alles stark. Du redest / von alten Dingen so, wie wenn sie gestern / geschehen wären. Aber ich bin morsch. / Ich denke, aber alles türmt sich mir / eins übers andre. Und ich tu den Mund auf, / da schreit Ägisth, und was er schreit, das ist mir / verhaßt, aufbäumen will ich mich und stärker / als seine Worte seien – und finde nichts, / Ich finde nichts! ich weiß auf einmal nicht, / ob er das heut' gesagt hat, was vor Wut / mich zittern macht, ob heute oder einmal / vor langer

Zeit; dann schwindelt's mich, ich weiß / auf einmal nicht mehr, wer ich bin, und das ist / das Grauen, das heißt mit lebendigem Leib / ins Chaos sinken, und Ägisth! Ägisth / verhöhnt mich, und ich finde nichts, ich finde / die fürchterlichen Dinge nicht, vor denen / er schweigen müßte und bleich wie ich selber / ins Feuer starren. Aber du hast Worte / Du könntest vieles sagen, was mir nützt. / Wenn auch ein Wort nichts weiter ist! Was ist denn / ein Hauch! und doch kriecht zwischen Nacht und Tag, / wenn ich mit offnen Augen lieg, ein Etwas / hin über mich, es ist kein Wort, es ist / kein Schmerz, es drückt mich nicht, es würgt mich nicht, / es läßt mich liegen, wie ich bin, und da / an meiner Seite liegt Ägisth und dort, / dort ist der Vorhang: alles sieht mich an, / als wärs von Ewigkeit zu Ewigkeit: / nichts ist es, nicht einmal Alp, und dennoch, / es ist so fürchterlich, daß meine Seele / sich wünscht, erhängt zu sein, und jedes Glied / an mir lechzt nach dem Tod, und dabei leb' ich / und bin nicht einmal krank:«[53]

Während Klytämnestras Identität selbst in der Morderinnerung an eben jenem *Augenblicks*-Problem scheitert, das die ästhetischen Frühfiguren Hofmannsthals quälte, steht Elektra in der mythischen Zeitdimension ein. Klytämnestra sagt: »Und wir selber, wir! / und unsere Taten! Taten! Wir und Taten! / Was das für Worte sind. Bin ich denn noch, / die es getan? Und wenn! getan, getan! / Getan! was wirfst du mir da für ein Wort / in meine Zähne! Da stand er, von dem / du immer redest, da stand er und da / stand ich und dort Ägisth, und aus den Augen / die Blicke trafen sich: da war es doch / noch nicht geschehen! Und dann veränderte / sich deines Vaters Blick im Sterben so / langsam und gräßlich, aber immer noch in meinem hängend – und da wars geschehn: / dazwischen ist kein Raum! Erst wars vorher, / dann wars vorbei – dazwischen hab ich nichts / getan.«[54] Dagegen weiß Elektra von dem chiliastischen Augenblick, wenn »alle Zeit« von den »Sternen« gestürzt ist, daß der Tag des Vaters, d. h. der Tag ihrer Rachetat kommen wird.[55] Der schwierige »Tat«-Begriff[56] sei hier im Detail nicht diskutiert. Es ist nur zu fragen, wie er zum mythisch-archaischen Ansatz steht. Die »Tat« der Hamlet-Pro-

53 *Elektra*, in: *Dramen* II, a.a.O., S. 30f.
54 Ebd., S. 35.
55 Ebd., S. 15.
56 Ebd., S. 66f.

blem-Tradition ist ein Bewußtseinsdilemma. Hofmannsthal hat in seinen späteren Aufzeichnungen *Ad me ipsum* diesen Vergleich mit Hamlet selbst gezogen. Hier scheint von ihm ein vom Stoff gegebener Widerspruch mit dem späten ethischen Argument zugedeckt zu werden. Denn wie wäre Elektras definitive »präexistentielle«, also mythische Verfaßtheit mit einem wie auch immer begriffenen reflexiven Tatbestand zu vermitteln?

Zwei sogenannte mythische Elemente und ihre Behandlung sind noch zu klären: 1. die Perspektive auf die Mutter, auf die eigene Geburt als etwas Göttliches bzw. Grauenhaftes, also die Verlagerung des mythischen Zeitgrauens auf die Geburtssituation, ja, die Zeit vor der Geburt.[57] Hier scheint die Konnotation von individuellem und archaischem Schrecken sprachlich gelungen; 2. die Erwähnung von Klytämnestras Träumen: Hier ist die Eindeutigkeit der Sophokleischen Traumerwähnung, in der komplexe bewußte und unbewußte Tragödienmotive der Vorgänger von Sophokles mitzitiert sind, zugunsten einer rein psychologischen Atmosphäre aufgelöst.[58] Dies liefert einen guten Zugang zur Entscheidung, wie die Herausforderung des Mythos gelöst ist: Sophokles hat für den mythischen Verhängniszusammenhang einige wenige symbolisch hochkarätige Metaphern bereit, die objektiv auf ein Anderes, eben das mythisch Vorgegebene bezogen sind. Der Mythos ist bei Sophokles nicht nur als ein zu bearbeitendes Thema vorgegeben, sondern seine größere Nähe[59] wird noch immer von der Sprache abgegolten. Deshalb treten bei Sophokles einerseits die so wirksamen Metaphern für den Vatermord und den Traum der Klytämnestra auf, andererseits herrscht ein Lakonismus vor, ja ein gewisses Verschweigen der Schrecken, auf die aber immer hinbezogen gesprochen wird. Bei der Hofmannsthalschen Behandlung liegt der Fall umgekehrt: Hier ist objektiv, wie wir sahen, nichts mehr vorgegeben: Kein Mythos der Atriden und keine Götter. Der Schrecken muß ausschließlich von der Sprache selbst hergestellt, nicht bloß dargestellt werden. Diese Differenz hilft weiter: Nicht nur produziert Elektras Psychose bzw. »Präexistenz« hier selbsttätig den Haß, ohne Befehl und ohne Tran-

57 Ebd., S. 26 f. u. S. 52.

58 Ebd., S. 31 f.

59 Daß diese relativ ist, ist im Zusammenhang von Aischylos' *Agamemnon* erläutert worden. Vgl. S. 44 f. dieses Buches.

szendenz, d.h. ist rein subjektivistisch angelegt, sondern der Schrecken kann nur durch eine permanente Rhetorik des sich überbietenden Schreckens gewährleistet sein. Er existiert nicht außerhalb dieser Sprache. Soziopsychologisch gewendet: Hofmannsthal und die Generation der Jahrhundertwende hatte zwar ihre Nerven und ihre Beunruhigungen entdeckt, aber der objektive Schrecken der Atriden lag historisch unendlich viel weiter gerückt, als er schon für die Generation des Aischylos und des Sophokles weggerückt war.

Es ist kein Zufall, daß in dem danach anbrechenden Zeitalter des »Argwohns« (Nathalie Sarraute) eine neue lakonische, schweigsame Literatur entstand, die gerade in ihrer Doppelheit von Intensität und Rätsel mythische Züge bekommt. Nimmt man den Lakonismus zum wahren Kriterium des mythischen Sprechens in der Moderne, dann ist Hofmannsthals *Elektra* kein Beispiel für eine moderne Ästhetik des *Schreckens.* Hofmannsthal hat sich zwar der klassizistischen Tradition verweigert, er hat durchaus konsequent an einer neuen archaischen, von Nietzsche eingeleiteten Tragödienkonzeption bzw. -kunst angeknüpft. Alle Schrekken-Dramen der Epoche – also Schnitzlers, Strindbergs, Maeterlincks und Ibsens Konzeptionen – sind psychologisch oder symbolistischer Natur. Indem Hofmannsthal darauf verwiesen war, das gesuchte Mythisch-Archaische ausschließlich in die Sprache und in die Metapher zu legen, dabei sogar vor die Tragödie ins Kultritual zurückgehend, trat stilistisch eine Rhetorik des Schrekkens ein. Gleichzeitig aber auch eine Beschwörung mythischer Sachverhalte, deren ästhetizistische Zuspitzung sowohl der griechischen Tragödie als auch der modernen Bewußtseins-Literatur widerspricht (Musil, Virginia Woolf, Proust). Hat Hofmannsthal, so ist schließlich zu vermuten, nicht gerade auch die beiden von ihm bevorzugten mythischen Figuren, Opfer-»Ritual« und »Tanz«, letztlich doch im Sinne von »Hieroglyphen« behandelt, d.h. als immer schon vorgegebene Zeichen einer »geheimen« Weisheit, also ganz im Sinne eines konservativen Symbol-Begriffs, der Sinnzusammenhänge stiftet, konserviert, und blieb seine *Elektra* trotz der »präexistentiellen« Symbol-Qualität nicht eine jener »Sirenen«, die der *Chandos*-Brief in seinem kritischen »Mythologie«-Entwurf zitiert, wo es heißt: »Ich wollte die Fabeln und die mythischen Erzählungen, welche die Alten uns hinterlassen haben, und an denen die Maler und Bildhauer ein endloses und gedankenloses Gefallen finden, aufschließen als die Hieroglyphen einer geheimen, unerschöpflichen Weisheit, deren Anhauch ich manchmal, wie hinter einem Schleier, zu spüren meinte. Ich entsinne mich dieses Planes. Es lag ihm ich weiß nicht welche sinnliche und geistige Lust zugrunde: Wie der gehetzte Hirsch ins Wasser, sehnte ich mich hinein in diese nackten glänzenden Leiber, in diese Sirenen und Dryaden, diesen Narzissus und Proteus, Perseus und Aktäon: verschwinden wollte ich in ihnen und aus ihnen heraus mit Zungen reden.«[60] Die vorläufige Antwort: Hofmannsthals *Elektra* durchbricht gewiß den Horizont der zeitgenössischen ästhetizistischen und psychoanalytischen Rezeption, von der wir ausgegangen waren. Sie wäre als der Versuch zu werten, den Mythos in einer Ästhetik des *Schreckens* zu wiederholen, deren Innovationskapazität aber an einer Rückbeziehung auf den Mythos im Sinne von »Hieroglyphe« scheitert. Zwar erscheinen die Strategien der plötzlichen Epiphanie, wie wir sie auch schon in der griechischen Tragödie so beispielhaft finden, aber sie sind begründet im Rekurs auf mythisch verstandene Motive, die als ein Objektives erneuert werden sollen. Die Ästhetik des *Schreckens* steht im Dienste eines alten Mythos, dessen mythologische Details nicht mehr anwesend sind.

60 *Ein Brief*, in: *Prosa* II, a.a.O., S. 9.

Das »Erhabene« als ungelöstes Problem der Moderne

Martin Heideggers und Theodor W. Adornos Ästhetik

Wir hatten angesichts des Faktums einer längst entstandenen Ästhetik des *Schreckens* innerhalb der griechischen Tragödie gesehen, wie die Theorie, von Aristoteles bis Lessing, Schiller und Hegel, dieses Faktum gänzlich übersah. Es sollte bis Nietzsches Wort vom ungeheuren »Grausen« als Modus des Dionysischen[1] dauern, bis die ästhetische Theorie dieses Faktum einholte. Ich möchte nunmehr die Problematik des offenbar gewordenen Konflikts zwischen Kunst und ihrer Theorie nicht am Beispiel von Nietzsches Tragödienschrift[2], sondern in einem Vergleich der beiden folgenreichsten Kunsttheoretiker nach Nietzsche, Martin Heidegger und Theodor W. Adorno, darzustellen versuchen. Der Hintergrund Nietzsche wird dabei ohnehin nicht zu vergessen sein. Vorher aber ist noch eine weitere Paradoxie der Theorie selbst zu vermerken, die bei der Erörterung des Themas zu erinnern hilfreich sein könnte: Zwar hat die (speziell deutsche) Tragödientheorie im 18. und frühen 19. Jahrhundert die »Ästhetik des Schreckens« nicht verstanden, weil diese ihrem spezifisch moralisch-anthropologischen Interesse nichts bot. Aber innerhalb der neubegründeten, schon angedeuteten Theorie des Erhabenen der Engländer und Franzosen ist die Einsicht in das Anziehende erschreckender Phänomene ja längst gegeben: Edmund Burke hat den »Schrecken« als erste Leidenschaft (Affekt) genannt, die vom Erhabenen verursacht werde.[3] Das Schrecken ist für ihn das »beherrschende Prinzip des Erhabenen«.[4] Die Pointe in unserem

1 Nietzsche, *Die Geburt der Tragödie*, in: ders., *Sämtliche Werke*. Kritische Studienausgabe, hg. v. G. Colli u. M. Montinari, München 1980, Bd. 1, S. 28.

2 Bohrer, »Ästhetik und Historismus: Nietzsches Begriff des Scheins«, in: ders., *Plötzlichkeit. Zum Augenblick des ästhetischen Scheins*, a.a.O., S. 111-138.

3 Burke, *Vom Erhabenen und Schönen*, hg. v. Friedrich Bassenge, Berlin 1956, S. 91.

4 Ebd., S. 92.

Zusammenhang aber ist, daß Burke dabei keineswegs vornehmlich an Kunstgegenstände, geschweige denn die Tragödie dachte, sondern an die ob ihrer Größe Schrecken einflößenden Naturphänomene (z. B. der Ozean, eine riesige Landfläche) oder aber auch an das nicht große, aber Schrecken einflößende Tier, eine Schlange etwa.[5] Mit dieser Erhöhung des »Schreckens« als erstes Wahrnehmungsereignis des vom Erhabenen Ergriffenen haben Burke und seine Vorgänger eine antike Traditionslinie psychologistisch überboten: nämlich Lukrez' Paradigma vom Schiffsuntergang und den ihn beobachtenden Zuschauer (Lukrez, *De rerum natura* II). Der Zuschauer des Lukrez gewinnt nämlich die Annehmlichkeit nicht aus dem Schrecken des Untergangs anderer, sondern aus dem Genuß seines eigenen ungefährdeten Standorts am Ufer: »Der Zuschauer genießt nicht die Erhabenheit der Gegenstände« – so Blumenberg –, »sondern das Selbstbewußtsein gegenüber dem Atomwirbel, aus dem alles besteht, was er betrachtet – sogar er selbst«.[6] Es handelt sich gerade um eine Befreiung von Furcht nach Maßgabe des Theorieideals griechischer Philosophie und ihrer Distanzkonzeption. Somit wird deutlich, inwiefern die philosophische Tradition eine Möglichkeit ästhetisch-psychologischer Erkenntnis ihres eigenen Theorieverständnisses wegen ausschlagen mußte, was noch den deutschen Idealismus bestimmen wird. So zeigt sich in Schillers Begründung der erhabenen Empfindung, diese sei der reflexive Vorgang des moralisch-sittlichen Prinzips, nämlich die »Überlegenheit seiner Ideen über das Höchste, was die Sinnlichkeit leisten kann, desto lebhafter zu empfinden«[7], noch die von Lukrez in Anspruch genommene Souveränitätserklärung des theoretischen Menschen gegenüber der Allgewalt der Natur: Es ist nun für die feine Vermeidung der durch Burke und den englisch-französischen Sensualismus verfaßten Erhabenheitsästhetik charakteristisch, wenn Schiller den Akt des Erhabenen als »Ausgang aus der sinnlichen Welt«[8] durchaus als »Epiphanie« versteht, nämlich als »plötzliches« Ereignis und als »Erschütte-

5 Burke, a.a.O., S. 92.

6 Hans Blumenberg, *Schiffbruch mit Zuschauer. Paradigma einer Daseinsmetapher*, a.a.O., S. 28.

7 Friedrich Schiller, *Über das Erhabene*, in: ders., *Sämtliche Werke*, München 1975, 5. Bd., S. 801.

8 Ebd., S. 799.

rung«.[9] Unter eben dieser phänomenologischen Bestimmung wird Nietzsche, offenbar noch Schillers Terminologie vor Augen, gerade die umgekehrte Denkfigur errichten, in der sowohl die stoisch-lukrezische als auch die idealistisch-schillersche Souveränität des Selbstbewußtseins aufgegeben und statt dessen in Anknüpfung an Schopenhauer das »Zerbrechen des principii individuationis« als Voraussetzung ästhetischer Erfahrung statuiert wird.[10] Schopenhauer, Nietzsches Beziehungsfigur, hatte auch noch im Bilde des Lukrez die Beschaffenheit des apollinischen Menschen beschrieben, der wie der Schiffer angesichts des tobenden Meeres ruhig in seinem Fahrzeug sitzt, seiner Steuerkraft vertrauend.[11] Offenbar mußte erst einmal diese Traditionslinie der philosophischen Feier von der Priorität des theoretischen Menschen von der ästhetischen Praxis überholt sein, damit innerhalb der Ästhetik jene Einsichten, welche die Erhabenheitsästhetik des 18. Jahrhunderts am Beispiel von Naturgegenständen gewann, auch auf Kunstgegenstände angewandt werden konnten. Es ist deshalb ein Defizit von Blumenbergs Text, daß in ihm Nietzsches vielsprechende Veränderung der Schiffbruch-Metapher übersehen wird bzw. die entsprechende Szene als verkappte Schiffbruch-Metapher gar nicht erkannt ist, ganz zu schweigen von der Funktion dieser Metapher in der modernen Literatur des 19. Jahrhunderts (Lautréamont). Indem Blumenberg nur noch Goethes und Hegels Statements bedenkt, glaubt er offenbar, die Moderne des 19. Jahrhunderts bedacht zu haben. Aber erst die Isolierung ästhetischer Faszination von Letztbegründungen zeigt diese Moderne in ihrer Differenz zur philosophisch-theologischen Kunsttheorie. Blumenbergs Schlußbemerkung zur Unterscheidung zwischen »Gleichnis und absoluter Metapher« könnte für diese Differenz herangezogen werden.[12] Es sollte bis Adornos Einsicht über den Zusammenhang von Kunstwerk und Naturschönem im Begriff des »Nichtidentischen« dauern, bis die idealistische Ausblendung des vom Sensualismus diagnostizierten Naturerhabenen (Schönen), eine Ausblendung, die Hegel ausdrücklich an den Anfang seiner *Vorlesungen über die Ästhetik* stellte, korrigiert werden

9 Ebd.
10 Nietzsche, *Die Geburt der Tragödie*, a.a.O., S. 28.
11 Ebd.
12 Blumenberg, *Schiffbruch mit Zuschauer*, a.a.O., S. 92 f.

konnte. Die Reflexion dieser Problematik zeigt, inwiefern das Kunstschöne ein ungelöstes Problem der Moderne geblieben ist. Es war der von Adorno als Philosoph der »Eigentlichkeit« entlarvte Heidegger, der dessen späte Einsichten zur ästhetischen Theorie der Kunst als dem »Nichtidentischen« vorgedacht hat.

1. Heideggers Kritik des metaphysischen Kunstbegriffs

Heideggers Kunstphilosophie – ich nenne sie nicht ästhetische Theorie, weil sie zeitgenössische analytisch-wissenschaftliche Beiträge zum Thema nicht diskutierte – findet sich in der mittleren Periode. Obwohl sie erst nach dem Zweiten Weltkrieg einem größeren Publikum bekannt wurde und eine aktuelle Nachkriegsschule schuf, gehört sie in das Heideggersche Denken während der dreißiger und vierziger Jahre. Diese unsere Frage betreffenden Texte sind: 1. *Der Ursprung des Kunstwerks*, 1935 als Vortrag erstmals entworfen, 1936 weitere Zusätze bekommend, enthält die ontologische Grundierung des Kunstbegriffs. 2. Die Vorlesungen zu Hölderlins späten Hymnen, vornehmlich die Vorlesung von 1934/35 zu den Hymnen *Germanien* und *Der Rhein* sowie die Vorlesung von 1942 zur Hymne *Der Ister*, enthalten eine über die Ontologie hinausgehende wenn nicht poetologische, so doch ästhetische Bestimmung, die sich gegen die traditionelle metaphysische Dichtungstheorie richtet und dabei zu Einsichten kommt, die erst in einer Nach-Adornoschen ästhetischen Theorie bzw. Grammatologie angemessen verstanden wird. 3. Die Vorlesungen der Jahre 1936 bis 1940 und 1940 bis 1946 über Nietzsche, den das philosophische Hauptwerk *Sein und Zeit* (1927) nicht erwähnt, sind der Versuch einer ontologischen Rettung von Nietzsches Ästhetik gegen dessen angeblichen Selbstwiderspruch im physiologischen Argument.

Ich möchte am Beispiel dieser drei Textgruppen nun nicht Heideggers hinreichend diskutierte Ontologie der Kunst referieren, sondern jenen bisher noch weitgehend unerörterten Motiven nachgehen, die den »Schrecken« der Kunst betreffen: hier ist das Motiv des Erhabenen, abstrakter gefaßt: die Kategorie des Nichtidentischen, wesentlich. Voran seien zwei Einsichten in diesen

Zusammenhang gestellt. Erstens: Heidegger, der nach Kierkegaard dem Begriff der »Angst« seinsanalytisch nachging, hat innerhalb seiner ästhetischen Philosophie diesen Begriff und ähnliche nicht benutzt! Zweitens: Er hat gemeint, daß der großen griechischen Kunst keine angemessene ästhetische Philosophie zur Seite gestanden habe.[13] Aber auch Platon und Aristoteles, denen die europäische Kunsttheorie, wie Heidegger erläutert, alle ihre Grundbegriffe verdankt, haben die Seinsweise des Kunstwerks entweder abbildungstheoretisch oder anthropologisch verkannt. Denn Plato hatte ja die Kunst (nicht das Schöne) deshalb verworfen, weil sie eine Erste Wirklichkeit fälschend nachahme. Aristoteles hatte, wie wir schon sahen, der Tragödie ein psychologisches Theorem abgeleitet. Obwohl Heidegger darauf nicht explizit eingeht, dürfen wir annehmen, daß er über diese beiden folgenschweren Apriori der frühen europäischen Ästhetik kategorisch hinwegsehen mußte und etwas ganz anderes in den Blick nehmen würde in der Absicht, damit auch alle nachplatonischen und nacharistotelischen Bestimmungen der Kunst zu überholen, das heißt vor allem: die Ästhetik des 19. Jahrhunderts als Theorie des Gefühls angesichts ästhetischer Gegenstände. Damit ist schon ein gewisser Verweis gegeben darauf, was Heidegger, wenn wir zunächst auf den Aufsatz *Der Ursprung des Kunstwerks* sehen, als neue Bestimmung im Sinne hat. Im Zentrum seiner gedanklichen Operation, das Kunstwerk gegen die traditionelle Auffassung neu zu fassen, ist das Theorem, daß sich in ihm nichts Vorgegebenes abbilde, etwas noch nicht Vorgegebenes »ereignet«. Das, was sich »ereignet«, nennt er die »Wahrheit«. Ich konzentriere mich vorerst auf die beiden Begriffe »Wahrheit« und »ereignet« und ziehe hierfür nunmehr auch Heideggers Nietzsche-Vorlesungen heran. Heideggers Wahrheitsbegriff unterscheidet sich von der Übereinstimmungswahrheit der tradierten Metaphysik bekanntlich wie folgt: Für ihn ist sie nicht Übereinstimmung mit einer Sache. Denn diese Sache ist noch gar nicht gegeben. Wahrheit ist – in seiner Auslegung des griechischen Wortes ἀλήθεια – die »Unverborgenheit des Seienden«[14], und eben diese »ereignet« sich im

13 Martin Heidegger, *Nietzsche*, Bd. 1, Pfullingen ³1961, S. 95.

14 Heidegger, *Der Ursprung des Kunstwerks*, in: *Holzwege*, Frankfurt a. M. ⁶1980, S. 36. Zum Wahrheitsbegriff Heideggers vgl. außerdem Heidegger, *Nietzsche*, Bd. 1, a.a.O., S. 167 ff.

Kunstwerk. In Anbetracht der Bedeutung des Wahrheitskriteriums innerhalb der modernen Ästhetik, nachdem sich eine nachmetaphysische, nachhegelsche Theorie des Kunstwerks nicht mehr am Wahrheitsbegriff, also einer Repräsentanz der Wahrheit im Kunstwerk, orientiert, sondern an dem Begriff des »Scheins«, der Epiphanie des Kunstwerks selbst, ist die Heideggersche Zuordnung von Wahrheit und Kunstwerk schon eine Vorentscheidung. Es fragt sich nun aber wofür und wogegen. Das, was Heidegger als Irrtum ausschließt, macht er klar an dem nach Hegel entscheidenden Denker der Kunst, an Nietzsche. Nietzsches Konsequenz, das Prinzip seines »umgedrehten Platonismus«, gipfelte in den Worten Heideggers in dem Satz: »Die Kunst ist mehr wert als die Wahrheit.«[15] Er wird als falsche Antwort an die metaphysische Überlieferung markiert. Nietzsches Satz: »Meine Philosophie ist *umgedrehter Platonismus*: je weiter ab vom wahrhaft Seienden, um so reiner schöner besser ist es. Das Leben *im Schein* als Ziel«[16] hält Heidegger für die falsche metaphysische Umkehrung der bisher geltenden, ebenso falschen metaphysischen Priorität: Nietzsche ersetze nur das »Übersinnliche« durch das »Sinnliche« als »eigentlich Seiendes«.[17] Diese Nietzschesche Konsequenz führe nur zur Umkehr des platonischen Satzes: »Die Wahrheit ist mehr wert als die Kunst« zugunsten der Kunst.[18] Der Zwiespalt, den Nietzsche zwischen Wahrheit und Kunst aufbrechen sah und den er nach Heidegger selbst schon zu lösen ansetzte, diesen Zwiespalt will Heidegger auflösen.[19] Der hierfür zentrale methodische Satz lautet: »Die Umdrehung leistet nicht, was sie als Überwindung des Nihilismus leisten muß, eine Überwindung des Platonismus von Grund auf. Dies gelingt erst und nur dann, wenn das Obere überhaupt als solches beseitigt wird, wenn die vorgängige Absetzung eines Wahren und Wünschbaren unterbleibt, wenn die wahre Welt – im Sinne des Ideals – abgeschafft wird. Was geschieht, wenn die wahre Welt abgeschafft wird? Bleibt dann noch die scheinbare Welt? Nein. Denn die scheinbare Welt kann das, was sie ist, nur sein als das Gegenstück zur wahren. Wenn diese fällt, muß auch die scheinbare fallen.«[20]

15 Ders., *Nietzsche*, Bd. 1, a.a.O., S. 218.
16 Ebd. S. 180.
17 Ebd. S. 181.
18 Ebd., S. 218.
19 Ebd., S. 219 ff.
20 Ebd., S. 233.

Heidegger wendet sich also gegen den »umgedrehten Platonismus«, weil dieser noch immer an einem »Oberen« festhält. Wofür aber nun optiert seine Zuordnung von Wahrheit und Kunst? Damit komme ich zum Begriff des »Ereignisses«. Wir hatten schon gesagt, daß sich die Wahrheit im Kunstwerk als ein »Unverborgensein des Seienden« ereignet. »Ereignen« heißt nun aber zweierlei: Daß etwas erst im künstlerischen Akt sich als Akt, als Setzung vollziehen muß, das in seinem Ereignischarakter von allen anderen Weisen von Dasein sich unterscheidet. Es kann also nicht etwa schon vorher da sein, so daß die Kunst es nur noch einmal als »Form« fasse. Es ist für diesen »Ereignischarakter« des Kunstwerks im Sinne Heideggers charakteristisch, daß er zu Beginn seiner Überlegungen über den *Ursprung des Kunstwerks* sich gegen das in der Ästhetik bis heute übliche Form-Inhalt-Schema wendet[21], nach dem die Form einen vorgegebenen Inhalt transportiert. Heidegger löst diesen funktionalistischen Formbegriff auf. Das ist ihm möglich, weil er den Scheincharakter der Kunst im Sinne des Erscheinens vor Augen hat, den er sehr nachdrücklich an Platons Begriff des »Hervorscheinens« erläutert hat, den Begriff, durch den das Schöne (nicht die Kunst) von der Seinsweise der Gerechtigkeit (dikaiosyne) und Besonnenheit (sophrosyne) ontologisch (nicht etwa ästhetisch) unterschieden sei.[22] Auch wenn Heidegger diese ontologische Qualität betont, also hier noch nicht etwa eine mögliche Selbstreferenz des »Scheins« bedenkt, ist damit eine ästhetische Differenz gefaßt, die den Begriff des »Ereignisses« von herkömmlichen Repräsentationsästhetiken prinzipiell unterscheiden läßt. Das meint der Satz: »Das ins Werk gefügte Scheinen ist das Schöne. Schönheit ist eine Weise, wie Wahrheit als Unverborgenheit west.«[23]

Zum anderen aber bedeutet »Ereignis«, und dies folgt unmittelbar aus dem über den Ereignischarakter als einem »Scheinen« Gesagten, daß damit ein über alle bisherige Erfahrung Transzendierendes sichtbar wird, erscheint. Es ist nicht zwingend notwendig, Heideggers ontologische Orthodoxie, die letztlich regressive Vorstellungen zur Voraussetzung hat und unberührt ist von moderner Kunsterfahrung (wie gerade seine Rilke-Exegese zeigen kann),

21 Ders., *Der Ursprung des Kunstwerks*, a.a.O., S. 12.
22 Heidegger, *Nietzsche*, Bd. 1, a.a.O., S. 227.
23 Ders., *Der Ursprung des Kunstwerks*, a.a.O., S. 42.

mitzuvollziehen, um diese Transzendenz des Gewöhnlichen – Heidegger würde sagen: seinsvergessene Erfahrung – festzuhalten. Wenn er sagt: »Das Ins-Werk-Setzen der Wahrheit stößt das Un-geheure auf und stößt zugleich das Geheure und das, was man dafür hält, um. Die im Werk sich eröffnende Wahrheit ist aus dem Bisherigen nie zu belegen und abzuleiten«[24] – dann ist leicht zu sehen, inwiefern die ontologisierenden Begriffe zu ersetzen wären durch produktionsästhetische bzw. wirkungsästhetische und inwiefern aus dem Begriff des »Un-geheuren«, auf den wir noch einmal zurückkommen werden, durchaus eine Ästhetik des *Schreckens* ableitbar wäre, ohne daß man Heideggers Ontologie zu übernehmen hätte.

Dies wird deutlicher, wenn man die vom ontologischen Interesse präokkupierte Schrift *Der Ursprung des Kunstwerks* beiseite läßt und auf die Hölderlin-Exegese des gleichen bzw. darauf folgenden Zeitraums schaut. Da es sich hier um einen konkreten, ästhetisch vorgegebenen Gegenstand handelt, sind die ästhetischen Kategorien expliziter faßbar. Man könnte sagen, daß Heidegger auf Hölderlin verfiel, weil ihm dort das ins Werk getretene »Un-geheure« wie nirgends sonst in seiner noch einmal versuchten »erhabenen« Fassung entgegentrat. Indem Heidegger sich auf Hölderlins späte Hymnik konzentrierte, mußte er Stellung nehmen gegenüber dem ästhetischen Projekt des Erhabenen und seiner Paradoxie unter modernen Bedingungen. Denn es geht bei Hölderlin – »um das »Un-geheure« in seinem Fall sofort zu nennen und das eben, was Heidegger zu ihm hinzog – um die Vorstellbarkeit der griechischen Götter im modernen Gedicht.

Nun haben wir uns daran zu erinnern, daß der Philosoph der Epoche, Hölderlins Tübinger Jugendgefährte Hegel, in seinen theoretischen Überlegungen zur Ästhetik, die schließlich 1835 postum von seinem Schüler H. G. Hotho herausgegeben als Schrift erschienen, aber schon während der beiden Jahrzehnte zuvor in zentralen Motiven gefaßt und gehört worden und Hölderlin im Ansatz wohl bekannt waren, als apriorische Bestimmung moderner Kunst dekretiert hatte, daß in ihr die Götter nicht mehr erscheinen könnten! Das berühmt gewordene Theorem, daß die Kunst »weder dem Inhalte noch der Form nach die höchste und absolute Weise sei, dem Geiste seine wahrhaften Interessen zum

24 Ebd., S. 61.

Bewußtsein zu bringen«[25], daß der »Gedanke und die Reflexion« ... »die Schöne Kunst überflügelt« habe[26], ist von der Einsicht begleitet, daß »wir darüber hinaus« sind, »Werke der Kunst göttlich verehren« zu können.[27] Damit ist nicht bloß das offensichtliche, nicht bestreitbare Verschwinden der griechischen Götter aus dem Diskurs der modernen Epoche gemeint, sondern der endgültige Verlust eines sinnlichen Absoluten und seiner Aura, eine Diagnostik, die Heidegger nachdrücklich bejahte[28], weshalb er daran ging, Hegels metaphysisches Kriterium zu ontologisieren, um den Verlust wieder aufzuheben. Nietzsche, Hegels wissenschaftstheoretisch wichtigster Kontrahent, teilte mit diesem die Ansicht, daß der »wissenschaftliche Mensch« »die Weiterentwicklung des künstlerischen« sei (*Menschliches, Allzumenschliches*, § 222). Und in diesem Prozeß der Modernität sieht auch Nietzsche die Götter und mit ihnen eine spezifische Aura der Kunst verschwinden! Seine Erläuterung bringt die moderne Aporie, einerseits nicht mehr an die Götter zu glauben, andererseits eines Verlusts gegenwärtig zu sein, nun aber in ganz anders gerichteter Emphatik zum Ausdruck als Hegels diesen historischen Zustand affirmierende Begriffe: »Wir verstehen im Allgemeinen Architektur nicht mehr, wenigstens lange nicht in der Weise, wie wir Musik verstehen. Wir sind aus der Symbolik der Linien und Figuren herausgewachsen, wie wir der Klangwirkungen der Rhetorik entwöhnt sind, und haben diese Art von Muttermilch der Bildung nicht mehr vom ersten Augenblick unseres Lebens eingesogen. An einem griechischen oder christlichen Gebäude bedeutete ursprünglich Alles Etwas, und zwar in Hinsicht auf eine höhere Ordnung der Dinge: diese Stimmung einer unausschöpflichen Bedeutsamkeit lag um das Gebäude gleich einem zauberhaften Schleier. Schönheit kam nur nebenbei in das System hinein, ohne die Grundempfindung des Unheimlich-Erhabenen, des durch Götternähe und Magie Geweihten, wesentlich zu beeinträchtigen; Schönheit milderte höchstens das Grauen, – aber dieses Grauen war überall die Voraussetzung. – Was ist uns jetzt die

25 G. W. F. Hegel, *Vorlesungen über die Ästhetik*, in: *Werke*, hg. v. Eva Moldenhauer und Karl Markus Michel, Frankfurt a. M. 1986, Bd. 13, S. 23.

26 Ebd., S. 24.

27 Ebd.

28 Heidegger, *Nietzsche*, Bd. 1, a.a.O., S. 101.

Schönheit eines Gebäudes? Das Selbe wie das schöne Gesicht einer geistlosen Frau: etwas Maskenhaftes.« (*Menschliches, Allzumenschliches*, § 218)[29] Anders als Hegel betrauert Nietzsche die »Abendröte der Kunst«, die »Magie ihres Todes« und meint: »Das Beste an uns ist vielleicht aus Empfindungen früherer Zeiten vererbt, zu denen wir jetzt auf unmittelbarem Wege kaum mehr kommen können« (*Menschliches, Allzumenschliches*, § 233).[30] Denkt Nietzsche an einen mittelbaren Weg? Jedenfalls hat er das »Erhabene«, das ja nach seiner Einsicht eng mit dem »Grauen« der »Götter« verknüpft war, auch seinen Zeitgenossen als Remedium gegen die methodische Uninspiriertheit des Positivismus wieder verschrieben: Sie sollten »in langer Erschütterung das Unverständliche als das Erhabene« festhalten, lautete die kulturkritische Empfehlung des Essays *Vom Nutzen und Nachteil der Historie für das Leben*.[31] Sie könnte als das Grundformular für das moderne Erhabene gelten: nicht mehr die »Götter«, sondern das »Unverständliche«. Nietzsches gespaltenes Bewußtsein, daß etwas für die Kunst einerseits unwiederbringlich verloren, andererseits auf neue Weise wieder zu gewinnen sei, entsprang seiner Hegel zuwiderlaufenden ästhetischen Welterklärung, wonach Kunst nicht, wie bei diesem, als Funktion des »Geistes« verstanden werden kann, sondern eine autonome Sphäre darstellt, die gewissermaßen zum »Geist« in Opposition steht. Denn was er für die Moderne bloß elegisch betrauerte, den Prozeß der Intellektualisierung, das hat er für die griechische Zivilisationsentwicklung am Beispiel der Zerstörung der Tragödie durch die Sokratische Aufklärung polemisch angeklagt, allerdings in seiner romantischen, später revidierten Periode.

Hölderlin nun ist der Dichter zu Beginn der Moderne gewesen, für den sich schon das paradoxale Dilemma, das Nietzsche dachte, innerhalb seiner Imagination konkret poetologisch stellte: Den Göttern entsagen zu müssen, nichtsdestotrotz aber am »Erhabenen« festhalten zu wollen: Es offenbar in irgendeiner Form der Selbstreferenz dezisionistisch zu konstruieren, dies eben ist in Hölderlins lyrischem Spätwerk das »Ereignis«. In einem buch-

29 Nietzsche, *Sämtliche Werke*, Kritische Studienausgabe, Bd. 2, a.a.O., S. 178 f.

30 Ebd., S. 186.

31 Ders., *Sämtliche Werke*, Bd. 1, a.a.O., S. 280.

stäblichen Sinne, was Heidegger im gleichen Maße erkannte und verkannte. Unbestritten ist, daß Hölderlin die Darstellbarkeit der »Götter« zum zentralen Problem seiner Kunst gemacht hat. Diese Darstellbarkeit ist unmittelbar verknüpft mit der Selbstreflexion Hölderlins als Dichter. Diese subjektive Wendung des Begriffs »Götter« als Imaginationsereignis unterscheidet Hölderlins Verfahren von der mythisierenden Rekonstruktion der Götter als einem Objektiven. Man erinnere sich, daß Klopstock, Hölderlins Vorgänger in emphatischer Hymne, seine Ästhetik noch als Abhandlung *Von der heiligen Poesie* (1755) umschrieb und den »Verfasser des heiligen Gedichts« als Nachahmer der Religion verstand. Klopstocks Erhabenheitsästhetik war in der christlichen Begründung verankert, sein wirkungsästhetisches Ziel: »in unsere Seele diejenige Hoheit« zurückzubringen, »die ihr angeschaffen war«. Goethe hatte in seinen frühen Hymnen (*Grenzen der Menschheit*, *Das Göttliche* und *Ganymed*) aus einer Nachempfindung altgriechischer Frömmigkeit und aus einem individualisierten Pantheismus das »Göttliche« besungen. Und noch Schelling beginnt seine *Philosophie der Kunst* (1802/03) – ganz im Kontrast zu Hegel – mit einer Bestimmung der Götter, die er strukturell als »Idee« denkt, als Universalien in Gestalt des Besonderen[32]: »Die Idee der Götter ist nothwendig für die Kunst«.[33] Hölderlins modernes Verfahren gegenüber diesen unmittelbaren Vorgängern und Zeitgenossen im Umgang mit dem Phantasma »Götter« ist zunächst negativ festzuhalten: Ihre Imagination vollzieht sich nicht als Nachahmung der geoffenbarten Religion wie bei Klopstock, aber auch nicht als Entfaltung des Göttlichen im Selbstgefühl wie bei Goethe. Schließlich aber auch nicht als Darstellung der »Idee« wie bei Schelling. Positiv formuliert: Bei Hölderlin wird einerseits der Schmerz eines Verlusts, das Bewußtsein der Differenz Gesang. Andererseits wird der Dichter zum Medium, zum Konstrukteur einer erhabenen Präsenz: Das Gesicht selbst ist die Epiphanie dieses »Jetzt«, die Vollstreckung eines »Ereignisses«. Nicht als inhaltliche Nachbildung der Epiphanie Gottes (der Götter), wie eine religiöse Lektüre der Hymnen *Wie wenn am Feiertage* oder *Patmos* denken lassen könnte. Der jähe Wechsel vom christlichen

32 F. W. J. Schelling, *Ausgewählte Schriften*, hg. v. Manfred Frank, Frankfurt a. M. 1985, Bd. 2, S. 219.

33 Ebd.

zum griechischen Gottesbegriff indiziert gehaltlich schon, daß Debatten über die Positivität des Hölderlinschen »Glaubens« nur ein biographisch-genealogisches Interesse haben können, an der Strophik seiner Konstrukte aber als die ganz unangemessene Frage ideologischer Sinnsuche zerbricht. Die rhetorisch-grammatische Struktur, also die ästhetische Verfaßtheit dieser Götter-Evokation, zeigt, daß »Götter« hier der sprachliche Modus sind, noch einmal die erhabene Rede zu wagen, unabhängig von ihrer Referenz. Man muß so weit gehen und sagen, Hölderlin erfindet sich in der Plötzlichkeitsstruktur der Rede vom »Jetzt« die moderne Form des Erhabenen, die Götter noch einmal zu beschwören: Der Modus dieses emphatischen »Ereignisses« ist der Modus der poetischen Rede. Die Götter sind irgendwie fern, für immer fern, und wenn sie erscheinen, dann vollzieht sich dies als ein in der ästhetischen Evokation reflektiertes Ereignis, als ein Name für etwas, das selbst nicht mehr erreichbar ist. Geistesgeschichtliche Abhängigkeitsnachweise des vorliegenden Götterbegriffs können diese Entfernung auch nicht mehr einholen. Denn die Einsicht etwa in das die Philosophie des 18. Jahrhunderts beschäftigende Problem einer Naturreligion, das heißt einer von der Offenbarung unabhängigen Erkenntnis Gottes, oder die Erkenntnis, daß Wilhelm Heinses schönheitstrunkener Griechen-Ethusiasmus Hölderlins Phantasma der Götter beeinflußte, solche geistesgeschichtlichen Deduktionen sagen nichts über das literarische Verfahren, in dem etwas möglich wird, was dem philosophischen Diskurs unmöglich ist: nämlich die Götter zu besitzen und sie nicht zu besitzen.

In Heideggers Lektüre Hölderlins stellt sich nun diese Problematik sehr zwiespältig dar. Adorno hat in seiner eigenen Deutung von Hölderlins hymnischem Spätwerk als einem antimythischen in seiner Modernität angeblich durch eine parataktische Struktur ausgewiesenen, Heideggers Hölderlin-Exegese als Machwerk des »Jargons der Eigentlichkeit« zu stigmatisieren versucht, der diese objektive Zwiespältigkeit zugunsten mythologisierender Eindeutigkeit ausklammere.[34] Die Quintessenz von Adornos Urteil über Heideggers Hölderlin lautet: Erstens: Die Geschichtlichkeit von Hölderlins Gedicht werde entzeitlicht, »Geschichtlichkeit« in

34 Theodor W. Adorno, *Parataxis*, in: ders., *Noten zur Literatur*, hg. v. R. Tiedemann, Frankfurt a. M. 1981, S. 452.

»Invarianz« versetzt.[35] Zweitens: Unter Nichtbeachtung des ästhetischen Mediums werde dem Gedicht eine weltanschauliche Sentenz abgezwungen.[36] Adornos Polemik von 1964 gilt Heideggers *Erläuterungen zu Hölderlins Dichtung* von 1951, die im gleichen Zeitraum wie die Hölderlin-Vorlesungen entstanden sind, denen aber die poetologisch in unserem Zusammenhang relevanten Kategorien fehlen und die ganz im Dienste der ontologischen Botschaft stehen. Ich beziehe mich im folgenden auf die Hölderlin-Vorlesungen von 1934/1935 und 1942, die erst seit 1980 zugänglich sind. Dabei soll es allein um den Begriff der »Götter« als Problem der Erhabenheits-Rede in der Moderne gehen. Zunächst ist Adorno Recht zu geben darin, daß Heidegger Hölderlins Metaphorik nicht angemessen unter den Bedingungen des auch für Hölderlin geltenden, oben erläuterten Modernitätsschubs versteht. So als ob Hegels oder Nietzsches historische Kritik tatsächlich hintergehbar sei, zitiert Heidegger in seiner Wintervorlesung von 1934/35 die Kernstrophen von *Wie wenn am Feiertage* mit der Absicht einer ontologischen Identifikation: »Doch uns gebührt es, unter Gottes Gewittern / Ihr Dichter! mit entblößtem Haupte zu stehen, / Des Vaters Strahl, ihn selbst mit eigner Hand / Zu fassen und dem Volk ins Lied / Gehüllt die himmlische Gabe zu reichen«.[37] Heidegger erläutert diese Folge von Metaphern des »Erhabenen« folgendermaßen: »Der Dichter zwingt und bannt die Blitze des Gottes ins Wort und stellt dieses blitzgeladene Wort in die Sprache seines Volkes. Der Dichter bearbeitet nicht seine seelischen Erlebnisse, sondern steht, ›unter Gottes Gewittern‹ – ›mit entblößtem Haupte‹ schutzlos preis – und von sich weggegeben. Dasein *ist* nichts anderes als die *Ausgesetztheit in die Übermacht des Seyns.* Wenn Hölderlin von der ›Seele des Dichters‹ spricht, dann ist das kein Sichherumtreiben in den eigenen seelischen Erlebnissen, nicht ein Erlebniszusammenhang irgendwo drinnen, sondern das äußerste Draußen der nackten Ausgesetztheit den Gewittern.«[38]

Schon in dieser Explikation der Hölderlinischen Strophe von *Wie*

35 Ebd., S. 455.
36 Ebd.
37 Heidegger, *Hölderlins Hymnen ›Germanien‹ und ›Der Rhein‹*, in: ders., *Gesamtausgabe*, Bd. 39, Frankfurt a. M. 1980, S. 30.
38 Heidegger, *Hölderlins Hymnen*, a.a.O., S. 30f.

wenn am Feiertage... ist die Zwiespältigkeit Heideggers zwischen ontologisierender Verkennung und ästhetischer Erkennung faßbar: Einerseits gewinnt er durch die implizite Kritik an der von Dilthey inaugurierten Erlebnistheorie einen seiner Epoche weit vorausblickenden Zugang zur objektiven Verfassung von Kunstwerken bzw. des dichterischen Bewußtseins in ihnen, wie das bis dahin nur Walter Benjamin so schneidend gesagt hatte[39]: dichterisches Bewußtsein läßt sich nicht, wie in der Germanistik der zwanziger und dreißiger Jahre üblich, im »Sichherumtreiben in den eigenen seelischen Erlebnissen« fassen, sondern muß auch als ein transsubjektiver Modus gefaßt werden. Andererseits verspielt Heidegger diese Einsicht über die Differenz von Autor und Text, Autobiographie und sprachlicher Imagination, Subjekt und Objekt in einer fälschlichen Vorstellung vom »Objektiven«, nämlich als einer Transformation der »Götter« zu Seyns-Mächten. Dadurch wird Hölderlins Sprache letztlich sogar zum mythischen Ritual erklärt, das sie selbst bei Pindar, neben Sophokles Hölderlins Vorbild erhabener Rede, nicht mehr war. Das ist es, was Adorno mit Recht als den falschen Versuch, Hölderlins gnomische Rede zur Spruchweisheit zu denaturieren, anprangert.[40] Heidegger verkennt den reflektiert-gebrochenen Metapherncharakter der zentralen Hölderlinschen Wörter, die – zugespitzt gesagt – nur für die Länge des Gedichts Wahrheit besitzen, die – weniger gewagt formuliert – als poetisch-logisch und historisch gedachte Phantasmata gesetzt sind. Von einer »Übermacht des Seyns« und der »Ausgesetztheit« ihr gegenüber zu reden heißt, das spezifisch gebrochene Wagnis von Hölderlins Versuch in Erhabenheit, der als ein solcher Versuch auch kenntlich gemacht ist, zu verspielen an eine einfache Regression in das vorzeitlich Einfache, Ursprüngliche. Verfolgt man Heideggers Explikation der »Götter« in diesem Kontext, dann stellt sich für 1934 heraus, daß als Konsequenz eine »völkische« Applikation eintritt. 1942 ist Heideggers Referenz des von Hölderlin als »Götter« Imaginierten das »Anfängliche«, und dieses steht in einem unmittelbaren Zusam-

39 Walter Benjamin, *Der Begriff der Kunstkritik in der deutschen Romantik*, in: ders., *Gesammelte Schriften*, hg. v. R. Tiedemann und H. Schweppenhäuser, Frankfurt a. M. 1974, Bd. 1, S. 87; ders., *Goethes Wahlverwandtschaften*, a.a.O., S. 154 ff.

40 Adorno, *Parataxis*, a.a.O., S. 454.

menhang mit einer geschichtsphilosophischen Sanktionierung des Krieges des nationalsozialistischen Deutschlands als Repräsentanten solchen »Anfänglichen« gegen die den »Anfang« vergessende »angelsächsische« und »bolschewistische Welt«[41]. Heideggers ontologisierende Deutung von Hölderlins »Göttern« von 1934/35 hat sich also 1942 in eine offen völkisch-kulturkritische Formel verwandelt, die in der politischen Praxis auf die Identifikation mit dem nationalsozialistischen Krieg hinausläuft.

Ist diesem Befund, der Adornos vernichtendes Urteil in der politischen Konsequenz übertrifft, etwas Gegenläufiges hinzuzufügen? Hierzu kehren wir zum Begriff des »Ereignisses« zurück. Heidegger führt seine Exegese der erhabenen Sprache nicht bloß mit einer Polemik gegen eine psychologisierende Deutung der Dichtung, die er noch mit einer Ridikülisierung der Ausdruckstheorie führender völkischer und ultrakonservativer Kultur- und Dichtungstheoretiker (Rosenberg, Spengler, Kolbenheyer) ergänzte[42], sondern gegen jede Form der zeitgenössischen Vorstellung von »Repräsentieren«: Es gehe bei Dichtung überhaupt nicht um einen sogenannten »geistigen Gehalt« oder einen »Sinn«, den wir uns ausdenken sollten.[43] Diese Erkenntnis steht zwar eigentümlich quer zu Heideggers eigenem Verfahren, »Hölderlins Hymnik auf die Seinsphilosophie« zu beziehen[44], also aus dem »Wahrheitsgehalt von Dichtungen« etwas »Sententiöses« zu abstrahieren.[45] Aber Heidegger hatte offenbar thematisch im Sinne, das »Dichterische denkerisch zu fassen, ohne dabei ein philosophisches System als Maßstab anzulegen oder gar aus der Dichtung zusammenzusuchen«.[46] In der Theorie, das erklärt den Zwiespalt, hielt er sich an diese Maxime, das heißt, er ging von der Selbstreferenz dichterischer Sprache aus. Ihren systematischen Fluchtpunkt findet Heideggers Absage an die Repräsentation in einer Kritik der »metaphysischen Deutung der Kunst«, das heißt einer Kritik allegorischer Deutung im Sinne von Versinnbildlichung ei-

41 Heidegger, *Hölderlins Hymne ›Der Ister‹*, in: ders., *Gesamtausgabe*, Bd. 53, S. 68.

42 Heidegger, *Hölderlins Hymnen*, a.a.O., S. 27.

43 Ebd., S. 23.

44 Vgl. Adorno, a.a.O., S. 463.

45 Ebd., S. 454.

46 Heidegger, *Hölderlins Hymnen*, a.a.O., S. 139.

nes Anderen.[47] Als Hauptvertreter einer solchen »metaphysischen« Auslegung der Kunst nennt er Hegel und dessen *Vorlesungen über die Ästhetik*. Diese von Heidegger als »metaphysisch« verworfene Auslegung von Kunst ist das vorherrschende Verständnis bis heute, so daß Hegels Analyse der romantischen Kunstform sogar von führenden Vertretern der Philosophiegeschichte als Beginn einer modernen Ästhetik mißverstanden werden kann.[48]

Heidegger hat mit dieser Hegel-Einschätzung offenbar seiner Zeit weit vorgegriffen. Gegen dessen Methode der sinnbildlichen Deutung setzt er 1942 die Sätze, diese quasi als Entdeckung eines Theorems inszenierend: »Allein, die Ströme sind in Hölderlins Dichtung keineswegs nur gradweise schwerer zu deutende Sinnbilder. Wären sie das, dann blieben sie im Wesen immer noch ›Sinnbilder‹. Und gerade dies sind sie nicht. Die ›Ströme‹ können daher auch nicht als Symbole höherer Stufe und ›tieferen‹, ›religiösen‹ Gehaltes gelten. Hölderlins Hymnen-Dichtung, die nach 1799 den Dichter bestimmt, ist überhaupt nicht sinnbildlich.«[49] Was heißt das? Sie ist vielmehr »enthüllend«, sie enthüllt ein »Rätsel«.[50] Der Zusatz zeigt, daß Heidegger zwar über eine ontologische Referenz zu diesem Satz kommt, nämlich der Vorstellung vom verborgenen Sein (des Stromes, der Dinge), daß der Dichter also im Dichten an der Enhüllung dieser Verborgenheit arbeitet. Diese ist aber kein solches, das vorher schon ideell da ist, sondern es »ereignet« sich erst im Akt des Dichtens. Eben dieses phänomenologische Erklärungsmuster von ästhetischen Phänomenen distanziert die Repräsentations-Tradition kategorial! Dabei zeigt sich eine strukturelle Gemeinsamkeit mit Nietzsches zweideutiger Fassung des Begriffs des »Dionysischen«: Einerseits scheint dort zum ersten Mal die platonische Vorstellung vom Scheinen des Scheinens, auf die Heidegger in seiner Nietzsche-Analyse nachdrücklich eingeht, zur Pointe eines selbstreferentiellen »Schei-

47 Vgl. Heidegger, *Hölderlins Hymne ›Der Ister‹*, Bd. 53, a.a.O., S. 17f.

48 Vgl. hierzu Marquards und Henrichs Kommentare zu Hegels Ästhetik in: *Die nicht mehr schönen Künste*, Poetik und Hermeneutik, Bd. 3, hg. v. H.R. Jauß, München 1968, S. 375-392, sowie Poetik und Hermeneutik, Bd. 2. Hierzu ebenfalls Bohrer, *Die Kritik der Romantik*, a.a.O., S. 178f.

49 Heidegger, *Hölderlins Hymne ›Der Ister‹*, a.a.O., S. 20.

50 Ebd., S. 22.

nens« radikalisiert.[51] Andererseits ist es doch wieder der »Urschmerz der Natur«[52], des »Ur-Einen«[53], was in diesem Scheinen aufscheint. Aber diese Referenz des »Ur-Einen« verschmilzt im Unterschied zu der Referenz idealistischer Tradition (Hegel) mit dem Referenten selbst: Das »Scheinen« Nietzsches mag zurückweisen auf die »Natur«, aber damit verweist es gewissermaßen doch wieder auf sich selbst, denn sein »Scheinen« erscheint als sinnliches Ereignis. Heideggers ontologische Referenz hat zwar gegenüber Nietzsches »Ur-Einem« den Nachteil, daß sie die historisch-genealogische Reflektiertheit von Nietzsches Begriff aufhebt und eine zeitlose Substantialisierung wiedereinführt. Das ändert an der phänomenologischen Grundannahme aber nichts, an der jede der Repräsentation absagende Ästhetik anknüpfen kann.

Wir hatten zu Beginn an Hölderlins Erhabenheits-Sprache ihre Plötzlichkeitsstruktur erkannt. Es erläutert Heideggers repräsentationskritische Ästhetik, daß er – und das hat Adorno in der ihm vorliegenden Hölderlin-Deutung nicht finden können – diese Plötzlichkeitsstruktur genau erfaßt hat. Am Beispiel der Hymne *Der Ister* arbeitet Heidegger die präsentische Bedingung des hymnischen Sprechens, Hölderlins emphatisches »Jetzt«, nachdrücklich heraus: »Am Beginn des Gedichtes steht wie ein plötzlich aufgegangener Stern, der alles überleuchtet, dieses ›Jetzt‹.«[54] Heidegger erläutert die zeitliche Struktur dieses ›Jetzt‹ folgendermaßen: »Für das ›Jetzt‹ seiner Dichtung gibt es kein kalendermäßiges Datum. Auch bedarf es hier überhaupt keines Datums. Denn dieses gerufene und selbst rufende ›Jetzt‹ ist selbst in einem ursprünglicheren Sinne ein Datum, will sagen – ein Gegebenes, eine Gabe; gegeben nämlich durch Berufung.«[55] Auch wenn bei Heidegger dieses »Jetzt« einer existentiellen Zeit-Analyse integriert ist, so ist es gleichzeitig doch auch als ein Indiz einer sprachlichen Autonomie literarischer Rede erfaßt, die ihr eigenes »Ereignis« bedeutet[56], das sich nicht zurückversetzen läßt als symbolische Spiege-

51 Vgl. Bohrer, *Plötzlichkeit,* a.a.O., S. 121 f.
52 Nietzsche, *Die Geburt der Tragödie,* a.a.O., S. 44.
53 Ebd., S. 30.
54 Heidegger, *Hölderlins Hymne ›Der Ister‹*, a.a.O., S. 8.
55 Ebd.
56 Zu Hölderlins Ereignis-Sprache vgl. auch Karl-Heinz Stierle, *Die*

lung der Epoche, als Repräsentanz von »Ideen«. Heidegger ist in dieser Abweisung des sinnbildlichen Repräsentanzcharakters von Dichtung so weit gegangen, daß er in Vorwegnahme einer späteren Skepsis gegenüber der Kategorie eines Textsubjekts sagen konnte: »Das Gedichtete ist keineswegs dasjenige, was Hölderlin von sich aus in seinem Vorstellen meinte, es ist vielmehr Jenes, was ihn meinte, als es ihn in dieses Dichtertum berufen hat. Streng genommen wird der Dichter von dem, was er zu dichten hat, allererst selbst gedichtet.«[57] Sieht man einmal von dem spezifischen Idiom einer mythisierenden Hagiographie des Dichters ab (»Dichtertum«), dann stellt sich hier ein Poesieverständnis ein, wie es Clemens Brentano, der erste Entdecker Hölderlins als poetisches Ereignis, vorgedacht hat, und von Rimbaud in den emphatischen Begriff überführt wurde. Heideggers Sentenz, die vom ideologiekritischen Verdacht sofort entlarvt werden kann, könnte keine unverdächtigere, weil interesselose Beglaubigung finden. Diese ist über Brentanos und Rimbauds Namen hinaus auf jene romantische Sprach- und Dichtungstheorie zu erweitern, die von Walter Benjamin im Anschluß an Friedrich Schlegels Verteidigungsrede der sogenannten »Unverständlichkeit« des Stils der *Athenäums-Fragmente* zur Erläuterung von Benjamins Konzept von einem modernen »Mysticismus« aufgegriffen worden ist.[58] Dieser Satz Schlegels lautet: »ich wollte zeigen, daß die Worte sich selbst oft besser verstehen, als diejenigen, von denen sie gebraucht werden...«[59] Heideggers Sentenz, »Nicht wir haben die Sprache, sondern die Sprache hat uns, im schlechten und rechten Sinne«[60], in welcher die oben zitierte Theorie über den trans-subjektiven Charakter dichterischer Sprache generalisiert wird, verweist auf dieses romantische Erbe.

Es gibt bei Heidegger einen Modus der ontologischen Referenzierung des ästhetischen Konstrukts, der die Erhabenheits-Kon-

Identität des Gedichts. Hölderlin als Paradigma, in: *Identität.* Poetik und Hermeneutik, Bd. 8, München 1978, S. 535-552.

57 Heidegger, *Hölderlins Hymne ›Andenken‹*, in: *Gesamtausgabe*, Bd. 52, a.a.O., S. 13.

58 Walter Benjamin, *Der Begriff der Kunstkritik*, a.a.O., S. 31.

59 Friedrich Schlegel, *Kritische Schriften*, hg. v. Wolfdietrich Rasch, München 1971, S. 531.

60 Heidegger, *Hölderlins Hymnen ›Germanien‹ und ›Der Rhein‹*, in: *Gesamtausgabe*, Bd. 39, a.a.O., S. 23.

struktion des »Ereignisses« in der Vorstellung des »Schrecklichen« faßt. Das ist seine Erläuterung zum Chorlied der Sophokleischen *Antigone*: »πολλὰ τὰ δεινὰ«. Heideggers Interpretation des griechischen Wortes »δεινον« als das »Unheimliche«, in dem die Vorstellungsräume des Furchterregenden, des Ungewöhnlichen und des Gewaltigen zusammentreffen[61], ließen sich einer modernen Ästhetik des *Schreckens* durchaus anschließen, auch wenn Heidegger hier eine Anthropologie und nicht eine Ästhetik im Auge hat und im Laufe seines Sprachspiels wieder in eine Ontologisierung zurückfällt. Nichtsdestotrotz ist in diesem Blick auf die Tragödie die falsche Harmonisierung vermieden, die in Hegels *Antigone*-Deutung ihren Höhepunkt gefunden hatte.

II. Adornos Ästhetik des Schreckens

Wo könnte sich Adornos Ästhetik mit der von Heidegger treffen? In einem Begriff gesagt: in dem Begriff des Nichtidentischen. In dem Versuch, dem Erscheinen des Nichtidentischen, sei es nun das »Schreckliche«, die »Götter« oder das »Ereignis«, als einem Abglanz jenes »Grauens«, von dem Nietzsche sprach, theoretisch Herr zu werden. Adorno hat das Problem der »mythischen Schicht« schon bei seiner Hölderlin-Analyse von 1964 gesehen, und am Anfang der *Negativen Dialektik* (1966) steht der Satz, das wahre Interesse der Philosophie habe antihegelisch zu sein: nämlich Interesse am »Begrifflosen, Einzelnen und Besonderen«.[62] Dieses Apriori des Philosophen hat dann keine Schwierigkeit, als Grundsatz der Ästhetik zuzugeben, daß der »großen Dichtung der Moderne« ein »Schwindelerregendes« eigen sei, das dem auf »Identität« pochenden Denken »bodenlos« und in seinen Konsequenzen sogar »faschistisch« sei.[63] Adorno hat diese zögernden Einsichten der mittleren sechziger Jahre in seinem letzten Werk *Ästhetische Theorie* (1970) zum großen Thema gemacht. Ich beschränke mich hier auf eine Erfassung des ästhetischen Phänomens als einer »Epiphanie«. Dies um so mehr, als in der westdeutschen Analyse von Adornos Spätwerk noch immer die Konvention vorherrscht,

61 Heidegger, *Hölderlins Hymne ›Der Ister‹*, a.a.O., S. 64 f.
62 Adorno, *Negative Dialektik*, Frankfurt a. M. 1973, S. 19 f.
63 Ebd., S. 42.

diese Kategorie eben zugunsten von »Versöhnungs«-Kategorien zu übersehen.[64] Dagegen wäre es fruchtbarer und heuristisch weiterführend, Adornos Ästhetik an der Bruchstelle von Utopie und Schrecken zu beobachten, d. h. dort, wo das Epiphane nicht mehr dialektisch gebändigt ist. Denn nur dort stößt Adorno zum Wagnis des Ästhetischen Scheins vor. Es wird zu fragen sein vor allem danach: Epiphanie von was? Es heißt an zentraler Stelle der *Ästhetischen Theorie*: »Zu Erscheinungen im prägnanten Verstande, denen eines Anderen, werden Kunstwerke, wo der Akzent auf das Unwirkliche ihrer eigenen Wirklichkeit fällt. Der ihnen immanente Charakter des Akts verleiht ihnen, mögen sie noch so sehr in ihren Materialien als Dauerndes realisiert sein, etwas Momentanes, Plötzliches. Das Gefühl des Überfallen-Werdens im Angesicht jedes bedeutenden Werks registriert das. Von ihm empfangen alle Kunstwerke, gleich dem Naturschönen, ihre Musikähnlichkeit, deren einst der Name der Muse eingedenk war. Der geduldigen Kontemplation der Kunstwerke geraten sie in Bewegung. Insofern sind sie wahrhaft Nachbilder des vorweltlichen Schauers im Zeitalter der Vergegenständlichung; sein Schreckliches wiederholt sich vor den vergegenständlichten Objekten.«[65]

64 Charakteristisch für diesen Argumentationstypus ist, wie Albrecht Wellmer das Konzept des Erhabenen bei Adorno angeht. Er möchte dieses unbedingt »innerhalb« von Adornos »versöhnungsphilosophischer Konstruktion der Kunst« unterbringen, in Differenz zu Wolfgang Welsch, der seinerseits das »Erhabene« Adornos ebenfalls der Vernunft vermittelt. (Hierzu S. 137 dieses Buches). Vgl. Albrecht Wellmer, *Adorno, die Moderne und das Erhabene*, in: *Ästhetik im Widerstreit. Interventionen zum Werk von Jean-François Lyotard*, hg. v. Wolfgang Welsch und Christine Pries, Weinheim 1991, S. 47. Wellmers und Welschs Umgang mit dem Problem sind zwei Varianten von Konfliktvermeidung gegenüber einer absehbaren Norm. Sehr viel weiter wagt sich Christoph Menke-Eggers in seiner an Derrida geschulten Lektüre des Zwiespalts von Adornos ästhetischer Theorie vor (*Die Souveränität der Kunst*, Frankfurt a. M. 1988), indem er das notorische Defizit seiner Lehrer in Aestheticis auszugleichen versucht, während Wellmer und Habermas diesem Treiben scheinbar wohlwollend, im Geheimen wohl mißtrauisch zusehen. Ungerechterweise, da Menke letztlich auch Vermittlungsarbeit betreibt zwischen Ästhetik und Vernunft.

65 Adorno, *Ästhetische Theorie*, hg. v. Gretel Adorno u. Rolf Tiedemann, Frankfurt a. M. 1974, S. 123 f.

Wenn man diese nicht gerade analytische Referenz gegenüber dem Begriff des Schrecklichen in der Kunst versucht analytisch nachzubilden, so ergeben sich wohl zwei Grundgedanken: Erstens: Das Kunsthafte des Kunstwerks ist ein Akt der »Erscheinung«; erst im »plötzlichen« Moment tritt die Möglichkeit des in der dauernden Form Angelegten in die Wirklichkeit der ästhetischen Erfahrung durch das Subjekt. Es ist dann ein »Anderes«, das heißt ein von dem als bekannte Dinge Identifizierten Unterschiedenes. Adorno begründet diese phänomenologische Aussage rezeptionsästhetisch-psychologisch durchaus in der Tradition Burkes und seiner Erhabenheits-Analyse von Naturereignissen: im Gefühl des »Überfallen-Werdens«. Hierin sind für Adorno Kunstwerk und Naturschönes gleich. Und in dieser Gleichung distanziert er sich von einer Kunstphilosophie, die das Naturschöne verdrängt und dafür zahlte: mit »der Befriedigung an der im Kunstwerk symbolisch erreichten Versöhnung«[66], wie sie von Schelling über Hegel charakteristisch wurde für den ästhetischen Idealismus. Wenn Adorno diesem den Prozeß macht, dann vor allem durch seine Wiedereinsetzung des Naturschönen in der Ästhetischen Theorie, aus der sie der Nach-Burkesche deutsche Idealismus vertrieben hatte. »Versöhnung« – so erkannte Adorno – bedeute neben dem Erkenntniszuwachs der Kunst als einem »Geistigen« gleichzeitig einen einschneidenden Verlust an ästhetischer Distinktion: er nannte ihn: »Unfreiheit fürs Andere«.[67] Zweitens: Er bestimmt dieses »Andere« aber nicht bloß im Ereignis des »Augenblicks des Erscheinens«[68], wie es im Kontext dann heißt, sondern in einer objektiven Referenz: Kunstwerke sind »Nachbilder des vorweltlichen Schauers«. Sein »Schreckliches« wird in der Vergegenständlichung selbst wieder hergestellt. Hier zeigt sich also die weitere Verbindungslinie, die zu Nietzsches Einsicht in den Charakter des »Grauens« des vormodernen Kunstwerkes führt. Nur geht Adorno weiter und behauptet dessen Anwesenheit auch für die moderne Kunst und gerade für sie! Anders ausgedrückt: Adorno widerruft Hegels und partiell auch Nietzsches These vom historischen Ende des göttlichen »Grauens« in der Kunst und konstatiert einen fortwährenden notwendi-

66 Ebd., S. 98.
67 Ebd.
68 Ebd., S. 124.

gen Zusammenhang zwischen vormodernem und modernem »Grauen«. Das wird durch einen der folgenden Sätze sogar in dem Begriff, der bei Hölderlin und Heidegger das Modernitätsproblem signalisierte, erläutert: dem der »Götter«: »Sollten die antiken Gottheiten an ihren Kultstätten flüchtig erscheinen oder wenigstens in der Vorzeit erschienen sein, so ist dies Erscheinen zum Gesetz der Permanenz von Kunstwerken geworden um den Preis der Leibhaftigkeit des Erscheinenden. Am nächsten kommt dem Kunstwerk als Erscheinung die apparition, die Himmelserscheinung.«[69]

Wäre also die Referenz dessen, was da »erscheint«, tatsächlich das »Grauen« der »Götter«? Adornos erstaunlich weitgehende Bestimmung des Schrecklichen in der Kunst wird von der fast drohenden Identifikation mit dem Archaisch-Mythischen durch das dialektisch-geschichtsreflexive Bewußtsein gerade noch getrennt gehalten: Es handelt sich nicht – wie bei Heidegger – um eine buchstäbliche Identifizierung der Kunst mit dem Anfänglichen als dem »Sein«, sondern um eine Nachbildung, um ein »Nachbild«, verstanden nicht als Mimesis des ursprünglich vorgegebenen Grauens im Mythos, sondern als ein nur mit ihm Vergleichbares, als ein alle Identität des Gewußten transzendierendes »Mehr«.[70] Der »Schauer« ist historisch auch für Adorno wie für Hegel ein »vergangener«, er ist nicht, wie bei Heidegger, das »Wesen« der Kunst: »Weil der Schauer vergangen ist und gleichwohl überlebt, objektivieren ihn die Kunstwerke als seine Nachbilder«.[71] Anders als Hegel aber, und hier den Nietzscheschen Gedanken vom Verschwinden der »Götter« als *Verlust* ernst nehmend, begründet Adorno die Anwesenheit des »Schauers« in der modernen Kunst über die Dialektik der Aufklärung: »Alle Aufklärung wird begleitet von der Angst, es möge verschwinden, was sie in Bewegung gebracht hat und was von ihr verschlungen zu werden droht, Wahrheit.«[72] Kunst ist also eine Korrektur des auf der Wissensebene sich abspielenden Prozesses eines Verschlingens des Nicht-Identischen. Will man den Status der Referenz von Adornos Existential begrifflich am faßbarsten machen, dann im

69 Ebd., S. 125.
70 Ebd., S. 122.
71 Ebd., S. 124.
72 Ebd.

Begriff des »Erinnerns«: Der Schauer ist ein »erinnerter«. In der magischen Vorwelt war er »inkommensurabel«, in der Kunst soll er »kommensurabel« gemacht werden. Darin bleibt diese aufgeklärt.[73]

Ich möchte nicht verhehlen, daß Adorno hier (wie die intellektuellen Geistesgefährten, etwa Benjamin) ein bißchen nach der Methode operiert: »To have the cake and to eat it.« Das »Inkommensurable« des vorweltlichen »Schauers« soll plötzlich in der Kunst kommensurabel sein? Aber dann wäre es ja kein »Schauer« mehr, der gerade identisch erklärt ist mit dem »Inkommensurablen«, und dieser »Schauer« soll doch sein! Adorno sagt, daß der Schauer »vergangen« sei, aber gleichwohl »überlebe«. Er sagt nicht genau, wie er denn überlebe. Und wir halten ihm zugute, er meine in einer »Erinnerung«, die durch das Kunstwerk ermöglicht ist. An anderer Stelle ist das »Inkommensurable« sogar Adornos Begriff für die Kunst! Ein wenig erinnert diese Begriffsaporie an Benjamins widersprüchliche Kategorie der »profanen Erleuchtung«: Man will das ganz Unprofane, Erhabene haben, aber man will es doch wieder nicht als bloße *Erscheinung* des Erhabenen haben. Die teleologische Geschichtsauffassung Adornos, der sein ganz anderer Ansatz entspricht, dem die Forschung so gerne folgt, die Kunst sei nämlich Erkenntnis der Negativität der Welt[74], diese teleologische Konzeption von geschichtlicher Zeit und dem Kunstwerk in ihm, die sich Adorno als eine politische Notwendigkeit darstellt, gerät zweifellos in Konflikt mit der von Adorno nie übersehenen schieren Phänomenalität des Kunstwerks! Adorno hat ihren Erscheinungscharakter nicht nur nicht geleugnet, sondern nachdrücklich thematisiert. Er will ihn auch gar nicht leugnen. »Kunstwerke sind neutralisierte und dadurch qualitativ veränderte Epiphanien.«[75] Es wäre möglich, diesen Erscheinungscharakter ohne Rückgriff auf die »Götter« und auf das »Grauen« in einer rein formal phänomenologischen Definition zu erklären, unter Berücksichtigung psychologisch-anthropologischer Fakten. Adorno hätte auch auf dem reinen Verfahrensakt der Kunst verweilen können, wie er es als Argumentationsschritt

73 Ebd.

74 Hierzu Karol Sauerlands Darstellung von Adornos Kunst-Theorie: *Einführung in die Ästhetik Adornos*, Berlin, New York 1979.

75 Adorno, *Ästhetische Theorie*, a.a.O., S. 125.

auch andeutet: »Das von Menschen gemachte Mehr verbürgt an sich nicht den metaphysischen Gehalt von Kunst. Der könnte ganz nichtig sein, und gleichwohl könnten die Kunstwerke jenes Mehr als Erscheinendes setzen.«[76] Und: »sie produzieren ihre eigene Transzendenz, sind nicht deren Schauplatz, und dadurch wieder sind sie von Transzendenz geschieden.«[77] Als die spezifische, nicht referentielle Transzendenz bezeichnet Adorno »ihre Schrift, aber eine ohne Bedeutung oder, genauer, eine mit gekappter oder zugehängter Bedeutung«.[78] Hier ist Adorno ganz nah an einer radikalen Theorie der Selbstreferenz des »Mehr«, die in einer modernen linguistischen Metapherntheorie ihren derzeitigen Abschluß findet.[79] Er ist weiter als die Position, die seine Beckett-Lektüre darstellt, die ja gerade auf eine kulturkritische Applikation von »Bedeutung«, nämlich eine inhaltlich gefaßte Negativität, hinauslief.[80] Er denkt das »Mehr« nicht mehr innerhalb eines Versöhnungstheorems, sondern auf die Phänomenalität hin, die das Naturschöne setzt: »Dies Mehr seiner Kontingenz zu entreißen, seines Scheins mächtig zu werden, als Schein ihn selbst zu bestimmen, als unwirklich auch zu negieren, ist die Idee von Kunst.«[81] Der »Kontingenz« etwas zu entreißen ist etwas anderes als sie aufzulösen.

Aber Adorno ist kein Grammatiker, sondern als Ästhetiker auch zu diesem Zeitpunkt immer zugleich noch nachdrücklich Geschichtsphilosoph: Das Bestehen auf einem quasi genealogischen Argument, eben dem »Grauen« der »Götter«, das ihn in die Nähe Nietzsches und auch Heideggers bringt, leistet er sich um so mehr, als erst in dieser fundamentalistischen Annäherung auch die für ihn unverzichtbare Dramatik des stattfindenden Prozesses zwischen Mythos und Aufklärung greifbar wird. Das unterscheidet Adornos Position von der Heideggers und macht sie zu der des emphatisch Modernen, die uns, zwanzig Jahre danach, schon wieder etwas historisch erscheint. Zu dieser schon verjährten geschichtsphilosophischen Perspektive, also dem Sachverhalt, daß

76 Ebd., S. 122.
77 Ebd.
78 Ebd.
79 Vgl. Paul de Man, *Allegorien des Lesens*, Frankfurt a. M. 1988, S. 31-51 u. S. 146-163.
80 Vgl. S. 165 dieses Buches.
81 Adorno, *Ästhetische Theorie*, a.a.O., S. 122.

ein Prozeß stattfindet, der den »mythischen Ursprung« der Kunst nicht, wie Heidegger, buchstäblich als solchen wiederhergestellt sehen will, sondern als ein Reflexionsereignis und eine Reflexionsleistung der Kunst begreift – obwohl dies, wie gezeigt, in der begrifflichen Darstellung unbefriedigend bleibt –, tritt als anderes, ebenso wichtiges Motiv Adornos Absage an das Identitätsdenken des Idealismus: Er leistet sich die Kategorie des »Schrecklichen« auch deshalb, um der »Verhimmlung des Begriffs zur Idee«[82] und der damit verbundenen »banausischen Blindheit für das in der Kunst zentrale Moment der Form« bis zum Mißverstandenwerden theoretisch Paroli zu bieten. Und hier begegnet Adorno sich, auch wenn er das nicht zugestanden hätte, mit der oben erörterten Heideggerschen Ablehnung einer »metaphysischen« Begründung der Kunst, speziell deren Hegelscher Variante. Damit verbunden scheint auch ein Wegrücken von seinem früheren Theorem des »Vorscheins«, wonach sich in der Negativität der Kunst das Versprechen auf eine bessere, andere soziale Zukunft implizit verborgen hält: »Die unstillbare Sehnsucht angesichts des Schönen, der Platon mit der Frische des Zum ersten Mal die Worte fand, ist die Sehnsucht nach der Erfüllung des Versprochenen. Es ist das Verdikt über die idealistische Philosophie der Kunst, daß sie die Formel von der promesse du bonheur nicht einzuholen vermochte. Indem sie das Kunstwerk theoretisch auf das vereidigte, was es symbolisiere, frevelte sie an dem Geist in ihm selber.«[83] Somit argumentiert Adorno im Namen der Kunst auf relativ einsamem Posten gegen zwei »metaphysische« Deutungstraditionen: die idealistische und die ontologische (die eine verkappte Form ersterer ist). Daß Adorno seine Erkenntnis des erscheinenden »Schreckens« letztlich nicht in einer überzeugenden Theorie faßte, dafür hat er auch eine theoriegeschichtliche Erklärung bereit. Diese Theorie nämlich habe, quasi als sein eigener Vorläufer, die Romantik versucht und sei daran gescheitert: Indem sie das in der Erscheinung »Aufgehende« mit »dem Künstlerischen schlechthin gleichsetzen« wollte[84], habe sie zwar etwas »Wesentliches ergriffen«, es aber dann doch verkannt, weil sie es »zum Partikularen« eingeschränkt habe: »wähnend, sie könne durch

82 Ebd., S. 129.
83 Ebd., S. 128.
84 Ebd.

Reflexion und Thematik in den Griff bekommen, was ihr Äther ist, unwiderstehlich eben darum, weil es sich nicht festnageln läßt, Seiendes so wenig wie allgemeiner Begriff. Es haftet an der Besonderung, vertritt das Unsubsumierbare, solches fordert das herrschende Prinzip der Realität heraus, das der Vertauschbarkeit.«[85] Adorno sieht letztlich also als eine Konsequenz des Erscheinungscharakters der Kunst, ihrer Nichtrepräsentanz, die Unmöglichkeit, sie theoretisch zu fassen. Denn jeder Versuch, dies zu tun, also auch der seiner Auffassung am nächsten kommende romantische, bedeutet eine Verkennung des den Begriff Unterlaufenden. Hier liegt wiederum die Differenz zu Heidegger, der gerade eine solche Gegenrepräsentations-Ästhetik entwickelt hat: Er hat sie, um es mit Adornos Unterscheidung zu sagen, nicht auf den Begriff, aber auf ein »Seiendes« festgelegt. Heideggers Versuch gegen die Repräsentationsästhetik wird gebremst durch Ontologie, Adornos gleicher Versuch durch Geschichtsphilosophie.
Kehren wir noch einmal zu diesem Anhaltspunkt zurück. Auf ihn apriori festgelegt lesen sich Adornos Einsichten in die Epiphanie des Erhabenen immer wieder wie eine Springprozession: Gewagte Affirmierung an deren Phänomenalität wird halb zurückgenommen: »Im Artefakt befreit sich der Schauer vom mythischen Trug seines Ansichseins, ohne daß er doch auf den subjektiven Geist nivelliert würde.«[86] Die Quadratur des Kreises oder doch eine überzeugende Formel? Was wäre ein »Schauer«, dem nichts mehr von dem Faszinosum des Numinosen, das Nietzsche als verloren beklagte, anhaftet und doch nicht gezähmt ist von der Kant/Schillerschen subjektiven Wende? Die subjektive Wendung, in der das Freiheitsprinzip schon zu einem vagen Versöhnungsprojekt verschwimmt, ist offenbar auszuschließen. Es kommt Adorno auf das trans-subjektive Moment schon an. So kann er sagen: »Kunstwerke sind neutralisierte und dadurch qualitativ veränderte Epiphanien.«[87] Sie bleiben nur solange Epiphanien, als der Wahrheitsgehalt, in dem Philosophie und Kunst nach Adorno konvergieren[88], nicht zum philosophischen Begriff wird, obwohl »genuine ästhetische Erfahrung« – Adorno besteht auf dieser kognitiven

85 Ebd.
86 Ebd., S. 124f.
87 Ebd., S. 125.
88 Ebd., S. 197.

Bedingung – »Philosophie werden« muß »oder ... überhaupt nicht« ist.[89] Sie sind nur solange Epiphanien, als ihr »Rätsel« nicht aufgelöst ist, das aber doch aufgelöst werden muß: das ist der Moment, wo das Subjektive (die »deutende Vernunft«) sich das Objektive (»Rätsel« der Kunst) unterwirft. Und trotzdem gilt die Einsicht: »keine Wahrheit der Kunstwerke ohne bestimmte Negation. Ästhetik heute hat diese zu exponieren. Der Wahrheitsgehalt der Kunstwerke ist kein unmittelbar zu Identifizierendes.«[90]
Soviel ist klar: Zwar hat das Kunstschöne etwas mit Wahrheit zu tun, aber seine Erscheinungsform verhüllt diese. Nicht aber als ein Abzulösendes. Adorno nimmt die Erkenntnis der epiphanen Bedingung als Grundlage seiner Ästhetischen Theorie. Wenn er sagt »Der Wahrheitsgehalt der Werke ist nicht, was sie bedeuten, sondern was darüber entscheidet, ob das Werk an sich wahr oder falsch ist ...«[91], dann verlegt er das Epiphanie-Kriterium – es ist, wie wir sahen, nie die Epiphanie des »Absoluten« – in das Herz des Wahrheits-Diskurses und sprengt ihn wieder: denn was ist dieses »was darüber entscheidet«? Wenn er es als die »Wahrheit des Werks« festhalten will, dann ist das ein terminologischer Rückfall vor eine von Adorno nicht mehr geleistete, aber gesuchte Tiefenschärfe ästhetischer Dynamik in sich selbst. Daß die Philosophie dagegen sich von Adorno eine Lizenz für ihre offenbar lebenswichtig gewordene Annahme verschafft, sie sei zuständig für die Kunst[92], nicht zuletzt für deren von Adorno angeblich vorgedachte »Erlösungs«-Funktion[93], macht den Hinweis auf Adornos Wiederentdeckung des Erhabenen als Epiphanie des »Schreckens« um so wichtiger, gerade auch weil diese Entdeckung contre coeur verlief, ein Zwiespalt, der selbst zu diesen Entdeckungsmanövern als deren Bedingung gehört.
Trotz der entscheidenden Differenz zwischen Adorno und Heideggers Fassung des Erhabenen ist im Begriff der »Götter« bzw. des »Grauens« das seit Hölderlin und Nietzsche virulente Dilemma bei ihnen auf eine alternative Begrifflichkeit gebracht worden, die im Problembewußtsein kaum überholbar, höchstens

89 Ebd.
90 Ebd., S. 195.
91 Ebd., S. 197.
92 Vgl. Wellmer, a.a.O., S. 46.
93 Ebd.

in der argumentativen Kasuistik wissenschaftstheoretisch ergänzungsbedürftig ist. Der schlaue Ausweg über die Nichtreferenz des Referenten, also anstatt von »Göttern« von der »Metapher« zu reden, wird wahrscheinlich bald als ungenügend erkannt sein, auch wenn er der Inhalts- und Repräsentationsästhetik überlegen bleibt und gerade hier alles Heidegger und Adorno verdankt. Es hat sich gezeigt, daß die Vorstellung von der Bedeutung der »Götter«, und das heißt des Mythos, wohl die einschneidendste Differenz zwischen Heidegger und Adorno ist. Nun hat der Religionsphilosoph Klaus Heinrich die Frage gestellt: Wie »das von den Ursprüngen räumlich, zeitlich und wesensmäßig Entfernte dennoch an den Ursprüngen« teilhabe?[94] Er zitiert in diesem Zusammenhang Heidegger als ein Beispiel für die noch immer aktuelle ursprungsmythische, das heißt genealogische Fragestellung.[95] Damit ist immerhin eine gewisse Relevanz des mythischen Interesses für die Jetztzeit behauptet. Es ist eine ursprungsmythische Kulturkritik an einer jeweiligen Gegenwart auch heute noch vorstellbar. Heideggersche Momente leben in radikalutopischen Kritiken der technischen Zivilisation weiter. Wieso aber wäre dieses Motiv dann – wie Adorno das tut und dem wir hierin folgen – aus der ästhetischen Theorie auszuschließen? Weil es die ästhetische Rede, das Kunstwerk, zum »Wahrheits«-Forum machte. Was der philosophischen Kulturkritik erlaubt sein könnte, nämlich den Mythos als regulative Idee, als Bewertungsinstitution von Gegenwart zu benutzen, ist der ästhetischen Rede nicht erlaubt. Mythische Motive in der Kunst fungieren deshalb, wo sie gelungen verwendet sind, immer auch nur als ästhetisch transformierte Phantasmata, als Allegorien: nicht aber mehr als Repräsentanten des Ursprungsmythos! Das hat schon das frühromantische Konzept einer »Neuen Mythologie« so gewußt. Indem Heidegger also dem ästhetischen Konstrukt als Mythos eine philosophische Message aufoktroyierte, kolonialisierte er die Kunst. Er fehlte nicht notwendigerweise als Philosoph, aber als Kunsttheoretiker. Damit ergibt sich als Einsicht in die Erhabenheitsproblematik für die Jetztzeit: Nur wo »Erhabenheit« als Differenz zur normalen egalitären Alltagssprache als »Phantasma« auftritt, ist es ästhetisch

94 Klaus Heinrich, *Parmenides und Jona. Vier Studien über das Verhältnis von Philosophie und Mythologie*, Frankfurt a. M. 1982, S. 12.
95 A.a.O., S. 164.

überzeugend. Wo es die »Ursprünge« tatsächlich rückgewinnen will, gerät es unweigerlich zum erhabenen Kitsch, das heißt zur Prätention von etwas, das es zu zeigen nicht in der Lage ist: zur mißratenen »Epiphanie«. Widerspruch gegen die mythische Ästhetik ist also nicht in einem geschichtsphilosophischen oder wissenssoziologischen Apriori zu begründen, wonach es im Sinne des anzunehmenden geschichtlichen Progressus nicht erlaubt ist, angeblich vergangenes Bewußtsein für die Moderne in Anschlag zu bringen (wie Adorno), sondern in der nicht-repräsentativen Ästhetik selbst. Die geschichtsphilosophische Begründbarkeit ist angesichts des ästhetischen Befundes, daß zur Zeit des Aischylos und zur Zeit Hofmannsthals das Kunstwerk als Epiphanie des Schreckens organisiert werden konnte, fragwürdig geworden. Man wird also am Ende auch die Plötzlichkeitsstruktur des modernen Kunstwerks nicht mit dem Hinweis auf den Verzeitlichungsprozeß seit der Französischen Revolution, das heißt auf ein radikal verändertes Geschichtsbewußtsein, erklären können, denn diese Struktur ist, wie wir gesehen haben, älter. Neu ist nur, daß, je mehr die Philosophie dies nicht gesehen hat, auch die Gegenbewegung, die Plötzlichkeitsstruktur des Erhabenen, gewachsen ist. Die Grenze der Plötzlichkeit als Grenze zwischen Moderne und Vormoderne aufzuheben entspringt selbst dem Prinzip dieser »Plötzlichkeit«: daß sie nicht etwas repräsentiert, sondern selbst etwas ist.

Philosophie der Kunst oder Ästhetische Theorie

Das Problem der universalistischen Referenz

In den Notebooks von Friedrich Schlegel findet sich der scheinbar banale Satz: »Man soll über die Kunst philosophieren, denn man soll über alles philosophieren; nur muß man schon etwas von der Kunst wissen.«[1] Wenn Ästhetik als Philosophie der Kunst umschrieben werden kann, dann muß man fragen, wie sich denn in ihr die Schlegelsche Forderung darstellt: Wie verhält sich das Philosophieren zum Wissen von Kunst? Man fragt da nicht nach der Systemfähigkeit einer Philosophie der Kunst und ihrer Begriffe, wie das Hegel in der Einleitung zu seinen »Vorlesungen über die Ästhetik« tut, sondern nach ihrer Angemessenheit angesichts der ästhetischen Gegenstände. Nicht die Philosophie, sondern die Kunst ist dann das Kriterium. Wie steht das theoretische Interesse an einem Absoluten zum theoretischen Interesse an dem ästhetisch Besonderen? Was ist von der Möglichkeit einer philosophischen Ästhetik überhaupt geblieben, wenn man nicht mehr im Sinne des deutschen Idealismus und seiner Nachfolger bis heute eine Komparabilität von Philosophie und Kunst im Begriff eines höchsten »Identischen« (Schelling) oder im Begriff der »Idee« (Hegel) annimmt, weil das moderne Wissen von der Kunst als einem »Nichtidentischen« eine solche Einheit – und sei sie auch dialektisch vermittelt – nicht mehr zuläßt? Die Geschichte der philosophischen Ästhetik ist eine Geschichte des Konflikts dieses Wissens mit den universalistischen Ansprüchen der Philosophie: Die Ästhetik ließe sich als Geschichte einer Selbstbefreiung von theologisch-metaphysischer, schließlich idealistisch-geschichtsphilosophischer Bevormundung beschreiben. Der Standort der heutigen Ästhetik wäre dann danach zu beurteilen, wie überzeugend diese Loslösung gelungen ist. Das schiere, von keiner Seite bestrittene Faktum, daß wir zur Zeit offensichtlich in einer Phase

1 F. Schlegel, *Literary Notebooks*, hg., eingeleitet und kommentiert von Hans Eichner, Frankfurt a. M. 1980, S. 41.

des ästhetisch gewordenen Diskurses leben, wo die Bestimmung der Epoche unter den Begriff des Postmodernen zunehmend von Ästhetikern und weniger von Geschichtsphilosophen angeführt wird, kann eine Begründung dieser Priorität nicht ersetzen. Natürlich wäre es möglich, in diesem Faktum ein zu Sich-selbstkommen des ästhetischen Argumentationsprozesses zu sehen, der nach Vorläufern wie Pascal und Bouhours, deren Formel für das Schöne als dem »je ne sais quoi« schon prinzipiell der rationalistischen Ästhetik des französischen Klassizismus widersprach, schließlich im 18. Jahrhundert endgültig eingeleitet worden ist und mit Edmund Burkes Ästhetik des Erhabenen und Kants *Kritik der Urteilskraft* markiert ist. Das liefe aber eben auf eine teleologisch-geschichtsphilosophische Begründung hinaus, die wir vom eigenen Ansatz her nicht in Anspruch nehmen können, so unbestreitbar die Gewißheit ist, daß der politische Prozeß zur Entfaltung von Subjektivität gegenüber der akademisch-institutionalisierten Denktradition als Teil des Säkularisationsprozesses immer dort, wo er in besondere Phasen trat, eine Aufwertung des ästhetischen Interesses, und das implizierte auch: der ästhetischen Theorie, mit sich führte. Wenn man sieht, daß es vornehmlich die deutsche Philosophie war, die sich dem Ästhetisch-Werden des Diskurses in den Weg stellte – das sprechendste Beispiel des 19. Jahrhunderts ist Hegels Ästhetik und die seiner Schüler[2] –, so daß die Einsichten des französischen und englischen Sensualismus gegen Kant, Schiller, Schelling und Hegel erst von Friedrich Nietzsche weitergedacht und heute wiederum von französischen und amerikanischen Theoretikern aufgenommen werden, dann könnte man diese Bewandtnis tatsächlich mit politisch-historischen Gründen (negativ: einer zivilisatorischen Verspätung, positiv: einer Abwendung vom Irrationalismus) zu erklären versuchen. Ich möchte dieser wissenstheoretischen Frage nicht nachgehen, aber vorab die gegebenen Philosophien der Kunst (ästhetische Theorien) nach ihrem Verhältnis zu der Frage nach »letzten Gründen« bzw. zur geschichtsphilosophisch-utopischen Idee unterscheiden. Als Kurzformel kann gelten: Je mehr Geschichtsphilosophie, um so weniger ästhetische Theorie. Dann

2 Hierzu: K. H. Bohrer, »Die permanente Theodizee«, in: ders., *Nach der Natur. Über Politik und Ästhetik*, München 1988, S. 133. Außerdem: ders., *Die Kritik der Romantik*. a.a.O., S. 138-188.

stellt sich heraus, daß ästhetische Theorie im Sinne der Schlegelschen Forderung nur von diesem selbst, von Nietzsche, Heidegger und Adorno geliefert worden ist, während die Systeme des deutschen Idealismus, vor allem also Schelling und Hegel, zwar über Kunst philosophierten, aber im Sinne Schlegels wenig von Kunst wußten: Sie waren noch immer Metaphysiker, noch nicht »ironische Literaturkritiker« – um es in den Worten von Richard Rorty zu sagen, dessen frivole Methode, den Gegner nicht zu widerlegen, sondern sprachlich zu überholen, ich mir indes nicht zu eigen machen möchte.
Ich will hingegen zunächst an drei unterschiedlichen theoretischen Szenarios zeigen, welche Schwierigkeiten die Absage an universalistisch-geschichtsphilosophische Argumentation impliziert und was sie für die Ästhetik eigentlich bedeutet. Danach möchte ich die Aporie diskutieren, die nach Abwerfen des metaphysischen Ballasts entsteht: Wie ist denn die ästhetische Sphäre als eine abgehoben differente begrifflich überhaupt zu fassen, wenn einerseits in neueren ästhetischen Theoremen (Welsch, Rorty, Derrida) alles zum ästhetischen Bereich gehörend erklärt wird, andererseits als Gegenwehr gegen solche Ästhetisierung eine verkappte Remetaphysierung droht, sich aber verbietet.

1. Die Schwierigkeiten der universalistischen Argumentation mit dem ästhetischen Fall

Hierfür böte sich aus systematischen und historischen Gründen als Paradigma Hegel an. Zu welchen innerästhetischen Konsequenzen nämlich seine Auffassung der Kunst als ein »Scheinen der Idee« führte. Da es sich hierbei aber um ein so rigides Behaupten des universalistischen Anspruchs und der implizierten short comings der ästhetischen Sphäre handelt, wähle ich sublimere Positionen der gleichen Problematik, die sich von 1800 bis 1990 hartnäckig erhalten haben, was offensichtlich auf ein begriffsinhärentes Dilemma, nicht eine bloße Verkennung der ästhetischen Sphäre von seiten der Philosophie verweist.
Erstes Szenario: Zur prinzipiellen Differenz von dichterischer Anschauung und philosophischem Begriff beim geschichtsphilosophischen Interesse.

Die geschichtsphilosophische Reflexion des ausgehenden 18. Jahrhunderts begünstigte die literarische Gattung der Elegie. Die Abschieds- und Klagerede angesichts des unersetzlichen Verlusts eines Menschen, einer Zeit, eines Ideals. Im Kontext der spezifischen Debatte über das Verhältnis von antiker (griechischer) und moderner Kultur, die mit Verspätung in Deutschland zur Standortbestimmung von Gegenwart überhaupt wurde, erschien das griechische Ideal als der elegisch zu besingende Verlust, dem gleichwohl ein moderner Reflexionsgewinn gegenüberstand. Friedrich Schiller hat dieses Verhältnis von elegisch beklagtem Verlust (Abschied) und utopisch erhofftem Gewinn (Zukunft) entweder isoliert oder komplex in grandioser Weise thematisiert. In den philosophischen Gedichten *Die Götter Griechenlands* oder *Nänie* steht die Abschiedsklage im Zentrum der literarischen Absicht. In der kulturtheoretischen Abhandlung *Über naive und sentimentalische Dichtung* (1796) ist der Gewinn an Reflexivität, d. h. an selbstbezogenem Wissen über die Bedingungen moderner Kunst und Kultur, das eigentliche Interesse. Der Topos des »Abschieds« ist semantisch so generalisiert und formalisiert, daß er als beiläufige Redeform – man denke an die Anfangsstrophe von Schillers *Don Carlos*: »Die schönen Tage in Aranjuez sind nun zu Ende« – und als künstlerisches Großprojekt – man denke an Watteaus Gemälde *Einschiffung nach Kythera* – auftreten kann.
Auch in Goethes klassizistischem Schauspiel *Torquato Tasso* (1788/89) fällt der Topos des Abschieds bzw. der Erinnerung als eine das Ganze strukturierende Redeform auf. Und zwar so sehr, daß in ihr alle die akademisch fälligen Fragestellungen an das Stück, etwa die Polarität von Weltmann und Künstler, aufgelöst werden. Eine universalistische Theorie von Kunst könnte nun versucht sein – wie das Hegel am Beispiel der *Antigone*, Schelling am Beispiel des *Ödipus* demonstrierten, indem sie die griechische Tragödie durch generelle Begriffe wie Kollision gleichrangiger Werte bzw. Opposition von Freiheit und Notwendigkeit definierten –, eine aktuelle universalistische Theorie also müßte Goethes Redeform des Abschieds entweder auf den Generalnenner des elegisch-geschichtsphilosophischen Topos beziehen oder aber theoretisch resignieren! Herkömmliche und aktuelle literarhistorische, literatursoziologische, diskurstheoretische, systemtheoretische, d. h. Theorie beanspruchende ästhetische Methode würde in der Tat die Beziehung von Abschiedsmotiv zum geschichtsphilo-

sophischen Topos versuchen. Im Falle von Schillers Lyrik wäre eine solche Rückbeziehung des Sprachspiels auf das universalistische Modell auch sinnvoll. Die Strophe: »Siehe, da weinen die Götter, es weinen die Göttinnen alle, / Daß das Schöne vergeht, das Vollkommene stirbt« (*Nänie*) ist rückbeziehbar auf eine Dialektik von elegisch-utopischem Bewußtsein. Auszusprechen, daß Goethes Sprache eine andere, begrifflosere als die Schillers sei, ist ein Gemeinplatz, von keinem bezweifelt. Das entzieht uns aber dieses Beispiel nicht für unsere Versuchsanordnung. Es war Schiller selbst, der in seinem berühmten Brief vom 23. August 1794 Goethe gegenüber die letztgültige Relevanz seiner universalistischen Position beim Erfassen auch der ästhetischen Rede (d. h. nicht nur für die Genesis des kreativen Prozesses) so strategisch in Anschlag bringt, daß er alle im ersten Teil des Briefes gemachten Zugeständnisse an das Vortheoretische der Kunst wieder kassiert im trockenen Verstande seiner von Goethe uns überbrachten Formel: »Das ist keine Erfahrung, das ist eine Idee.« Schillers argumentatives Verhalten als Besitzer der einflußreichsten ästhetischen Theorie vor Hegel nimmt in nuce spätere rationalistische Taktiken, nicht zuletzt die von Jürgen Habermas, vorweg, der nicht von ungefähr Schiller und nicht Goethe zum Zeugen seines »philosophischen«, d. h. nicht ästhetischen »Diskurs der Moderne« aufruft: Was man auf dem Felde individueller Freiheit zugesteht, wird auf dem Felde des verantwortlich Notwendigen wieder genommen. Nun verbietet sich angesichts von Goethes Redeform des Abschieds aber die geschichtsphilosophische Reduktion: Die Grundatmosphäre der Melancholie, die Struktur einer alles handelnde Verhalten in Erinnerung zurücknehmenden Redeweise ist gerade die Auflösung des geschichtsphilosophisch-utopischen Motivs. Das einzige Mal, wo der Held diese erinnernde, jede Situation zur Abschiedselegie transformierende Rede verläßt, kommt es zur Katastrophe. Sie besteht nicht einfach, wie die Goethe-Philologie meint, im unaufgelösten Konflikt zwischen den Ansprüchen des Hofes, der politischen Welt und denen des Dichters – was schon wiederum einer Reduktion auf das universalistische, ideologische Modell einer Alternative gleichkommt – sondern diese Katastrophe besteht darin, daß Goethes esoterische Sprachform selbst einen solchen Ausbruch ins Aktivistische nicht zuläßt. Nietzsche, der vielleicht beste Goethe-Leser des 19. Jahrhunderts, notierte: »Die schmerzlich schneidende und wühlende

Überzeugung, es sei nöthig, *Abschied zu nehmen,* ist völlig in der Stimmung des Tasso ausgeklungen: über ihm, dem ›gesteigerten Werther‹, liegt das Vorgefühl von Schlimmerem als der Tod ist, wie wenn sich Einer sagt: ›nun ist es aus – nach diesem Abschiede; wie soll man weiterleben, ohne wahnsinnig zu werden!‹«[3]

Wenn wir hinzunehmen, daß von Baudelaire und Flaubert bis Hofmannsthal, Proust, Rilke und Walter Benjamin das Abschiedsmotiv sich tief der Sprache moderner Literatur eingeprägt hat, so verstehen wir besser, was sich bei unserem ersten Beispiel ereignet: Wir können beobachten, inwiefern eine eigentlich von der Norm des Epochedenkens ermöglichte Sprache plötzlich gerade über diese Norm nicht mehr verständlich ist. Und mehr noch: Wie literarische Sprache – und in diesem Sinne ist nur Goethes, nicht Schillers Sprache literarisch zu nennen – offenbar sich dem ihr nächstliegenden ideologischen Schema verweigert. Dichtung ist – das läßt sich hier en detail nicht begründen – zum ersten Opponenten von Geschichtsphilosophie geworden, lange bevor diese auch im wissenschaftstheoretischen Diskurs eingezogen wurde. Goethes Paradigma präfiguriert, was sich bei Kleist, bei Baudelaire, bei den Autoren der klassischen Moderne zuspitzt. Mit diesem Nachweis einer manifest gewordenen Opposition zwischen gedanklichem Konstrukt und poetischer Imagination ist das Dilemma der Ästhetik noch nicht konkret beschrieben, aber seine Beschreibung vorbereitet.

Zweites Szenario: Die Differenz zwischen Friedrich Schlegels ästhetischer Theorie und Schellings Philosophie der Kunst.

F. W. J. Schellings *Philosophie der Kunst* (1802/03) bzw. die vornehmlich seiner Autorschaft zugeschriebene Schrift *Das älteste Systemprogramm des deutschen Idealismus* (1796/97) galt und gilt als der repräsentative frühromantische Versuch, der Kunst die höchste Stufe in der Hierarchie des Geistes zu sichern: Es heißt da, ganz in Opposition zu dem, was Hegels Einleitung zur Ästhetik dekretieren wird: »Ich bin nun überzeugt, daß der höchste Akt der Vernunft, der, in dem sie alle Ideen umfaßt, ein ästhetischer Akt ist und daß *Wahrheit und Güte nur in der Schönheit* verschwistert sind. Der Philosoph muß ebensoviel ästhetische Kraft

3 F. Nietzsche, *Menschliches, Allzumenschliches* II, in: *Sämtliche Werke*, Kritische Studienausgabe in 15 Bänden, hg. von G. Colli und M. Montinari, München 1988, Bd. 2, S. 482.

besitzen als der Dichter. Die Menschen ohne ästhetischen Sinn sind unsere Buchstabenphilosophen. Die Philosophie des Geistes ist eine ästhetische Philosophie. Man kann in nichts geistreich sein, selbst über Geschichte kann man nicht geistreich raisonieren – ohne ästhetischen Sinn«.[4] Es ist nicht erstaunlich, daß die geschichtsphilosophisch orientierten Historiker ästhetischer Theorie von H. R. Jauß und P. Szondi bis Manfred Frank die frühromantische Ästhetik über den Leisten dieses Schellingschen Projekts einer philosophischen Utopie schlagen. Während Szondi und Jauß dies vornehmlich in einer die Theorie Friedrich Schlegels auf geschichtsphilosophische Strukturen festlegenden Manier tun, dabei die profunde Abkehr Schlegels eben von solchen Strukturen einfach übersehend, offenbar infolge ihres geistesgeschichtlichen Apriori und auch einer Zeitstimmung folgend[5], hat Manfred Frank am eindeutigsten die platonisierende Kunstphilosophie des jungen Schelling, d. h. vornehmlich dessen Utopie einer romantischen Mythologie als tragfähigen Ansatz einer Philosophie der Kunst in Anschlag gebracht (zuletzt in *Einführung in die frühromantische Ästhetik*, Frankfurt 1989). Dabei sollten die zitierten Sätze aus dem *Systemprogramm* den Ästhetiker, der an der ästhetischen Differenz interessiert ist, sofort alarmieren! Schelling mochte sich als Freund Hölderlins die Philosophie damals noch ästhetisch wünschen, ganz gewiß hielt er aber daran fest, daß der »ästhetische Akt« ein »Akt der Vernunft« bleibt, wie er denn in seiner *Philosophie der Kunst* von 1802 auch zu seiner ihm vorher nur noch selbst verborgenen ursprünglich rein philosophischen Intention endgültig zurückfindet: Kunst als Funktion des philosophischen Wahrheitsinteresses, Mythologie als eine Mythologie der Vernunft. Schönheit als Sprache des Absoluten.[6]

Es ist nun höchst charakteristisch für das Dilemma jeder Kunstphilosophie, die nicht konsequent ästhetische Theorie werden will, daß sie diese universalistische Barriere spielend in Kauf nimmt, statt Kunstphilosophie dort stark zu machen, wo der Uni-

4 *Das älteste Systemprogramm des deutschen Idealismus,* in: G. W. F. Hegel, *Werke,* hg. v. E. Moldenhauer u. K. M. Michel, Frankfurt a. M. 1986, Bd. 1, S. 235.

5 Vgl. P. Szondi, *Poetik und Geschichtsphilosophie* II. hg. v. W. Fietkau, Frankfurt a. M. 1974, S. 96 ff., und H. R. Jauß, *Literaturgeschichte als Provokation*, Frankfurt a. M. 1970, S. 69 ff.

6 Das *älteste Systemprogramm*, a.a.O., S. 236.

versalismus gekappt ist: nicht Schellings, sondern Friedrich Schlegels Konzept einer romantischen Mythologie. Ich möchte hier nicht auf die poetologischen Charakteristika des Mythosbegriffs eingehen.[7] Verkürzt gesagt: Wenn Schelling in der Kunst die philosophische Utopie suchte, dann suchte Schlegel im Mythos die Utopie des Ästhetischen; das konnte nur in dem Maße gelingen, als er das Ästhetische, ganz im Gegensatz zu Schellings Platonismus, von der philosophischen, d.h. auch geschichtsphilosophischen Referenz trennte. Damit unternahm er eben das, was Schelling in der Einleitung zur *Philosophie der Kunst* methodisch ausschloß: daß nämlich die Philosophie ihren Begriff von ihren Gegenstandsbereichen – also der Kunst – nehme, also das, was Friedrich Schlegels zu Eingang zitierter Aphorismus ja gerade impliziert! Schellings die methodische Grenze zwischen einer »Philosophie der Kunst« und einer »Ästhetischen Theorie« klar benennender Satz lautet: »Ich *construiere* demnach in der Philosophie der Kunst zunächst nicht die Kunst *als* Kunst, als dieses Besondere, sondern ich construiere das Universum in der Gestalt der Kunst«.[8] Diese sich gegen die vorangegangenen Theorien der Schönen Künste und deren »psychologischen Ansatz« richtende (Schelling, a.a.O., S. 190) Universalisierung bedeutete vor allem gegenüber Burkes Erhabenheitsästhetik einen Rückfall, der sich bei Hegel, der ebenfalls glaubte, gegen die psychologische Ästhetik des 18. Jahrhunderts polemisieren zu müssen, noch vertieft. Schlegels Übergang von einer »Philosophie der Kunst« zu einer »Ästhetischen Theorie« lag nun gerade darin, daß er die ästhetische Reduktion auf den Gegenstandsbereich, auf das Besondere, wagte, und im *Gespräch über die Poesie* ausführte, was im 252. *Athenäum-Fragment* bereits gefordert war: mit der »Selbstständigkeit des Schönen beginnen«, dieses vom »Wahren und Sittlichen« getrennt halten, d.h. jene Verschwisterung der »Schönheit« mit »Wahrheit und Güte«, von der der junge Schelling noch immer ausging, endgültig zu vergessen.

Nur infolge dieser Operation konnten sich innerhalb der Poetik des Schlegelschen Mythologieentwurfs jene erstaunlich modern

7 Hierzu K.H. Bohrer, »Friedrich Schlegels Rede über die Mythologie«, a.a.O., S. 58.

8 F.W.J. Schelling, *Philosophie der Kunst*, in: *Ausgewählte Schriften*, Frankfurt a.M. 1985, Bd. 3, S. 196.

anmutenden Kategorien der »Allegorie« und des »Mystizismus« einstellen, in denen die Loslösung von der universalistischen Referenz des klassischen Symbolbegriffs vonstatten geht. Mit Schlegels ästhetischer Terminologie verwandelt sich die bis dahin universalistische Sprache der »Philosophie der Kunst«. Besonders aufschlußreich hierfür ist der Begriff des »Unendlichen«. War er bei Schiller eine Universalmetapher innerhalb der geschichtsphilosophischen Konstruktion, so entdeckt Schlegel in dem Begriff ein »an keinen einzelnen Gegenstand« gebundenes, »unbestimmtes Streben«[9], d. h. er verwandelt eine teleologische Zielmarkierung in eine Charakterisierung selbstreferentieller, poetisch intensiver Gestimmtheit. Diese Ersetzung der universalen Grammatik, nach deren Maßgabe Schiller, Schelling und Hegel als Vertreter einer »Philosophie der Kunst« denken, durch akzidentielle Substitution, prägt Schlegels ganze aphoristische Sprache und poetologische Aphoristik (sei es der der Fragmente, sei es der der Notebooks der neunziger Jahre). So spricht er nicht, wie Schelling, von der Kunst als Darstellung des »Absoluten«, sondern spricht von der »modernen Poesie« als »absoluter Fantasie«.[10] Er ist sich seiner immer schärfer werdenden Abweichung bewußter gewesen, als es die wissenschaftskommunikative Sprache seiner gelehrten Abhandlungen manchmal denken läßt. »Es gibt für die Kunst keinen gefährlichern Irrthum, als sie in Politik und Universalität zu suchen wie Schiller.«[11]

Was innerhalb der universalen Grammatik die Terminologie des ästhetisch Partikularen leistet, das leistet innerhalb der bei Schlegel ursprünglich angelegten Geschichtsphilosophie eine Metaphorik des Kontingenten[12]: Die Strukturierung eines anvisierten Telos innerhalb der Zeit schmilzt vor dem Gewahrwerden unberechenbar auftretender »Jetzt«-Punkte. Der Momentanismus, der sich selbst begründet, nicht das anvisierte Ziel einer Menschheitsentwicklung, bekommt Dignität. Damit liefert Friedrich Schlegels Poetik die entscheidende Spaltung jener Begriffe, die »Ästhetische Theorie« fürderhin von »Philosophie der Kunst« unterscheiden

9 F. Schlegel, »Vorrede zum ›Studium‹-Aufsatz«, in: *Kritische Schriften*, hg. v. W. Rasch, München ³1971, S. 117 f.

10 F. Schlegel, *Notebooks*, a.a.O., S. 17.

11 Ebd., S. 41.

12 Vgl. Bohrer, »Friedrich Schlegels Rede über die Mythologie«, a.a.O., S. 64 f.

läßt. Fortan wird »Ästhetische Theorie« nur als ausdifferenzierte Kunst- und Literaturwissenschaft die relevanten Fragen stellen können. Der amerikanische New Criticism, der russische Formalismus und der tschechische Strukturalismus und deren Erben in der derzeitigen französischen und amerikanischen ästhetischen Theorie belegen das.

Drittes Szenario: Baudelaires Theorem der ästhetischen Moderne und seine Verkennung durch die Geschichtsphilosophie.

Als ob das theoretische Ereignis Friedrich Schlegel nicht stattgefunden hätte, hat die geschichtsphilosophisch orientierte Ästhetik dessen Tabuisierung durch die traditionelle Literaturgeschichte zwar aufgehoben, ihn aber, wie angedeutet, in ein teleologisches Raster integriert, wobei man sich hauptsächlich auf den »Studium«-Aufsatz stützte, dessen geschichtsphilosophischer Grundimpuls für eine solche Deutung gute Argumente liefert, wenn man dabei das eigentlich innovatorische Argument, das ist die Entdekkung des unvorhersehbaren »Augenblicks« und das Interesse an der Kategorie des »Zufalls«, übersieht. An diesem folgenreichen Mangel leidet H. R. Jauß' Situierung der Schlegelschen Poetik und in Konsequenz seine Analyse des Moderne-Begriffs bei Baudelaire! Das wäre eine zwar zentrale, aber doch bloß fachintern bleibende Streitfrage der Literaturwissenschaft, hätte Jauß nicht mit der am Beispiel Schlegels und Baudelaires herausgearbeiteten Moderne-Theorie eben diejenige philosophische Theorie der Moderne nachdrücklich beeinflußt, in welcher der strategisch angelegte Versuch unternommen wird, die Ansprüche der »Ästhetischen Theorie«, die wir am Beispiel Friedrich Schlegels skizzierten, im Namen des universalistischen Arguments zu erledigen: Jürgen Habermas' *Der philosophische Diskurs der Moderne* (1985). Zwar hat Habermas die Abkehr Schlegels von der Geschichtsphilosophie immerhin in Rechnung gestellt, sie aber für die Konzeptualisierung seines Moderne-Projekts wohlweislich ausgeblendet[13], obwohl er in seiner Schrift über Schelling in beipflichtendem Anschluß an Carl Schmitts Romantik-Polemik gerade Schlegels Reduktion auf den »Augenblick« hellsichtig mar-

13 J. Habermas, *Der philosophische Diskurs der Moderne*, Frankfurt a. M. 1985, S. 111 f.

kierte.[14] Ich beschränke mich auf den strittigsten Kern von Baudelaires Theorie der Moderne und Jauß' bzw. Habermas' Version von ihr. Der Angelpunkt von Baudelaires Verständnis der Moderne, auf den sich Habermas zu Recht bezieht, ist der Satz: »La modernité, c'est le transitoire, le fugitif, le contingent, la moitié de l'art, dont l'autre moitié est l'éternel et l'immuable«: »Die Modernität ist das Vergängliche, das Flüchtige, das Zufällige, die eine Hälfte der Kunst, deren andere Hälfte das Ewige und Unwandelbare ist. ... Für jeden Maler der Vergangenheit hat es eine Moderne gegeben; auf den meisten der schönen Bildnisse, die sich aus früheren Zeiten erhalten haben, tragen die Dargestellten Kleidung ihrer Zeit.«[15]

Worauf zielt diese Definition Baudelaires? Offenbar doch wohl darauf, einer jeweiligen Gegenwartskunst, deren vordergründiger Charakter das »Flüchtige« ist, ihr sozusagen traditionelles Wesen – die Ewigkeit zu retten! Es geht Baudelaire also um die Epiphanie des Schönen unter den Bedingungen einer modernen Gegenwart. Diese Intention des zitierten Satzes wird unmißverständlich erläutert durch den einleitenden Satz, der das »Etwas«, das ich als Moderne bezeichnen möchte, folgendermaßen beschreibt: »Für ihn geht es darum, der Mode das abzugewinnen, was sie im Vorübergehenden an Poetischem enthält, aus dem Vergänglichen das Ewige herauszuziehen.«[16] Das »Vergängliche« freilich wird als eine Funktion dieses »Ewigen« unverzichtbar! Aber es bleibt Funktion. Dieser reine Funktionscharakter des »Vergänglichen« ist an zwei Stellen klar ausgedrückt, im ersten Kapitel, wo es als das »relative Element« im Sinne der »Epoche«, »Mode«, »Moral«, »Leidenschaft« das »unveränderliche Element« des Schönen, das »ewige« erst genießbar macht[17], im vierten Kapitel, wo klargestellt ist, daß das »Ewige« der Schönheit ohne das Element des »Vergänglichen« der »Leerheit einer nichtssagenden abstrakten Schön-

14 J. Habermas, *Das Absolute und die Geschichte. Von der Zwiespältigkeit in Schellings Denken*, (Diss.) Bonn 1954, S. 196 f.

15 Ch. Baudelaire, *Le peintre de la vie moderne*, in: *Œuvres complètes II*, établi, présenté et annoté par Claude Pichois, Paris 1976, S. 695; dt. *Der Maler des Modernen Lebens*, in: *Sämtliche Werke/Briefe* in acht Bänden, hg. v. F. Kemp u. C. Pichois, Bd. 5 (Aufsätze zur Literatur und Kunst), München 1989, S. 226.

16 Ebd., S. 225.

17 Ebd., S. 215.

heit« verfiele.[18] Nachdrücklich geht es in Baudelaires Essay um die Begründung eines emphatischen Begriffs des Schönen, der sich nicht aus der Deduktion antiker Muster, sondern aus einer jeweiligen Gegenwart herstellt: Das bedeutet aber nicht, daß hier ein Theorem von Gegenwart oder gar implizierter Zukunft irgendwo auftauchte. Es geht darum, in der Moderne die »geheimnisvolle Schönheit« zu erreichen, die der Antike eigentümlich war.[19] Baudelaire glaubt, dieses »Geheimnis« in der Zweiheit der beiden polaren Elemente gefunden zu haben, d. h. in einem Gesetz funktional wirkender Kunstelemente, deren unübersehbares Paradigma das »Ewige« geblieben ist. Dieser Sachverhalt ist von Jauß in sein Gegenteil verkehrt worden, und Habermas folgt ihm darin: »Denn *éternel* nimmt hier die Stelle ein, die in der früheren Tradition von der Antike oder vom Klassischen besetzt war: wie das Idealschöne (*le beau unique et absolu*) hat auch das Ewige (*l'éternel et l'immuable*) als Antithese der *modernité* für Baudelaire den Charakter einer abgeschiedenen Vergangenheit.«[20]
Jauß' geschichtstheoretisch interessierte Lektüre ist offensichtlich von Baudelaires Begriff einer »vernünftigen geschichtlichen Theorie des Schönen«[21] als Gegensatz zur Theorie des »einzigen und absoluten Schönen« fehlgeleitet. Jauß kehrt deshalb – ähnlich wie die geschichtsphilosophische Fehldeutung von Friedrich Schlegel – Baudelaires rein ästhetisch interessierte Theorie des inkommensurablen Schönen, dessen Inkommensurabilität gerade eine neue Chance in der Flüchtigkeit und Kontingenz des Modernen erfährt, in eine historische Theorie emphatisch erfahrener Gegenwart um.[22]
Habermas folgt nun deutlich dieser Ausblendung des ästhetischen Projekts Baudelaires zugunsten einer angeblich vorherrschenden Theorie von Gegenwart. Dabei führt der richtige Gesichtspunkt der »Selbstbegründung«, d. h. des endgültigen Abschieds vom

18 Ebd., S. 226.

19 Ebd.

20 Jauß, *Literaturgeschichte als Provokation*, a.a.O., S. 56.

21 Baudelaire, *Der Maler des Modernen Lebens*, a.a.O., S. 215.

22 Diese Deutung ist bisher, soweit ich sehe, nur von Wolfgang Welsch kritisiert worden, der die einseitige Abtrennung des Ewigkeitsbegriffs von der Modernität schon als Verkennung der hier vorliegenden Struktur festgehalten hat. Vgl. W. Welsch: *Unsere postmoderne Moderne*, Weinheim 1987, S. 50, Anm. 15.

antiken Paradigma, in die falsche Hegelsche Richtung, nämlich Baudelaires Konzeption der Schönheit ausschließlich aus Kategorien der Zeitreflexion abzuleiten, statt die eigentlich dominierende Gegenbewegung, die Bewahrung des »Geheimnisvollen[23]« und des »äußerst schwierig« zu Bestimmenden[24] zu betonen: »in Baudelaires Verständnis« sei die Moderne »darauf angelegt, daß der transitorische Augenblick als die authentische Vergangenheit einer künftigen Gegenwart Bestätigung finden wird«.[25] Vor dieser einseitig geschichtstheoretischen Ausstattung von Baudelaires vornehmlich ästhetischem Impuls, nämlich der Gegenwart ihr eigentliches Geschenk, das ist jene geheimnisvolle Schönheit, zu entlocken, hätte eigentlich das trivialste Zeitmotiv des Baudelaireschen Textes warnen sollen: Baudelaire sagt von der Zweiteilung des Schönen nämlich, daß sie »jederzeit unweigerlich ein Doppeltes ist«[26], d. h. für jede jeweilige Gegenwart, keineswegs bloß für die Moderne: »Für jeden Maler der Vergangenheit hat es eine Moderne gegeben; auf den meisten der schönen Bildnisse, die sich aus früheren Zeiten erhalten haben, tragen die Dargestellten die Kleidung ihrer Zeit.«[27] Damit zeigt sich, daß Baudelaires dialektisches Bild von der Aktualität zwischen Zeit und Ewigkeit nicht eigentlich auf eine Theorie der Gegenwart aus ist, sondern auf eine Theorie der Kunst: Er will das Ewige der Kunst im Flüchtigen der Gegenwart retten! Und wenn diese es ermöglicht, um so besser. Das temporäre Argument bleibt einer kontemplativen Konzentration auf das Schöne nur funktional wesentlich und ist letztlich anthropologisch begründet: »Die Zweiheit der Kunst ist eine unausweichliche Folge der menschlichen Gespaltenheit. Man betrachte deshalb, wenn man so will, den ewig gleichbleibenden Anteil als die Seele der Kunst, das veränderliche Element aber als ihren Körper.«[28] In diesem Zusammenhang kritisiert Baudelaire aufschlußreich Stendhals teleologische Definition des Schönen als »der Verheißung des Glückes«, indem er das »veränderliche Ideal des Glücks« als Kriterium verwirft, um den »aristokratischen

23 Baudelaire, *Der Maler des Modernen Lebens*, a.a.O., S. 226.
24 Ebd., S. 215.
25 Habermas, *Der philosophische Diskurs der Moderne*, a.a.O., S. 18.
26 Baudelaire, *Der Maler des Modernen Lebens*, a.a.O., S. 215.
27 Ebd., S. 226.
28 Ebd., S. 216.

Charakter«[29] des Schönen dagegen zu halten. Damit ist eigentlich nicht mehr übersehbar, worauf Baudelaires Begriff der ästhetischen Moderne zielt: Nicht auf die Referenz der historisch begriffenen »Gegenwart«, sondern auf den einzigen Grund, der Gegenwart für Baudelaire überhaupt erfahrbar und erlebbar macht, die »Schönheit«. Insofern diese in der Ästhetik Baudelaires eng mit den Kategorien der »Unendlichkeit« und des »Schrekkens« konnotiert ist, wird geschichtsphilosophische Vermittlung obsolet. Deshalb ist auch Jauß' Kritik an Ernst Robert Curtius' Beziehung auf des Pseudolonginus' Schrift *Vom Erhabenen*[30] irrig: Zweifellos wird gerade die Moderne von der Imagination des Erhabenen, die in jener Schrift erstmals theoretisch gefaßt war, beleuchtet, und gerade Baudelaires Vorstellung vom modernen Schönen belegt das. Dies zu verkennen ist notwendige Konsequenz des geschichtsphilosophischen Fortschrittsschemas, dem Jauß und Habermas verpflichtet sind. Bei Jauß verschleift sich die sublime Differenz, die zwischen dem Romantizismus des Jungen Deutschland und Stendhals als dem untranszendierten Aktuellen[31] einerseits und dem gerade das Aktuelle hintergründig erfahrenden Baudelaires andererseits liegt, zu einer rein historischen Stufung einer an sich schon identischen Formation: das typische ästhetische Defizit der Literarhistorie seit Gervinus.

Daß Habermas die hier entwickelte Aussicht auf die ästhetische Theorie besonders unsympathisch ist, ergibt sich schon aus seiner frühen Kritik an Schellings Identitätsphilosophie, d. h. an deren Aufhebung der Zeitlichkeit.[32] Aber die einleuchtende Kritik an Schellings antihistorischem Denken und auch das nunmehr aufgebotene, an Schiller, Hegel, Marx und den Junghegelianern orientierte, historische Argument gerät angesichts des von Baudelaire imaginierten Schönen in einen heimlich teleologisch operierenden Zugzwang: Er glaubt, Baudelaire als Kronzeugen für eine materialistisch-historische Begründung der Kunst präparieren zu können, und als einen Baustein in einer Kritik der Nach-Nietzscheschen »ästhetischen Theorie« zu verwandeln, wo dieses Schöne sich doch gerade einem solchen Optimismus gegenüber subversiv

29 Ebd.
30 Jauß, *Literaturgeschichte als Provokation*, a.a.O., S. 13.
31 Ebd., S. 52.
32 Habermas, *Das Absolute und die Geschichte*, a.a.O., S. 196.

verhält. Habermas liest Baudelaire mit von Hegel verdorbenen Augen, er müßte ihn gerade mit Nietzsches Augen gelesen haben! Da dieser ihm aber als der eigentliche Schuldige gilt, der das Projekt der Moderne zum Entgleisen brachte, d. h. Geschichtsphilosophie und eine universalistische Philosophie der Kunst durch ästhetische Theorie ersetzte, war diese Möglichkeit nie gegeben.

11. Ist in der Ästhetischen Theorie die metaphysische Referenz überhaupt abzuwehren?

Was an diesen Szenarios einer schon mit J. A. Richards Frage von 1924 nach dem Spezifischen des »ästhetischen Zustands« begonnenen, offenbar nicht beendbaren Debatte zwischen »ästhetischer Theorie« und »Philosophie der Kunst«, zwischen Schelling und Schlegel, zu verdeutlichen war, ist das Dilemma, das Ästhetische unterhalb universaler Referenz zu theoretisieren. Ich bezweifle, daß man sehr viel weitergekommen ist; das Problem ist seit den zwanziger Jahren erkannt, nur wechseln die Kategorien seiner Erfassung nach den Sprechweisen der jeweils herrschenden Wissenschaftstrends: für Cleanth Brooks symbolistischen Begriff der »Vieldeutigkeit« nunmehr der linguistische der »Metonymie« (de Man). Als durchgängiges Leitmotiv der Referenz erwies sich seit 1800 die Geschichte, die man gegen den ästhetisch werdenden Diskurs als deren eigentlichen Gehalt – was sollte das Ästhetische selbst auch sein können – aufrechnete: Gegen Goethe die elegische Reflexion, gegen Friedrich Schlegel die teleologische Struktur, gegen Baudelaire die emphatische Gegenwart. Und der neue amerikanische Historismus argumentiert ähnlich gegen die Deconstruction-Schule. Immer wählte die kunstphilosophische oder historische Deutung diese reduktionistische Methode: Die Vielfalt ästhetischer Formen und ihre Inkommensurabilität wird auf ein meßbares Prinzip gebracht. Deshalb hat eine gegenwärtige Ästhetik die Aufgabe, eben diese Reduktion zu vermeiden. Sie kann sich dabei auf zwei Entwürfe einer ästhetischen Theorie stützen, die ideologisch zwar widersprüchlich zueinander sind, doch die entscheidende Gemeinsamkeit haben, das ästhetische Phänomen ohne metaphysische Referenz zu bestimmen: Adornos »Ästhetische Theorie« und Heideggers frühe Hölderlin-Exegese. Zwar sind beide Entwürfe am Ende wiederum durch universalistische

Widersprüche gehemmt – bei Adorno ist es das nie ganz aufgegebene geschichtsphilosophische Motiv einer negativ gefaßten Utopie, bei Heidegger eine stets lauernde, archaisierende Ontologie –, dennoch ist bei beiden eine Begrifflichkeit vorgeschlagen, die mit Friedrich Schlegels genialer Intuition Ernst gemacht hat: der Konstruktion des »Nichtidentischen« – bei Heidegger zweifellos ständig vor dem Umschlag in die neue Eigentlichkeit von Sprache als einem primären Schöpfungsakt – ist in beiden Fällen an eine Neufassung der Erhabenheits-Ästhetik geknüpft.[33] Heidegger attakkierte die Hegelsche Tradition eines »sinnbildlichen« Verständnisses der Kunst und lehnte die Repräsentationstradition ab. Es geht nach ihm bei Dichtung nicht um einen sogenannten »geistigen Gehalt« oder einen »Sinn«, sondern die Sprache produziert selbständig etwas, das sich in ihr »ereignet«. Das richtet sich ausdrücklich gegen Hegels »metaphysische« Auslegung der Kunst als Versinnbildlichung der »Idee«.[34] Die Erhabenheitsbestimmung kommt dadurch herein, daß am Beispiel des hymnischen Sprechens von Hölderlin der Modus des empirischen »Jetzt« herausgearbeitet ist.[35] Wenn hinzukommt, daß Heideggers Kunstphilosophie Subjekt und Sprache trennt, d.h. das dichterische Wort nicht zurück liest auf die Intentionalität des Autors, dann ergibt sich im Ganzen ein Begriffsfeld, das der Arbeit der zukünftigen »Ästhetischen Theorie« in der Autonomie des Ästhetischen vorauseilt. Dieser antimetaphysische Ansatz wird aber dadurch wieder aufgegeben, daß Heidegger das sich »Ereignende« als »Rätsel« des sich enthüllenden Seins liest. Adornos Skrupel gegenüber solcher letztlich doch wieder Fundamentalisierung und Substantialisierung des künstlerischen Phänomens lassen ihn den Erhabenheitsmodus vorab als *Wahrnehmungsbedingung* beschreiben. Auch ihm geht es mit Nachdrücklichkeit, ja mit Schärfe darum, die Grenze zum Idealismus, zur Identitätsphilosophie aufzuweisen und gegenüber diesen das »Nichtidentische« zu retten. Er faßt

33 Vgl. das Kapitel »Das Erhabene als ungelöstes Problem der Moderne: Martin Heideggers und Theodor W. Adornos Ästhetik«, in diesem Buch S. 92-120. Vgl. außerdem: W. Welsch, »Adornos Ästhetik: eine implizite Ästhetik des Erhabenen«, in: Ch. Pries (Hg.), *Das Erhabene*, Weinheim 1989, S. 185 ff.

34 M. Heidegger, *Hölderlins Hymne ›Der Ister‹*, in: *Gesamtausgabe*, Bd. 53. Frankfurt a. M. 1984, S. 19 f. u. S. 30.

35 Ebd., S. 7 f.

dieses Nichtidentische als »Erscheinung« eines »Anderen«, wodurch es sozusagen gegen die ihm Dauer verleihende Materialität das Aussehen von etwas »Momentanen, Plötzlichen« bekommt.[36] Diese Epiphaniebestimmung schließlich komplettiert Adorno, daß er sich nicht scheut, von Kunstwerken als »wahrhaft Nachbilder(n) des vorweltlichen Schauers im Zeitalter der Vergegenständlichung«, als einem »Schrecklichen«[37] zu sprechen, womit das Kriterium des »Unheimlich-Erhabenen«, das selbst Nietzsche nur noch mit Nostalgie den Kunstwerken der religiösen Epochen zubilligte (*Menschliches/Allzumenschliches*, § 223), nunmehr auch an moderner Kunst erkannt ist. Adornos Epiphanie des »Schrecklichen« ist die modernistische Konsequenz aus Nietzsches Begriff des »Unheimlich-Erhabenen«. Gegen Hegel gerichtet, indirekt auch die Burkesche Erhabenheits-Definition wieder aufnehmend, ist ebenfalls die Konsequenz, den Epiphaniecharakter dem Naturschönen gleichzustellen. Schließlich aber bleibt es einer nachfolgenden Ästhetik noch als Problem gestellt, wie Adorno solche Identifikation des Nichtidentischen mit dem geschichtsphilosophischen Prinzip vermitteln kann.[38]

Zweifellos verspricht Adornos »Ästhetische Theorie« für eine gegenwärtige philosophische Ästhetik noch immer mehr als Heidegger, dessen Ansätzen am Ende doch eine völlige Gleichgültigkeit und Unkenntnis moderner Literatur und Kunst im Wege stand, was seine Exegese Rilkes hinlänglich belegt. Wenn also derzeit »Ästhetische Theorie« um das Erhabenheitsmotiv kreist, dann ist sie nur in dem Maße weiterbringend, als sie nicht auf eine generelle Kulturtheorie oder gar kompensative Lebenshilfe ausgeht, sondern strikt bei der Phänomenalität des Ästhetischen bleibt. Denn in dem Moment, wenn die Erkenntnis des ästhetischen Diskurses der Kunst umschlägt in eine Ästhetisierung der Philosophie (wie bei Rorty) oder in eine Ästhetisierung der Lebenswelt (wie bei Welsch in Anlehnung an Habermas) oder aber

36 Th. W. Adorno, *Ästhetische Theorie*, Frankfurt ²1974, S. 123.

37 Ebd., S. 124.

38 Hierzu die Vermittlungsvorschläge Welschs, »Adornos Ästhetik«, a.a.O. Charakteristischerweise begründet Welsch die Dimension des Erhabenen bei Adorno nicht über jene oben angedeutete zentrale Textstelle der Ästhetischen Theorie, in der Adorno die Versöhnungsstrategie zwischen Nichtidentischem und geschichtlicher Vernunft am entschiedensten aufgibt.

in eine Kompensationstheorie (wie bei Marquard), dann werden in solcher ästhetischen Nachtbeleuchtung alle Katzen grau, dann verliert das Erhabenheitstheorem gerade sein wichtigstes Element: die Angabe von Differenz gegenüber dem Nichtidentischen. Wenn Welsch in seinem Adorno-Aufsatz die Aisthesis zur Wahrnehmung von Phänomenalität überhaupt transformiert in kulturrevolutionär-pädagogischer Absicht, wenn er gar das Heterogene der Kunst etwa für soziale Minoritäten in Anspruch nimmt[39], dann löst er gerade den Begriff der ästhetischen Wahrnehmung auf, versöhnt er gerade das Unversöhnbare und schließt es kurz mit Habermas' Intention, das »Widerspenstige« sich als Humus des lebensweltlich Unmittelbaren dialektisch der sozialen Sphäre gegenüber verdient zu machen. Wenn Odo Marquard andererseits trocken meint, das Ästhetische fungiere als Ausgleich für den Zauberverlust der modernen Wirklichkeit und er damit einen gerne gehörten Beitrag zur sogenannten Sinnkrise leistet[40], dann verkennt er eben, daß das Ästhetische vom Wirklichen schon immer getrennt war, dieses also keineswegs bloß den verlorengegangenen »Zauber« einstiger Wirklichkeiten widerspiegelt. Was in solchen praxisbezogenen Operationen zum Vorschein kommt, ist natürlich eine alte Utopie ästhetischer Theorie, die bei Friedrich Schlegel noch in ihrem ganzen eschatologischen Pathos faßbar wird, die vom Surrealismus noch einmal versucht wurde: das Leben selbst ästhetisch zu verändern, die Phantasie an die Macht zu bringen, um es mit dem Slogan von 1968 zu sagen. Wie wünschenswert oder nicht ein solches Projekt auch sein mag – die »Ästhetische Theorie« versus »Philosophie der Kunst« gewinnt davon nichts: Sobald sie darauf aus ist, verbindlichen, generell einsehbaren Sinn herzustellen, verrät sie ihren eigenen Theorieansatz, nämlich den Erkenntnisanspruch bezüglich der ästhetischen Sphäre als einer inkommensurablen. Der Ästhetiker steht nicht dem Sozialhelfer oder dem philosophischen Sinnproduzenten nahe, sondern dem Künstler, auch nicht kompatibel mit der aktuellen Erziehung zum progressiven Hedonismus. Eine solche Restriktion der »Ästhetischen Theorie« scheint an einem zentralen Motiv der Erhabenheitsästhetik festzuhalten: der Emphatisierung

39 Welsch, »Adornos Ästhetik«, a.a.O., S. 209.

40 Vgl. O. Marquard, »Entlastungen«, in: *Apologie des Zufälligen. Philosophische Studien*, Stuttgart 1987, S. 27.

des Kunstdings als einer unvergleichbaren Epiphanie. Damit aber droht ihr eben das, was sie gegenüber der »Philosophie der Kunst« gerade loswerden wollte: die metaphysische Referenz! Schon der Begriff »Epiphanie« verweist auf die theologische Vorstellung vom plötzlich erscheinenden Gott bzw. eines Gottes, der sich dem von ihm Geblendeten offenbart.

Der Begriff des »Ereignisses«, den Lyotard von Heidegger auslehnend seinerzeit für seine Ableitung des Erhabenen im Kontext der modernen Kunst (Baruch Newman) aufbot, wendet die Möglichkeit metaphysischer Referenz ebenfalls nicht eindeutig ab, die abzuwenden Lyotard gerade große Anstrengungen unternimmt, weshalb sein Versuch besonders ernst zu nehmen ist.[41] Wie hat er die metaphysische Referenz abzuwehren versucht?

Dadurch, daß er das Ereignis der erhabenen Epiphanie, die er mit Newmans Kategorie des »Now« erläutert, strikt von dem trennt, was man unter dem Begriff des »gegenwärtigen Augenblicks« versteht, »der sich zwischen Zukunft und Vergangenheit zu halten sucht.«[42] Ein solches »now«/jetzt sei als eine »Ekstase« der Zeitlichkeit vom Bewußtsein kontrolliert. Das »Jetzt« des modernen ästhetisch Erhabenen hingegen sei gerade das, welches das »Bewußtsein außer Fassung« bringe.[43] Mit einer solchen Vermeidung der metaphysischen Referenz wiederholt Lyotard zunächst nur, ohne ihn zu nennen, Nietzsches Definition des Bewußtseinsverlusts im dionysischen Akt und präzisiert diesen mentalen Zustand mit dem Hinweis auf die reine Vorgängigkeit des »daß« etwas geschieht, was wiederum André Breton im *Ersten Manifest des Surrealismus* (1924) schon als das Geheimnis einer unvorhergesehenen Erscheinung dargestellt hat: das Erhabene als das Unbestimmte. Soweit, so gut, wenn auch noch nicht eigentlich weitergedacht. Wo Lyotard das ästhetisch Unbestimmte weiterdenkt, scheint sich aber nun doch eine metaphysische Referenz einzuschleichen[44], und zwar steckt im emphatischen Projektcharakter seines Erhabenheitsbegriffes, das nicht Darstellbare darzustellen, keine strikt ästhetische, sondern eine kulturkritisch-

41 J. Lyotard, »Das Erhabene und die Avantgarde«, in: *Merkur* 424 (1984), S. 151-164.

42 Ebd., S. 152.

43 Ebd..

44 Vgl. hierzu auch Welsch: »Adornos Ästhetik«, a.a.O., S. 207.

philosophische Referenz. Sein Satz: »Was Denken genannt wird, ist zu entwaffnen« enthüllt eine ideologische Absicht, die sich negativ gerade eben auf die universalistisch-metaphysische Tradition bezieht und damit dem verfällt, dem sie entgehen will. In dem Gespräch mit Lyotard hat Christine Pries diesen Projektaspekt verschärft, indem sie fragte, ob Lyotard fordere, daß Kunst von der »Präsenz Zeugnis ablegen muß«, was dann doch eine »normative« Qualität wäre.[45] Und im Zuge des Gesprächs fragt sie auch, inwiefern Lyotard eine »Idee der Gerechtigkeit« verfolge, womit er in eine »prämoderne Theologie« zurückfalle.[46] Es steckt in Lyotards Umkehrung oder Umkehr der erhabenen Vorstellung des Ereignisses, dem »es geschieht nichts«, zudem eine teleologische Möglichkeit, wie sie folgender Satz hinlänglich erläutert: »... daß nichts geschieht, daß es nicht weitergeht, daß die Wörter, die Farben, die Formen oder die Töne fehlen, daß der Satz der letzte sein wird, daß das Brot nicht täglich ist. Dieses Elend erwartet den Maler, wenn er mit der bildnerischen Oberfläche zu tun hat, den Musiker vor der *surface sonore*, den Denker vor der Wüste des Denkens usw. Nicht nur vor der weißen Leinwand oder der weißen Seite, zu ›Beginn‹ des Werks, sondern jedesmal, wenn etwas auf sich warten läßt, d. h. in Frage steht, vor jedem Fragezeichen, jedem *was nun*?«[47]

Lyotard konnotiert das »Ereignis« der Erwartung des sich Nichtereignens immer wieder mit philosophisch konnotierten Affekten der Existenz[48], distanziert sich gleichzeitig aber davon, das »ästhetische Problem« zu ontologisieren.[49] Diese Zweideutigkeit belegt, daß sich bei ihm die »Ästhetische Theorie« noch immer nicht von dem Interesse einer »Philosophie der Kunst« trennen konnte. Nur deshalb kann er eine »Affinität zwischen Kunst und Philosophie« bejahen.[50] Vielleicht ist ihm als Philosophen die Negation des universalen Aspekts ein Undenkbares in dem Sinne, in dem man auch beim Zufallspathos der Avantgarde auf deren heimliche Voraus-

45 J.-F. Lyotard, »Das Undarstellbare – Wider das Vergessen«, in: Chr. Pries (Hg.), *Das Erhabene*, a.a.O., S. 323.

46 Ebd., S. 327.

47 Lyotard, »Das Erhabene und die Avantgarde«, a.a.O., S. 153.

48 Ebd., S. 153, u. Lyotard: »Das Undarstellbare – Wider das Vergessen«, a.a.O., S. 328.

49 Ebd. 50 Ebd., S. 334.

setzung, den Werkcharakter, hinweisen könnte.[51] Ist die metaphysische Referenz überhaupt abzuwehren?
Sie ist nur dann abzuwehren, wenn es glingt, die Epiphanie: das Ereignis – ich fasse solches einmal unter der phänomenologischen Kategorie der Plötzlichkeit zusammen – in ihrer kontingenten ästhetischen Phänomenalität zu fassen, was Lyotard sich selbst sogar versichert.[52] Ich meine, daß dies möglich ist. Dazu wäre hilfreich, sich der ursprünglich rhetorischen Bestimmungsmerkmale des Erhabenen noch einmal zu erinnern, wie sie in der Schrift des Pseudolonginus formuliert sind: 1. Die erhabene Rede zielt nicht auf die »Überzeugung«, sondern auf die »Erregung« des Hörenden bzw. Lesers.[53] 2. Das geschieht durch die »blitzartige«, d. h. hier nicht etwa Göttliches repräsentierende, sondern überraschend innovatorische Unterbrechung eines Erwartungszusammenhangs.[54] Bezieht man diese beiden rhetorischen Bestimmungsmerkmale auf die vor- und nachromantischen Theorien des Erhabenen, die deren moderne Theorie absehbar ernähren, Burke und Nietzsche, dann ließen sich abermals Kontingenzbegriffe gegenüber Metaphysik konstruieren: Der »Schrecken« Burkes wäre zu lesen als Einbruch des Unbekannten: nicht als Repräsentanz eines Transzendenten, sondern als die unsymmetrische Unterbrechung des pragmatisch Gelebten. Der dionysische »Schrecken« Nietzsches wäre nicht als Reflex eines »Urschmerzes[55], sondern als »Schein des Scheins«[56] festzuhalten. Diesen rhetorisch gefaßten Kriterien eines nichtmetaphysisch Erhabenen haftet im Sinne des Theorieanspruchs einer »Philosophie der Kunst« absehbar ein Nachteil an: Sie reflektieren auf die Modalität des ästhetischen Bewußtseins hin, nicht auf das Erscheinende selbst. Sie sind im Sinne Schellings und Hegels »Psychologie der Künste«. Ich möchte dagegen den Begriff »Phänomenologie der Künste« vor-

51 Hierzu: F. Koppe, *Grundbegriffe der Ästhetik*, Frankfurt a. M. 1982, S. 180.
52 Lyotard, »Das Undarstellbare«, a.a.O., S. 328.
53 Pseudo-Longinus, *Vom Erhabenen*, Griechisch und Deutsch. Von R. Brandt, Darmstadt 1966, S. 29.
54 Ebd., S. 31.
55 F. Nietzsche: *Die Geburt der Tragödie*, in: Kritische Studienausgabe, a.a.O., Bd. 1, S. 39.
56 Ebd. Vgl. hierzu: K. H. Bohrer, »Ästhetik und Historismus: Nietzsches Begriff des ›Scheins‹«, in: ders., *Plötzlichkeit*, a.a.O., S. 111-125.

ziehen, weil es letztlich nicht um das Interesse an psychischen Vorgängen im empfangenden Subjekt geht, wie es die moralisch-psychologische Rezeptionsästhetik (Aristoteles/Lessing) bzw. das transzendentale Interesse (Kant/Schiller) kennzeichnete, die beide mehr Anthropologie denn Ästhetik waren, sondern um den Zustand der ästhetischen Erfahrung, die eben eine ästhetische, keine andersartig psychische ist. Der Begriff *ästhetische Erfahrung* müßte im Kontext der Erhabenheits-Ästhetik (Schrecken, Plötzlichkeit) noch einmal überprüft werden.
Ich hatte eingangs die »Kunst« als Kriterium »Ästhetischer Theorie« zitiert. Damit war zunächst die Abgrenzung gegenüber den Ansprüchen der »Philosophie der Kunst« gemeint. Nunmehr kann man am Ende die andere Abgrenzung, die vielleicht noch herausfordernder wirkt, nennen: die gegenüber dem Leben: so wie große Kunst das Leben nicht unmittelbar spiegelt, so ist »Ästhetische Theorie« auch kein Anwalt des Lebens. Natürlich gibt es eine Relation. Es ist möglich, daß das Leben oder die Gesellschaft eine solche Kunst und Literatur, die den Kriterien einer hier beschriebenen »Ästhetischen Theorie« angemessen wäre, langfristig nicht mehr hervorbringt. Ohne dies zu werten, wäre »Ästhetische Theorie« dann im Stande, einen solchen radikalen Wechsel des kulturellen Paradigmas genau zu benennen. Sie ließe sich nicht vom Hedonismus des Alltagslebens oder dem Ästhetisch-Werden des Diskurses verführen, diesen Wechsel teleologisch hochzurechnen als zivilisatorischen Progreß oder kulturkritisch abzuwerten als Verfall. Sie würde aber sagen können, warum mit ihm das Inventar einer künstlerischen Semantik unbesetzt ist, ob und inwiefern dies wirklich eine Veränderung unserer Bewußtseinstradition bedeutet. Sie würde sich auch nicht von einer angeblichen Rückkehr der Geschichte, d.h. einer scheinbar impliziten Rückkehr geschichtsphilosophischer Denkmöglichkeiten täuschen lassen. Die wirkliche Veränderung, die umgeht, betrifft die Aisthesis als ästhetische Wahrnehmung. Insofern ist »Ästhetische Theorie« oder Ästhetik die eigentliche Theorie des Zeitalters. Das »Verstummen der Philosophie vor der Kunst« hat seine Ursache nicht darin, daß sie auch angesichts der Lebensprobleme schweigt[57], sondern weil sie von Kunst apriori begrifflich unter- bzw. überboten wird.

57 Hierzu: Koppe, *Grundbegriffe der Ästhetik*, a.a.O., S. 119.

Zeit und Imagination
Das absolute Präsens der Literatur

1. Geschichte als anmaßender Begriff und die paradoxale geschichtsphilosophische Erbschaft der modernen Literatur

1.1. Der entscheidende Einwand vernunftorientierter Philosophen, Geschichtstheoretiker und Soziologen gegen das sogenannte postmoderne ästhetische Denken richtet sich gegen dessen Verzicht auf die Kategorie Zukunft.[1]

1 Jürgen Habermas, Jörn Rüsen und Gérard Raulet, um drei repräsentative Beispiele zu nennen, haben diesen Einwand auf unterschiedliche Weise begründet und ein Gegenprogramm zu diesem Verzicht entworfen, sei dieser Verzicht nun Odo Marquardts *Abschied von der Geschichtsphilosophie*, Jean Baudrillards Theorie einer zukunftslosen Gegenwart oder Paul Virilios *Ästhetik des Verschwindens*. Habermas hat sein Gegenprogramm, das ist das Projekt einer unvollendet gebliebenen und daher zu vollendenden Moderne, unter anderem in einer Auslegung des ästhetisch-philosophischen Diskurses nach 1800 unter strikt zeitlichen, das heißt Hegelschen Kategorien unternommen, indem er nicht nur das Fortschreiten der philosophischen Reflexion, Kant-Fichte-Hegel-Marx, sondern auch die ästhetische Imagination diesem Hegelschen Prozeßschema rigide unterwarf: Baudelaire wird dabei sozusagen für das Projekt eines linearen Fortschrittsbegriffs gerettet, während Nietzsche den Beginn jener »schwarzen Schriftsteller des Bürgertums« (*Der philosophische Diskurs der Moderne*, Frankfurt a.M. 1985, S. 130. Näheres hierzu S. 130ff. dieses Buches) darstellt, die in den französischen Poststrukturalisten Foucault und Derrida – zu Lyotard äußert sich Habermas nicht – die ästhetisierend-geschichtsfernen Epigonen gefunden hätten. Der Bielefelder Geschichtstheoretiker Jörn Rüsen besteht auf der Kategorie Geschichte als universalem Prozeß der Selbstbefreiung des Menschen (*Zeit und Sinn. Strategien historischen Denkens*, Frankfurt a.M. 1990, S. 27) und nennt gegenüber den »Orientierungsdefiziten des postmodernen historischen Denkens« (ebd., S. 245) das, worauf man nicht verzichten könne: nämlich Modernitätserfahrung, aufklärende Rationalität und methodische Theoretisierung (ebd.). Instinktsicher verbleibt Rüsen mit solchen konventionellen Begriffen innerhalb einer reinen Methodendiskussion moderner Historik, das heißt, er begibt sich nicht auf das gefährliche Terrain der Ästhetik, so daß der Anspruch seines Rationalitätsbegriffs nicht absolut gesetzt ist, wie der von Habermas; aber es kann kein Zweifel aufkommen, daß sein Gegen-

Was die verschiedenen theoretischen Modelle gegen die unübersichtliche Beliebigkeit des postmodernen Diskurses mit allen pragmatisch-politischen Einreden gegen das postmoderne Denken verbindet, ist die Angst vor einem sogenannten ästhetischen Ende der Geschichte oder genauer: einer Auflösung historischer Kategorien in ästhetische. Ich werde im folgenden zu zeigen versuchen, inwiefern es sich dabei um eine falsche Alternative handelt, da das Ästhetische entgegen einer zweihundertjährigen falschen Annahme einerseits nie im Historischen seinen Begriff finden kann, das Historische andererseits keineswegs notwendigerweise von dem Mündigwerden des Ästhetischen bedroht ist, auch wenn das Derrida oder Rorty schadenfroh so sehen mögen. Ich bin an einer solchen späten Rache des Ästhetischen am Universalismus nicht interessiert, sondern nur an einer Autonomie des Ästhetischen selbst. Bedroht ist die Geschichtsphilosophie und das historische Denken von seinen eigenen Illusionen.

1.2. Die Angst des Philosophen und Historikers vor einem ästhetischen Finale rührt her aus der Selbstverständlichkeit der totalen Vorherrschaft geschichtsphilosophischer Begriffe nicht nur in

entwurf zur Postmoderne sich umstandslos der Habermasschen Diagnose anschließen ließe, wie sich paradigmatisch an seiner letztlich rationalistisch-aufklärerischen Inanspruchnahme von Goyas Capricho *Der Traum der Vernunft erzeugt Ungeheuer* erweist (ebd., S. 240, 247; zur komplexen Symbolik des Goyaschen Zeichensystems vgl. André Stoll, *Merkur* 516, März 1992). Gérard Raulet schließlich, der Pariser Literaturwissenschaftler, geht radikaler vor: Geleitet von Max Horkheimers Pessimismus sucht er Ansätze gegen die »gehemmte Zukunft«, gegen die »Krise der Emanzipation«: Dem Defätismus, sich von der Kategorie der Geschichte zu verabschieden und statt dessen der Zweideutigkeit von Entscheidungssituationen zu vertrauen, wie es Raulet auch dem Habermas der *Theorie des kommunikativen Handelns* anlastet (*Gehemmte Zukunft. Zur gegenwärtigen Krise der Emanzipation*, Darmstadt und Neuwied 1986, S. 222), stellt er eine Blochsche »konkrete Utopie« nach »dem Ende der Utopie« im Sinne Blochs entgegen (ebd., S. 225 f.). Nicht der »Kairos«, die postmoderne Gelegenheit, die Lyotard favorisiere und damit zu einem unverbindlichen »Subjektivismus« regrediere (ebd., S. 228), sondern die Notwendigkeit objektiver Kriterien wird betont, wie sie Bloch in seiner ästhetischen Geschichtsphilosophie festgehalten habe (ebd., S. 250), indem er zwar auf vorgegebenen Sinn, das heißt teleologische oder ontologische Begründung verzichte (ebd., S. 251), den Sinn aber aus dem Material selbst heraushole.

Philosophie, sondern auch in Literatur und Literaturgeschichte. Foucault sprach angemessen von einer »Verinnerlichung des Gesetzes der Geschichte«.[2] Wenn ich hier also von »Geschichte als anmaßendem Begriff« spreche, dann meine ich das in Hinsicht auf diesen »gewalttätigen« Lauf der neueren deutschen Philosophie seit 1800[3], die Geschichte und Geschichtlichkeit als selbstverständliche Begründungsmerkmale aller Sphären des Geistes festlegte. Das nahm, nachdem schon Herder die Geschichte verabsolutiert hatte[4], seinen Anfang durch die mächtige Geschichtsphilosophie und Ästhetik des Doppelgestirns, das am Anfang vor allem des deutschen modernen Diskurses stand: Schiller und Hegel. Das Hegelsche Diktum, Philosophie sei in Gedanken gefaßte Zeit, war im Sinne seines Anspruchs zu generalisieren: Poesie ist in Imagination gefaßte Zeit. Darin lag der Irrtum. Die Zeit, das ist eine auf Zukunft hin perspektivierte »Gegenwart«, ist seit Hegel bis Habermas immer die als prima causa gesetzte Kategorie: In Schillers Begriff der »Unendlichkeit« findet diese Setzung ihren vielsagenden ersten Fokus, denn »Unendlichkeit« meint bei ihm die teleologisch vollendete Zeit, während der Begriff »Unendlichkeit« in Romantik und Nachromantik (Baudelaire) entzeitlicht wurde.[5] Nicht zuletzt gerade Schillers Entwurf einer »ästhetischen Erziehung« brachte den Begriff des »Ästhetischen« in unauflösbare Verklammerung mit einem realgeschichtlichen Gehalt. Hegel wiederum ging in dieser Verklammerung begrifflich noch weiter: Indem er die ästhetische Versöhnung bei Kant und Schiller kritisierte[6], machte er den objektiven Stand der Geschichte, den Prozeß des Geistes zu sich selbst, zum Richter der künstlerischen Produktion. Er kündigte zwar nicht das Ende der Kunst an, wie fälschlich immer wiederholt wird, wohl aber das Verlustiggehen »an höchste(r) und absolute(r) Weise..., dem Geiste seine wahrhaften Interessen zum Bewußtsein zu bringen« (Einleitung zu den *Vorlesungen über die Ästhetik*). Und wer konnte diesen Verlust vermelden? Wer war der »Prüfstein« ästhetischer Erscheinungen und ihrer Wirkung auf uns? Nichts anderes als Hegels Theorie der

2 *Von der Subversion des Wissens*, Frankfurt a. M. 1987, S. 49.

3 Vgl. Wilhelm Schmidt-Biggemann, *Geschichte als absoluter Begriff*, Frankfurt a. M. 1991.

4 Ebd., S. 35.

5 Hierzu: Bohrer, *Die Kritik der Romantik*, a.a.O., S. 72.

6 Vgl. Rüsen, *Ästhetik und Geschichte*, Stuttgart 1976, S. 22.

Geschichte. Heinrich Heine hat, sofern er als ein Schüler Hegels sprach, dieses Kriterium der Geschichte, oder sagen wir noch genauer: das neue Kriterium einer Verzeitlichung für folgende Generationen sogenannt progressiver Schriftsteller in Anschlag gebracht, indem er das Bewußtsein von »Gegenwart« zum Kriterium eines neuen Typus des Schriftstellers erhob und vom »Ende der Kunstperiode« sprach. Diese finalen Ansagen des Endes der Kunstperiode, des Endes der Kunst als höchstes Bewußtsein, des Endes Gottes, des Endes der Metaphysik, die das 19. Jahrhundert durchlaufen, waren gleichzeitig Ansagen eines besonderen Futurs: des Beginns einer engagierten Literatur, des Beginns des vollendeten Geistes, des Beginns des Übermenschen, des Beginns einer endgültigen Emanzipation von religiöser Autorität. Die Geschichte trat in das neue Vakuum als Geschichtsroman, als Geschichtstragödie. So sehr mächtig wurde sie als alles determinierende Kategorie, daß Nietzsches frühe Kulturkritik sich auf eine Abrechnung exklusiv mit ihr konzentrierte (*Vom Nutzen und Nachteil der Geschichte für das Leben*, 1874). Die künstlerischen Avantgarden, Expressionismus, Surrealismus, Futurismus, des beginnenden 20. Jahrhunderts und ihre nachfolgenden Enkel und Epigonen der fünfziger und sechziger Jahre waren, jedenfalls programmatisch, gekennzeichnet von dieser Perspektive der Verzeitlichung und sei es nur durch den Anspruch des immanenten Fortschritts der Anwendung neuer Materialien und Forminnovationen. Wie wir sehen werden, verstellte diese vor allem theoretisch geführte Argumentation mit einer jeweils »neuen« Zeit den Sachverhalt, daß die künstlerische Form selbst sich schon bei Heine, ganz zu schweigen von den surrealistischen fiktiven Texten, anders darstellte und die Rede von der Zeit als angeblich eigentlichem Kriterium sich bloß den vorherrschenden philosophischen und ideologischen Motiven verdankt, also sekundärer Natur ist! Die philosophische und wissenschaftliche Rede hingegen stand und steht aus eigenem Recht zunehmend und noch immer im Zeichen der Zeitkategorie. Ich verweise nur auf die Literaturgeschichtsschreibung des 19. Jahrhunderts, die seit Gervinus literarisch-ästhetische Daten analog zur Ereigniskette der Geschichtswissenschaft las und sich ausdrücklich nicht für die künstlerische Phänomenalität der Werke interessierte.[7] Obwohl

7 Vgl. Bohrer, *Die Kritik der Romantik*, a.a.O., S. 221-235.

diese historische, dann positivistische Methode korrigiert worden ist durch auf das sprachliche Material selbst ausgerichtetes Erkenntnisinteresse (New Criticism, russischer Formalismus, Prager und französischer Strukturalismus), sollte man nicht übersehen, inwiefern die Zeitkategorie eine beherrschende Position behielt, wie die geschichtstheoretischen und literaturgeschichtlichen Arbeiten von Szondi und Jauß belegen. Vornehmlich letzterer hat trotz seiner Einsichten in die Differenz von Geschichte und Kunstgeschichte[8] Kunst und Kunstgeschichte für Einsichten in die Geschichte funktionalisiert.[9] Jauß ist für den Zeitgeist deutschsprachiger hermeneutischer Wissenschaft überaus signifikant, als selbst die sich ausdrücklich auf das literarische Phänomen richtende Fragestellung – »Fragehorizont« ist der aufschlußreiche, aus der Phänomenologie entliehene Terminus – nicht eigentlich an der Kunst, sondern an deren Geschichtlichkeit (»Krisenmoment«, »Ereignis-Struktur«) bzw. an einer geschichtlich bewußten Wahrnehmung interessiert ist: Hermeneutische Erkenntnis bleibt historische Erkenntnis, nicht ästhetische. Daß dies sich so verhält, mag am Epochenparadigma der wichtigen geistes-, ideengeschichtlichen und geschichtstheoretischen Arbeiten liegen, deren repräsentative Titel die am Zeitproblem orientierte wissenschaftliche Neugierde und ihre Erfolgsstory belegen: Löwith *Weltgeschichte und Heilsgeschehen*, Blumenberg *Lebenszeit und Weltzeit*, Habermas *Strukturwandel der Öffentlichkeit*, Koselleck *Zur Semantik geschichtlicher Zeiten*. Die Entdeckung der um 1800 einsetzenden verschärften Verzeitlichung der sozialen und historischen Abläufe (Koselleck[10]), die Aufdeckung von »Epochenschwelle und Epochenbewußtsein« und des »vorwärtsgerichteten Horizonts«[11] bedeutete für das wissenschaftliche Denken eine szientifische, eben verzeitlichende Revision jenes die westdeutsche Nachkriegsuniversität prägenden »existentiellen« Zeitbewußtseins im Schatten von Heideggers *Sein und Zeit*.

1.3. Der Aufschrei der philosophischen und historischen Wissen-

8 Vgl. *Literaturgeschichte als Provokation*, a.a.O., S. 211.

9 Ebd., S. 212.

10 Reinhart Koselleck, *Vergangene Zukunft. Zur Semantik geschichtlicher Zeiten*, Frankfurt am Main 1979, S. 321.

11 Thomas Luckmann, »Gelebte Zeiten«, in: *Epochenschwelle und Epochenbewußtsein*, Poetik und Hermeneutik, Bd. XII, München 1987, S. 287.

schaft gegen die neuere Ästhetik, wie ich nunmehr verkürzt die Opposition nennen will, gilt bei Licht besehen also einem dramatischen Kompetenzverlust: Ihre Lieblingskategorie, Geschichte, Geschichtlichkeit, Zukunft, verliert innerhalb einer neueren Ästhetik an Währungskraft: Man beginnt dort über das Literarische, die Kunst nicht mehr vornehmlich in Begriffen der historischen Zeit zu reden. Nun ist dieser Vorgang keine Manipulation in ideologischer Absicht (also etwa wiederum das »Sein« gegen die »Zeit« auszuspielen), auch wenn das bei einigen neueren Franzosen diesen Anschein hat, sondern läßt sich durch eine vorurteilsfreie semantische Analyse bestätigen. Diese wird an den Tag bringen, daß schon die Literatur der gerne für die Geschichtsphilosophie und die Perspektive des Futurs in Anspruch genommenen Schriftsteller des frühen 19. Jahrhunderts, Friedrich Schlegel, Heinrich Heine, Georg Büchner, einen Widerspruch zwischen ästhetischer Form und progressiver Rede verbirgt, der die Vermutung nährt, daß es mit der Zeit und Zukunftskategorie in der Kunst schon damals nicht weit her war, daß diese immer schon eine von außerkünstlerischen Interessen aufoktroyierte gewesen ist, ein Widerspruch, den Aby Warburg schon zwischen auf die Renaissancekunst gerichteter Fortschrittserwartung einerseits und bestimmten manieristischen Formdetails der florentinischen Malerei andererseits als fruchtbares Problem wahrnahm.[12] Ein kurzer Blick darauf, wie sich dieser Widerspruch am Beispiel der drei genannten Autoren zwischen 1800 und 1830 darstellt, soll Vorbereitung sein für die systematische Diskussion des Zeitproblems im zweiten Teil, wo ich auf den Widerspruch zwischen Geschichtsphilosophie und Ästhetik nicht mehr eingehen werde, da der Anspruch ersterer in der klassischen Moderne längst aufgegeben ist: Friedrich Schlegel, der bekanntlich das prominente Opfer von Heines Romantikkritik wurde, wobei gerade der Vorwurf des »Gegenwarts«-Verlustes und der mangelnden Zukunftsperspektive entscheidend war, war entgegen Heines Behauptung gerade von einer eschatologisch geleiteten Geschichts- und Literaturphilosophie ausgegangen, wofür seine erste große Abhandlung, der *Studium*-Aufsatz (1795/97), wesentliche Aphorismen der *Athenaeum-Fragmente* (1798) – so etwa das Fragment über

12 Hierzu Ernst H. Gombrich, *Aby Warburg. Eine intellektuelle Biographie*, Frankfurt a. M. 1981, S. 66.

die romantische Poesie als eine »progressive Universalpoesie« oder das Fragment über die Französische Revolution als eine der drei »größten Tendenzen des Zeitalters« – stehen so wie einige prophetische Reden zur eschatologischen Situiertheit des Zeitalters (in *Rede über die Mythologie* und *Über die Unverständlichkeit*, beide 1800). Schlegels geschichtsphilosophischer Ansatz ist zu Recht als eine Antizipation der dialektischen Geschichtsphilosophie seines größten Kritikers, Hegel, gesehen worden[13] und wird gemeinhin mit den zentralen Begriffen der frühidealistischen Philosophie für kompatibel erachtet. Nun läßt sich aber zeigen, inwiefern die geschichtsphilosophischen Ansätze in dem Maße zurücktreten, als eine primär ästhetische Theorie sich auszubilden beginnt. Ich frage hier nicht nach einer mehr oder weniger zufälligen oder leicht erklärbaren Verschiebung innerhalb des Denkens Friedrich Schlegels. Vielmehr geht es um eine Art Gesetz, um die Entstehung eines Gesetzes, das lautet: In dem Maße, in dem das theoretische Interesse an ästhetischen Phänomenen zunimmt, verliert sich die geschichtsphilosophisch-utopische Perspektive oder sie nimmt die Form einer vordergründig sich aus dem gelehrten Diskurs ergebenden Rhetorik an. Innerhalb des *Studium*-Aufsatzes zeigt sich diese Substitution des geschichtsphilosophischen durch das ästhetische Argument im Auftreten der gegenteleologische Kategorien des »Zufalls« und des »günstigen Moments«, einer dezisionistischen Ausprägung der Epochen- und Gegenwartserwartung.[14] Auch der Begriff »Revolution« tritt wiedersprüchlich und zunehmend einer politischen Bedeutung entfremdet als »Ereignis«-Metapher auf.[15] Blickt man auf die Entwicklung der vorherrschenden Begriffe zwischen *Studium*-Aufsatz (1795), *Wilhelm Meister*-Rezension (1798) und *Gespräch über die Poesie* (1800), so wird eine Transformation von ästhetischer Utopie zur Utopie des Ästhetischen sichtbar.[16] Diese ist selbst gewiß historisch verursacht – sozusagen Resultat einer über die Revolution enttäuschten, um 1800 einsetzenden historischen Resignation –, aber diese historische Bedingung schafft kein Argument

13 So Ernst Behler, *Friedrich Schlegel und Hegel*, in: *Hegel-Studien*, hg. v. F. Nicolin u. O. Pöggeler, Bonn 1963, S. 204.

14 Vgl. Bohrer, »Friedrich Schlegels Rede über die Mythologie«, a.a.O., S. 64f.

15 Ebd., S. 62f.

16 Ebd., S. 52ff.

gegen den einsetzenden Erkenntnisprozeß über ästhetische Phänomene. Es ließe sich diese an Schlegel auszuführende Einsicht an anderen, ebenso eigentlich gegenläufigen, das heißt zunächst an Geschichtsphilosophie und Teleologie orientierten Erscheinungen, namentlich Heinrich von Kleist, variieren, der in seiner Abhandlung *Über die allmähliche Verfertigung der Gedanken beim Reden* (1805/06) die Idee der Revolution reduzierte auf ein phänomenologisches Merkmal plötzlicher Ereignishaftigkeit, zumal einer Ereignishaftigkeit von scheinbar Ephemerem (dem »zweideutigen Spiel an der Manschette«).

Heinrich Heine und Georg Büchner, unsere weiteren Exempel, bieten den besonderen Vorteil, daß nunmehr das historische Denken des 19. Jahrhunderts sich durchgesetzt hat und gerade diese beiden Schriftsteller, wie keine anderen mehr, von der Perspektive historischer und politischer Zukunft geprägt waren, nicht zuletzt durch die Perspektivierung der zwar im Abstand von vierzig Jahren aufeinander folgenden Pariser Revolutionen[17], für die sie emphatisch Partei ergriffen haben: Als die beiden klassischen progressiven deutschen Autoren des 19. Jahrhunderts gingen sie denn auch in die Literaturgeschichte ein. Diese Einschätzung bleibt solange sinnvoll, solange man ihre politische und historische Zukunftsorientiertheit nicht über ihrem literarischen Werk noch einmal abbildet, wie das durchweg geschehen ist. Ich meine damit folgendes: Die Idee der Revolution stellt sich in Heinrich Heines Werk nicht als diskursives Argument, Forderung oder auch bloß politisch-philosophische Kategorie ein, wie sie dies in Fichtes oder Hegels Schriften tut, sondern als ein Phantasma: Die Erwähnung, die Schilderung der Revolution (von 1789 oder von 1830) ist immer eine Phantasie über die Revolution: als Identifikation mit dem moralisch Erhabenen (so in Heines Interpretation von Delacroix' Gemälde *Die Freiheit führt das Volk*), als Naturmythos, als ästhetischer Traum einer Legende (so in der Interpretation von Horace Vernets Bild von Camille Desmoulins). Auf diese Weise werden politisch-historische Daten in romantische Topoi verwan-

17 Hierzu Bohrer, *Zeit der Revolution – Revolution der Zeit. Die Hermeneutik revolutionärer Gegenwart bei Friedrich Schlegel (1795/1800) und Heinrich Heine (1831/1855)*, in: *Die Ideen von 1789 in der deutschen Rezeption*, hg. v. Forum für Philosophie, Bad Homburg 1989, S. 140ff.

delt: Der historische Robespierre etwa nimmt die Züge des schlechthin »Einsamen« an, eines literarischen Topos also, wobei selbst die Assoziation mit Christus' letzter Nacht am Ölberg nicht vermieden ist. Eine andere Grundfigur solcher Phantasie über die Revolution liefert Georg Büchner. Die Forschung der letzten beiden Jahrzehnte hat materialistisch-politische Begründungen für diese Phantasie geliefert, um gegenüber der existentiell-pessimistischen Deutung der fünfziger und sechziger Jahre den revolutionären Büchner zu retten, nicht zuletzt seinen berühmt gewordenen Brief vom 10. März 1834 über den »Fatalismus der Geschichte« zu integrieren in ein progressives, zukunftsorientiertes politisches Gesamtkonzept des Autors.

Wahrscheinlich ist eine solche »revolutionäre« Deutung des Zeitgenossen Georg Büchner, der sich auch nach dem »Fatalismus«-Brief für eine zukünftige Revolution konkret engagiert hat, autobiographisch zutreffend. Aber solche autobiographische Identifikation ist noch nicht die angemessene Deutung des literarischen Phänomens. Die qua sozialpolitischer Dokumentation sorgfältig ermittelte politische Intentionalität des hessischen Revolutionärs Büchner[18] über die ästhetische Struktur seines Dramas zu streifen bedeutet, daß man deren spezifische Absagen an sozialpolitische Interessenlagen und Kategorien der Selbsterhaltung übersieht. In dieser Sprache dominieren nämlich die Motive des Todes, der Erotik und der Einsamkeit. Und zwar nicht bloß als Mittel psychologisch-naturalistischer Charakteristik eines defätistisch gewordenen Helden, sondern qua Selbstreferenz einer kontemplativen Sprache. Entscheidend für unser Thema ist die Konsequenz aus diesem semantischen Befund: Selbst bei Autoren, deren progressive, zukunftsorientierte »Ideologie« als politische Zeitgenossen und Pamphletisten unbestreitbar ist, wird auf der rein literarisch-ästhetischen Ebene diese Zeitperspektive eingezogen. Es ist sogar zu erwägen, ob diese Konsequenz in der künstlerischen Darstellungsweise nicht sogar auf die diskursiv-ideologische Ebene zurückgeschlagen hat und die Kategorie der Zukunft zugunsten reiner Gegenwärtigkeit auch in der Theorie auslöschte: So hat Heine in einer 1830 geschriebenen Kritik an der deutschen Geschichtsschreibung und Geschichtsphilosophie (*Verschieden-*

18 Vor allem von Thomas Michael Mayer »George Büchner I/II«, in: *Text und Kritik*, München 1979.

artige Geschichtsauffassung) sowohl gegen die konservative, von Ranke geprägte Vergangenheitsorientierung als auch gegen die Zukunftsperspektive der sogenannten »Humanitätsschule« – gemeint ist wohl Schillers, Humboldts und wohl auch Hegels auf »Vernunftgründen« basierende Teleologie – das Argument der reinen »Gegenwart«, des selbstreferentiellen »Ereignisses« gekehrt.[19] Auch wenn der Begriff der »Gegenwart« sich im Sinne einer von Saint-Simon beeinflußten Kategorie hedonistischer Absage an Transzendenz noch politisch verstehen läßt, so darf die ästhetisch-kontemplative Aufhebung zeitlicher Dimensionierung im Sinne prognostischer Interessen nicht übersehen werden. Heine war sich des Widerspruchs zwischen seiner politischen Rede und seinen künstlerischen Prinzipien in bezug auf diese Zeitproblematik bewußt: Er bekannte sich in der Kunst gegen den Naturalismus, den gemeinhin mit politischem Engagement kompatiblen Stil, für eine symbolische Kunst.[20] Und dies implizierte ein gegen die geläufige Zeitvorstellung und ihren Ablauf arbeitendes inneres Zeitbewußtsein! Büchner hat ebenfalls den teleologisch orientierten Moralismus in Gestalt Robespierres durch eine psychologische Analytik des unbewußten Motivs aus dem Munde Dantons entlarvt. (*Dantons Tod*, 1, 6) Auch daraus folgt, auf der diskursiven Ebene, daß »moralisch« gewonnene Perspektivierung zukünftiger Zeit verschwinden mußte.

Wir haben einen Prozeß von Entzeitlichung in der besonderen künstlerischen Rede auf der Höhe von Verzeitlichung des generellen Diskurses und der geschichtlich-sozialen Ereignisse überhaupt zwischen 1800 und 1830/40 angedeutet. Nicht um der Markierung eines historischen Datums wegen, sondern um die Einsicht in den Zusammenhang von Entzeitlichung und künstlerischem Akt als keinem individuell und historisch Zufälligen, sondern strukturell Notwendigen zu erweisen. Der französische Historiker Jules Michelet, Autor der *Histoire de la Révolution française* hat diesen Zusammenhang geahnt, als er den Roman als eine »von der Geschichte, das heißt von der Gerechtigkeit« ablenkende Macht attackierte, in der statt dessen die »Gnade«, die

19 Heinrich Heine, *Sämtliche Schriften*, hg. v. Klaus Briegleb, Bd. 3, hg. v. Karl Prönbacher, München 1971, S. 22 f.

20 Ebd., S. 46 ff.

»Illusion«, die »Phantasmagorie des Wunders« herrsche.[21] Während die Geschichte als Statthalter der Gerechtigkeit »in die Unendlichkeit der geschichtlichen Substanz die Grundlinien des Zukunftsstaates« zeichne, charakterisiere den Roman »ein Stokken des geschichtlichen Wachstums« und seine Elemente seien die einschläfernden Stimmungen, ebenso hervorgerufen wie durch »Spiel, Tabak, Alkohol... Langeweile«.[22] Roland Barthes hat schon 1954 an diese Kritik der nachrevolutionären Kunstgattung Roman eine Spekulation über das Posthistoire als notwendigerweise geschichtsloses Kontinuum geknüpft.[23] Ich möchte hingegen mit dem Hinweis auf Michelets Romankritik nur den bisher angedeuteten Zeit-Verlust in der zeitemphatischsten Periode der Moderne generalisieren und nunmehr nach der Verallgemeinbarkeit, ihren Gründen und der genaueren Bewandtnis als ästhetischem Gesetz fragen.

II. Das absolute Präsens

II.1. Die Eröffnung der europäischen Romantik – so könnte man zugespitzt formulieren – ereignete sich mit Ludwig Tiecks Märchenerzählung *Der blonde Eckbert* (1797), deren literaturgeschichtliche Folgen von Kierkegaards »Angst«-Begriff an tiefgehend waren. Wenn hier das romantische Programm des »Wunderbaren« als dem »Rätsel« und dem »Schrecklichen« erstmalig ausgeführt wurde, dann steht dieses Programm im Zeichen einer spezifischen Zeitlosigkeit. Im Zentrum der Erzählung vom blonden Eckbert steht das berühmt gewordene Gedicht von der *Waldeinsamkeit*: »Waldeinsamkeit, / Die mich erfreut, / So morgen wie heut / In ew'ger Zeit, / O wie mich freut / Waldeinsamkeit«. Es geht hier um die Stimmung eines Aus-der-Zeit-Herausfallens. Es gibt keinen konkreten zeitlichen Bezug mehr: die Zeit steht still. Das »morgen wie heut« ist als Zeitdifferenz nicht mehr erkennbar, es ist einer anderen Zeit, der »Ewigkeit«, unterstellt. »Ewigkeit« meint hier jedoch nicht so sehr den transzendenten Bezug, sozusagen die Aufhebung säkularer Zeit unter

21 Zitiert nach Roland Barthes, *Michelet*, Frankfurt a. M. 1984, S. 80.
22 Ebd., S. 81.
23 Ebd., S. 87.

der theologischen Perspektive, sondern Zeitlosigkeit, kein Absehen von Anfang und Ende im Sinne eines neuen »Unendlichkeit«-Begriffs. Das Wort »Waldeinsamkeit« enthält diese Zeit-Aufhebung zugunsten einer Versetzung realer Geschehnisabläufe in das fortwährende Präsens einer imaginativen Stimmung, sowohl produktions- als auch rezeptions-ästhetisch. Die wichtigsten Ereignisse werden nicht narrativ dargestellt, sondern als Fakten verkürzt bloß mitgeteilt. Entscheidend ist ihre Integration in die fortfließende Darstellung einer Stimmung. Dieser präsentischen Stimmung, der hier etwas bänglich Angsteinflößendes entströmt, entspricht die totale Isolation der Personen. Die vorgegebene Ereignisstruktur von Geschehnissen in der fortschreitenden Zeit verfällt der Betonung reiner Zuständlichkeit: »Und so fühlte ich im Grunde nie einen Wunsch nach Veränderung«. Strukturell entspricht diesem totalen Vorherrschen eines zeitlosen Präsens der Stimmung, daß die reale fiktive Geschichte dem Bewußtsein der märchenhaften Binnenerzählung anheimfällt: nicht das erzählte Märchen wird durch die fiktive Haupterzählung aufgeklärt, sondern umgekehrt wird letztere durch ersteres verunklärt, die Haupterzählung bringt keine Erlösung vom Zustand der Zeitlosigkeit. Die Verhaltensweise Eckberts ähnelt zusehends den unbewußten Zuständen des Halbdämmerns und des Traums der jungen Berta des Märchens: Unter dieser Bedingung des Zeit-Verlusts ereignet sich das »Böse«, sei es in Form des verdächtigen, undeutbaren Ausdrucks des Fremden, sei es die Mordtat selbst, nach der der Held dem Wahnsinn verfällt. Das »Böse« ist hier vor allem ein Attribut von Zeitlosigkeit, das heißt der Aufhebung der zeiträumlichen Bedingungen unseres normalen, auch moralische Kriterien bestimmenden Urteilsvermögens. Es ist also nicht als eine inhaltlich-metaphysische Eigenschaft, sondern als eine nur in dieser ganz besonderen ästhetischen Vermittlung imaginativer Zeitlosigkeit überhaupt faßbaren Qualität des ästhetischen Mediums, verwandt schon dem Stilausdruck, den Delacroix das »Unbestimmte« (»Le vague«) nennen wird.[24] Es entspricht dieser aus der Zeitlosigkeit der erzählten Vorgänge herrührenden Unbestimmtheit in moralischer und psychologischer Hinsicht, daß die beiden romantischen Hauptinteressen des »Rätsels« und des »Schreckens« Tiecks Erzählung en detail bestimmen.

24 Eugène Delacroix, *Journal*, 3 Bde., hg. v. A. Jonbin, Paris 1932, 2. Bd., S. 27f.

Für die Fortsetzung und Konsistenz der Bedingung des absoluten Präsens der Stimmung in der Fassung des romantisch Bösen steht das Werk Baudelaires: Die »rêverie«, der Zustand des aus dem »ennui« geborenen eigentümlich ästhetischen Bewußtseins, das nichts mehr intentional will, sondern sich kontemplativ an Vorstellungen des Schrecklichen erbaut, beendet das Widmungsgedicht der *Fleurs du Mal.* Diese Vorstellung begegnet sich eng mit Delacroix' Gemälde *Tod des Sardanapal,* auf dem ein in passiver Träumerei den von ihm selbst befohlenen Metzeleien an Lieblingsfrauen und Lieblingspferden imaginativ brütend hingegebener Herrscher keine Denkbewegung oder gar Tat zur Rettung der eigenen Zukunft mehr zu unternehmen sich anschickt: Das absolute Präsens des kontemplativ Regungslosen angesichts einer Handlung, des Gemetzels.[25] Das heißt, das literarisch Böse tritt abermals auf als das Medium, das so ästhetisch wurde, daß es sich gegenüber dem Handlungs-Appell, der die in Zeitkategorien sich abspielende Ereignishaftigkeit der Szene darstellt, total abschließt. Erinnern wir uns an Michelets Diktum, der Roman stelle als Abfall aus dem sozial-historischen Diskurs die »Ungerechtigkeit« dar und enthalte die »Langeweile« und »Tabak« – bei Baudelaire ist es die »Wasserpfeife« des Orientalen –, die endgültige Abkehr von der Geschichte, das heißt von verantworteter Zeit, dann erkennen wir in dieser Koinzidenz der Begriffe bei poetischer, künstlerischer und wissenschaftlicher Wahrnehmung des gleichen Phänomens die endgültige Kodifizierung der Gleichung Zeitlosigkeit = imaginativer Zustand der Kunst: In Rücksicht auf das anläßlich von Tiecks »ew'ger Zeit«-Stimmung Gesagte wäre die Analyse von Baudelaires Begriff der »Unendlichkeit« als der einer endgültig kontemplativ gewordenen Perspektive sich darstellender »Unbeweglichkeit« erhabener Gegenständlichkeit aufschlußreich.[26] Statt dessen soll ein Hinweis auf Baudelaires Gedichte bzw. auf das Prosagedicht *Le mauvais vitrier* die Evokation einer bloßen präsentischen Zeit abschließen.[27] Was wir bisher an eher

25 Hierzu Bohrer, »Das Böse – eine ästhetische Kategorie?«, in: ders., *Nach der Natur,* München 1988, S. 118 f.

26 Vgl. Bohrer, *Die Kritik der Romantik,* a.a.O., S. 74 ff.

27 Im Folgenden stütze ich mich auch auf die Bielefelder Dissertation von Karin Westerwelle: *Ästhetisches Interesse und nervöse Krankheit. Untersuchungen zur Literatur des 19. Jahrhunderts. Balzac, Baudelaire, Flaubert,* Stuttgart 1993.

implizit gegebenen Fällen untersucht haben, der ästhetische Bewußtseinszustand der Zeitlosigkeit, ist im Falle von Baudelaires *Mauvais vitrier* das ausdrückliche Thema. Auch hier steht die ästhetische »Rêverie« im Zentrum des Interesses. Auch hier ist sie verknüpft mit einer Imagination des »Bösen«, ja mit einer ganz konkret als bösartig gefaßten Handlung! Zunächst geht es in *Le mauvais vitrier* um die Opposition von Traum und Traumerwachen, aber mit der Pointe, daß sich im Traumerwachen eine noch tiefere Phase des Traumes fortsetzt: eine Passivität reiner Kontemplation. Baudelaire setzt mit dieser eigentümlichen Wendung der Reflexion von Zeitlosigkeit als dem Traum des Poeten und dieses Traums als der zentralen Bedingung des imaginativen Verhaltens ein Motiv fort, das Clemens Brentano in seinem späten Gedicht *Wenn der lahme Weber träumt* schon in poetischer Metaphorik vorweggenommen hatte: nämlich in der Schilderung von der Zerstörung des »Traums«, das ist die innerste Sphäre eines lautlosen Gesangs einer inneren poetischen Welt, durch die die realitäts- und zeitbezogene »Wahrheit«, die als lärmender Repräsentant der äußeren Handlungswelt und des rüden umwelt-sprachlichen Idioms den Traum des Poeten zerstört. Das Gedicht Brentanos handelt selbst vom Ende des Gedichts, vom Verstummen des Herzensgesangs, so wie Baudelaires Gedichte des Zyklus *Les Fleurs du Mal* ebenfalls die Illusion des rein kontemplativen Präsens als Illusion zersprengen: Der »Rêve parisien« enthält am Ende diesen Einbruch der banalen wirklichen Zeit in die reine Gegenwärtigkeit des »Ideals«. Dieser Einbruch der äußeren Zeit unterbleibt in *Mauvais vitrier*. Der kontemplative Akt wird fortgesetzt in einer tiefen Versenkung in das »imaginaire flottant«: Die Unterbrechung des Zeitbewußtseins, die Abwesenheit auch von Zeitgegenwart zugunsten reiner Gegenwärtigkeit der Imagination hat als die notwendige Folge: Unbestimmtheit eines Vorgangs, den man nicht mehr ableiten kann. Wie im Falle Tiecks das vage »es schien mir« jede präzise Realitätsbestimmung auflöst, so auch hier die Auflösung eindeutiger Willenskontrolle durch das »me semblait-il«. Der Begriff der »satanischen« Qualität, die bei der Reflexion der poetischen Rêverie im Falle des *Mauvais vitrier* hinzukommt, impliziert ein völliges Verschwinden der »volonté«, des eigenen Willens, zugunsten der Auflösung des Seins in ein fremdes: Der ganze komplexe Text Baudelaires hat seinen Ausgang von etwas Geheimnisvollem genommen, das kausal nicht mehr ableitbar erscheint. Soweit die Relevanz von Baudelaires Prosagedicht für das Problem der Zeitauflösung, ohne daß der weiterführende Aspekt des metaphorischen Erscheinens des Kunstwerks im »bruit éclatant« des Zerbrechens des Glases hier zu erörtern wäre. Baudelaires Darstellung des imaginativen Zustands als zeitentzogener Rêverie ist zweifellos die am weitesten vorwärtsgetriebene Kunsttheorie und -praxis im 19. Jahrhundert. An sie wären verwandte Konzeptionen anschließbar, namentlich Flauberts imaginative Prosa in *Salammbô* (1861). Die dort aufgestellten Inbilder grauenhafter Vorgänge, Motiv des Moloch, Kreuzigung der Löwen, enthalten nicht einmal die allegorische Verweisungsfunkton der Trauer. Die Abwesenheit geschichtsphilosophischer Wertung drängt diese Evokationen des ästhetisch »Bösen« in die Rolle einer ausschließlichen Präsenz von Rätseln.[28]

Georges Bataille ist in seinen Untersuchungen über die Literatur und das Böse (*La Littérature et le Mal*) weitgehend einer traditionalistischen Fragestellung, nämlich einer metaphorisch-moralischen, verhaftet geblieben. Aber er ist doch in einer zentralen Eröffnung seines Essays dem ästhetisch Bösen näher gekommen, indem er es an der Abwesenheit von Zukunftsvorstellungen erkennt: Er erkennt in der Vorliebe für den »gegenwärtigen Moment« die allgemeine Definition des Bösen. (»Dans l'éducation des enfants la préférence pour l'instant présent est la commune définition du Mal.«)[29] Die göttliche Trunkenheit«, die Bataille am Beispiel der spontanen Jugendphase der Helden von Emily Brontës *Wuthering Heights* erläutert, ist ganz dem Präsens verschrieben, als Gegenpol zu den Absichten des Guten, gegründet auf das Kalkül der Vernunft. An anderer Stelle, die nicht von ungefähr der oben erörterten Position Michelets zwischen den Polen des Guten und des Bösen gewidmet ist[30], verbindet Bataille das »Böse« mit der Kategorie der »Intensität«, der er die zeitliche »Dauer« (»Durée«) gegenüberstellt. Auch wenn Bataille diese Zeitkategorien nicht strikt in ihrer semantisch-grammatischen Form, sondern eher generell als solche psychisch-moralischer Grenzerfahrung darstellt, können wir sie als eine erste theoretische Referenz an das absolute Präsens im künstlerisch-literarischen Akt festhalten: Das

28 Hierzu Bohrer, *Das Böse*, a.a.O., S. 129.
29 Georges Bataille, *Œuvres complètes*, Bd. 9, Paris 1979 (1955), S. 179 f.
30 Ebd., S. 219 f.

»Böse« wäre dann nur als ein besonderer Modus kontemplativer Gegenwart zu verstehen, die spezielle französische Ästhetik des Bösen nur eine bestimmte historische Variation jenes ästhetischen Gesetzes, dessen Elemente hier zu bestimmen sind.

11.2. Daß es sich nicht um eine stilistisch oder historisch zu begrenzende formale Erscheinung einer Schule handelt, auch nicht um etwas, worüber literaturgeschichtliche Ableitungen etwas an Erkenntnis erbrächten, das kann nun in einem Blick auf die beherrschende Form der repräsentativen Romanciers der klassischen Moderne[31] gezeigt werden: an Virginia Woolf, Robert

31 Es hat sich neben der Dichtung der klassischen Moderne eine moderne Literatur entwickelt, in der historische oder zeitgeschichtliche Themen unter einer humanistisch engagierten Perspektive behandelt werden. In diesen zum Teil berühmt gewordenen Texten, die durchweg zur Gattung des historischen bzw. zeitgeschichtlichen Romans gehören, ist gerade die Bedingung des absoluten Präsens nicht gegeben. Beispielhaft hierfür stehen Heinrich Manns *Henri Quatre*, Lion Feuchtwangers *Jud Süß*, Erich Maria Remarques *Im Westen nichts Neues*, Bertolt Brechts *Dreigroschenroman*, Stefan Zweigs *Sternstunden der Menschheit* und schließlich Anna Seghers' *Das siebte Kreuz*. Von diesen den Typus repräsentierenden bedeutenden deutschsprachigen Romanen galten zumindest *Henri Quatre* und *Das siebte Kreuz* lange Zeit als literarische Meisterwerke. Wenn dieses Urteil neuerdings zu Recht revidiert wird, dann eher aus pragmatisch-stilimmanenten Erwägungen und einer neuen Reserve gegenüber dem Quasibonus, mit dem Heinrich Manns und Anna Seghers' politisches Engagement rechnen konnte. Demgegenüber ist aber das viel prinzipiellere Argument zu nennen: daß nämlich diesen Romanen aufgrund ihrer narrativen Äußerlichkeit, das heißt eines gravierenden Mangels an jener kontemplativen Struktur, die unser Gegenstand ist, nur eine Wahrnehmungs- und Expressionsleistung zukommt, die sie mit dem höheren Journalismus teilen: Auch sie sind »Zeitung«. Es werden historische und zeitgeschichtliche Fakten und Moralen erzählt, die auf einer politisch-moralischen Ebene eine große Bedeutung haben können, nicht aber auf der ästhetisch-philosophischen. Dies liegt nicht allein am Defizit des kontemplativen Bewußtseins dieser Autoren, sondern an dem Verlust des symbolischen Gehalts ihres Stoffes, der Geschichte. Obwohl Zeit und Geschichte ohnehin niemals als die eigentliche Basis großer Literatur gelten können, so ist zu sehen, daß selbst innerhalb einer historisch orientierten Ästhetik es wiederum ein gegen Null laufendes geschichtliches Argument gibt: Stendhals Romane sind lange fälschlicherweise als »realistische« Zeitdokumente gelesen worden. Inzwi-

Musil, Samuel Beckett und Franz Kafka. Als subjektive und objektive Beziehungsfigur der hier vorherrschenden Zeitform kontemplativer reiner Gegenwart steht Prousts »mémoire involontaire«. Ihn aber als »Einfluß« zu diskutieren erbrächte wiederum die falsche historische Deduktion. Auch Baudelaires »rêverie« kann nicht als Produkt einer Ableitung verstanden werden. Es ist nur zulässig zu sagen, daß die Tiecksche frühromantische Weise präsentischer Traumbewegung eine zeitlich frühere bedeutet. Und noch ein wenig früher fanden Rousseaus *Träumereien eines einsamen Spaziergängers* statt – die Baudelaire natürlich ebenso kannte wie Chateaubriands *Des perspectives de la nature* (1802) und *Atala* (1801) –, in denen Rousseau das Glück reiner kontemplativer Zuständlichkeit, wenn auch eines längeren, aber nicht zeitlich meßbaren Augenblicks analysiert (5. Spaziergang): nämlich als

schen hat man ihre phantastischen Symbol-Systeme entdeckt. Balzacs Romane, deren kontemplative Struktur sicherlich geringer zu veranschlagen ist als jene von Stendhal oder Flaubert, lebten immer noch von dem quasi metaphysischen Gehalt ihrer historischen Zeiten und Räume, von der Mythologie der französischen Metropole zu diesem Zeitpunkt und ihrem sozialen und geschichtlichen Schicksal, als deren Marionetten die Personen auftreten. Dieser objektive metaphysisch-mythische Gehalt der Geschichte hat sich gegen Ende des 19. Jahrhunderts aber verbraucht und eine Wiederholung historischer Stoffe wird im 20. Jahrhundert notwendigerweise zum Kostümstück, bestenfalls zur psychologisch verstehenden Dokumentation mit aktualisierender Tendenz. Die Beschwörung der Geschichte im historischen Roman des 20. Jahrhunderts ist in dem Maße illusionistisch dekorativ, als sie die Geschichte als letztes Substitut für die verlorene Metaphysik und Religion einsetzt. Verglichen mit der Tiefendimension der modernen Dichtung des Typs Virginia Woolf, Robert Musil, Beckett oder Kafka bleiben solche Zeitromane buchstäblich der Wiederholung zeitlicher Oberflächen verhaftet. Was für den bedeutenden historisch-zeitgeschichtlichen Roman der zwanziger und dreißiger Jahre gilt, gilt erst recht für diesen Literaturtypus nach dem Zweiten Weltkrieg. Zu ihm gehört gerade die für West- und Ostdeutschland repräsentative Literatur. Niemals mehr ist wieder die kontemplative Struktur der unter dem Gesetz des absoluten Präsens stehenden klassischen Moderne erreicht worden. Wenn dies bei Arno Schmidt, dem Grazer Peter Handke und dem Emigranten Peter Weiss sehr wohl der Fall war und auch bei den herausragenden Beispielen des Nouveau roman, also Michel Butor, Alain Robbe-Grillet und Nathalie Sarraute, dann ist damit auch die Ursache der ästhetischen Differenz genannt.

absolute präsentische Dauer, ohne Vergangenheit, ohne Zukunft, wobei die Dauer als Zeitphase nicht bemerkt wird: »ohne irgend eine Spur von Aufeinanderfolge«.[32] Aber auch Rousseau kann nicht historisch als erste Causa der Rêverie genannt werden. Sie war schon vorher Thema der Imaginationskritik des 18. Jahrhunderts. Hier ist die Rêverie noch nicht gefaßt als poetisch-kreativer Zustand, das ist sie ja auch im fiktionalen Fall bei Tieck nicht. Entscheidend ist überall jedoch die Erfahrung eines absoluten Präsens. Dieses steht auch im Mittelpunkt der Zeitemphatik der klassischen Moderne.

Virginia Woolf hat in ihrem letzten Prosastück, dem autobiographischen postum erschienenen Text *Moments of Being* (1940 beendet), im Zusammenhang der Erinnerung erster Kindheitseindrücke, das heißt einer imaginativen Erinnerungskonstruktion phänomenal erscheinender Natur, eine Theorie jener Zeitemphatik gegeben, die sie »Moments of Being« nannte und die ihr gesamtes Werk seit Beginn prägen. Das Grundelement ist der Modus einer Ekstase für einen Moment lang, in dem das konventionelle Ich-Bewußtsein (Selbstgefühl) ausgeschaltet ist: »Mich selbst empfinde ich kaum, sondern einzig diese Sinneswahrnehmung. Ich bin nur das Gefäß eines ekstatischen Gefühls der Verzückung.«[33] Es handelt sich wohlverstanden hier um die Beschreibung der Erinnerung an frühere Augenblicke des Lebens, noch nicht um die Darstellung dieser Augenblicke selbst. Diese Erinnerung wird als eine unwillkürliche bezeichnet, denn es heißt: Ich nehme an, »daß mein Gedächtnis das produziert, was ich vergessen hatte; so daß es aussieht, als geschähe es unabhängig von mir«.[34] Der innere Bezug zu Prousts »mémoire involontaire« ist deutlich genug, mag aber selbst eher unbewußt gewirkt haben, denn Virginia Woolf erwähnt den Namen Proust nicht und kommt zu einer eigenen Deutung dieses kontemplativen Stillstehens außerhalb der normalen Zeiterfahrung.

Es handelt sich um solche seltenen Augenblicke, die aus dem Strom der konventionellen Augenblicke herausragen (»Diese ver-

32 J. J. Rousseau, *Schriften*, hg. v. Henning Ritter, Bd. 2, München 1978, S. 699.

33 Virginia Woolf, *Augenblicke. Skizzierte Erinnerung*, Frankfurt a. M. 1981, S. 92.

34 Ebd., S. 91.

einzelten Seinsmomente waren jedoch in viele Momente des Nichtseins eingebettet«). Es ist für unsere Frage nicht entscheidend, daß Virginia Woolf nunmehr nicht mehr wie zunächst die Erinnerungsstruktur, sondern die erinnerten Augenblicke selbst qualifiziert. Entscheidend ist vor allem deren Isolation im Kontinuum von Vergangenheits- und Zukunftsperspektive.

Der von Virginia Woolf eingeführte Begriff des »Schocks« erläutert die »plötzliche« Erscheinungsform der »Moments of Being« – ohne Erklärbarkeit und extrem in seiner psychischen Wirkung. Seit Baudelaires Metaphorisierung des künstlerischen Schockerlebnisses bzw. dessen Erfindung durch Walter Benjamin (*Über einige Motive bei Baudelaire*) gehört dieser Begriff zum Inventar moderner Ästhetik. Seine begriffliche Nähe zu der epiphanen Bestimmung des ästhetisch Erhabenen bzw. des Naturschönen ist offensichtlich, bedürfte jedoch noch einer genaueren Befragung. Wir können sicher davon ausgehen, daß Virginia Woolfs Betonung des Schockelements im Seinsaugenblick ohne Vermittlung Baudelaires oder Walter Benjamins, dessen Werk sie nicht kannte (Woolf und Benjamin begingen fast zur gleichen Zeit Selbstmord: September 1940 und März 1941), ausgekommen ist, wie immer stark in der angelsächsischen Moderne Grundmotive des westeuropäischen Ästhetizismus (Walter Pater, Mallarmé) noch anwesend waren, so bei James Joyce, so bei Beckett. Uns interessiert nur die Begründung des auserlesenen Augenblicks durch das Zeichen der »Epiphanie«.

Gewisse Sätze, die von der Entdeckung eines Plans hinter der Watte des banalen Seins sprechen, von »einer Wirklichkeit hinter den Erscheinungen«, könnten auf eine platonisch inspirierte, metaphysische Deutung sowohl der Schockerfahrung als ihrer ästhetischen Umsetzung hinweisen: Zweifellos kennt Virginia Woolf eine solche Tendenz, die sie ihre »Philosophie« nennt[35], wonach der Künstler das »Ganze« der Welt in solchen Momenten des Schocks erfaßt.[36] Aber gleichzeitig verwirft sie solch eine transzendente Begründung und beruft emphatisch die ästhetischen Mittel selbst: »... und ganz entschieden gibt es keinen Gott; wir sind die Sprache, wir sind die Musik, wir sind das Ding an sich. Und ich sehe das, wenn ich einen Schock habe.«[37]

Wer in solcher Weise die Empfindung eines Moments stillstellt,

35 Ebd., S. 99. 36 Ebd. 37 Ebd.

der wird in seiner Narratio ebenfalls die Zeitspanne, die er erzählt, auf dieses Maß beziehen wollen. Paul Ricœur hat im Anschluß an die angelsächsische Virginia Woolf-Forschung in einer minuziösen Analyse der Zeitform von *Mrs. Dalloway* (1925) gezeigt, inwiefern sich dies so verhält: Die Erzählung wird am zeitlichen Fortschreiten gehindert, weil die Handlungsschübe durch lange Abfolgen aus Erinnerungen und Reflexionen der Heldin stillgestellt werden.[38] Dadurch tritt eine »Unermeßlichkeit« ein, die sich eben ausschließlich – so könnten wir in der bisher gewählten Terminologie sagen – der Kontemplativität des Bewußtseins der Heldin verdankt, nicht den erzählten Ereignissen. Das Fortschreiten der Erzählung wird paradoxerweise zu einem »unaufhörlichen Rückzug in die Erinnerung«.[39] Die innere Zeit der Heldin und der Personen verschlingt um so stärker die äußere, chronologische Zeit, als diese durch die Glockenschläge von Big Ben stündlich angezeigt werden. Inwiefern die »innere Zeit« letztlich keine Zukunft kennt, das wird deutlich im Blick auf ihren Widerspruch, die »monumentale Zeit«. Der Widerspruch besteht in einer »tödlichen Dissonanz«[40] zwischen dem präsentischen Gefühl der inneren Zeit und der »allgegenwärtigen monumentalen Geschichte«.[41] Diese erweckt bei den Protagonisten der inneren Zeit nur tiefe Abneigung, einen Affekt des Grauens vor deren Repräsentanten, den Autoritätsfiguren. Wir erkennen im Rückzug der inneren Zeit vor der monumentalen Zeit die Elemente wieder, die wir bei der bisherigen Betrachtung des absoluten Präsens vorgefunden haben: 1. Die Personen haben eine unendliche psychische Dimensionierung, aber sie erhalten keine benennbare Identität. 2. Die Welt der verbindlichen Normen ist im Rückzug begriffen. 3. Das gesellschaftskritische Motiv ist dem eigentlichen zeit-kontemplativen Thema nur äußerlich.[42] 4. Das innere Zeitbewußtsein nimmt Phänomene eines glückhaften Lebensaugenblicks wahr, interessiert sich jedoch nicht für »Ideen« oder »Zukunft«, die zur Sphäre der »monumentalen Zeit« gehören.

38 Hierzu und Folgendem: Paul Ricœur, *Zeit und Erzählung*, Bd. 2, München 1989, S. 175 f.

39 Ebd., S. 183.

40 Ebd., S. 184.

41 Ebd.

42 Ebd., S. 188 Anm. 13, unter Bezug auf Jean Guignet, *Virginia Woolf et son œuvre: L'art et la quête du réel*, Paris 1962.

Samuel Beckett hat im Unterschied zu Virginia Woolf, aber in Nähe zu James Joyce die besondere Zeitemphatik seines Werks von Beginn an in Kategorien ähnlicher Spiritualität theoretisch reflektiert: Indem er sich für eine Schrift über Proust entschied, hat Beckett eine zeitreflexive Ästhetik an den Anfang seines eigenen Werks gestellt. Es gibt hier auch Berührungen mit Virginia Woolfs schon zitierter Äußerung, Kunst habe es mit der Erfassung der eigentlichen Realität hinter den Erscheinungen zu tun, die Virginia Woolf aber, wie wir sahen, sofort relativierte, indem sie den Künstler selbst zum »Ding an sich« erklärte. Ich möchte für Beckett zunächst einmal nicht weniger Skrupel gegenüber einer metaphysischen Identifikation in Anspruch nehmen und bei ihm ebenfalls eine Entscheidung für reine Diesseitigkeit vermuten. Beckett geht es wie Virginia Woolf, wie James Joyce um eine Erfassung unmittelbarer Realität, um ihre schiere Präsenz. Das aber bedeutet, daß er von Beginn an auf eine Anwesenheit der Dinge aus war, die dabei außerhalb der Zeit angesiedelt sind. Ulrich Pothast hat diese Zeittranszendenz hingegen als metaphysisches Projekt Becketts in unmittelbarer Nachfolge von Schopenhauers Ästhetik gedeutet.[43]

Obwohl auf Schopenhauer als der theoretisch wichtigsten philosophischen Referenz für unseren Problemkreis, namentlich für eine Theorie des kontemplativen Zustands, am Ende zurückzukommen sein wird, möchte ich Becketts Beziehung zu dem deutschen Philosophen auch deshalb relativiert sehen, als die Vermittlung entscheidender Begriffe, wie der des Ausnahmezustands des Bewußtseins und einer quasi mystischen Erfahrung, als ge-

43 Posthast, *Die eigentliche metaphysische Tätigkeit. Über Schopenhauers Ästhetik und ihre Anwendung durch Samuel Beckett*, Frankfurt 1989; auch Harold Bloom betont eine »tiefe Schopenhauersche Sicht« bei Beckett (in: *Die heiligen Wahrheiten stürzen. Dichtung und Glaube von der Bibel bis zur Gegenwart.* Frankfurt 1991, S. 201), spezifiziert diese Ansicht aber dahin, daß Becketts »natürlicher Gnostizismus« seine »enigmatische Spiritualität«, die »Leere« des Seins für eine »Fülle« nehmen zu können, sich mit Schopenhauers »Quietismus« nicht vereinbare, ebd., S. 213. Insofern Bloom diese Differenz tatsächlich über Becketts Sprache, also nicht bloß über Motive und Plot gewinnt, würde ich ihm zustimmen, denn die »enigmatische« Qualität dieser Sprache und die aus ihr kommende opake Lakonie verhindert eben philosophisch-kognitive Identifikationen dieser Art.

meinsames Eigentum der angelsächsischen modernen Spiritualität in der Nachfolge der Phänomenästhetik Walter Paters angesehen werden muß.[44] Die von Pothast ausgeführten begrifflichen Übereinstimmungen zwischen Schopenhauer und Beckett werden a) durch diese Analogien mit den genannten anderen anglo-irischen Zeitemphatikern neu perspektiviert, sind b) weniger autobiographisch denn systematisch zu verstehen, nämlich als Beweis für unsere Vermutung, daß die Vorherrschaft des absoluten Präsens in der bedeutenden Kunst/Literatur seit Ende des 18. Jahrhunderts von solcher Evidenz ist, daß jede theoretische Reflexion hierüber sich nicht nur im Generellen, sondern auch in einzelnen Kategorien treffen muß. Inwiefern diese Übereinstimmung allerdings auch in einer »metaphysisch« zu nennenden Kunsttheorie liegen könnte, sei am Ende entschieden. Es gilt festzuhalten, daß die Erfahrung des Präsens des wirklich Realen in Becketts *Proust*-Text als »mystische Erfahrung« eines »außerzeitlichen Wesens« definiert ist[45], so daß es sich dabei immer nur um einen Zustand unfreiwilliger Erinnerung, nicht um die unmittelbare Erfahrung (wie bei Joyce, wie bei Virginia Woolf) der wahren Realität handelt und daß (partiell auch im Falle Virginia Woolfs) derjenige, der diese Erfahrung macht, außerhalb der Beziehung zur Gesellschaft und Moral immer als ein »Einsamer« existiert. Wir haben gesehen, inwiefern »Einsamkeit« seit Rousseau und Frühromantik die Bedingung des kontemplativen präsentischen Bewußtseinszustands ist.

Wie stellt sich das absolute Präsens in Becketts eigenem Werk dar? Es ist ein Gemeinplatz, daß ein ewiges Präsens ohne Zukunft die Perspektive von Becketts Figuren darstellt. Seine Helden in *Endspiel* und *Warten auf Godot* sind schon sprichwörtlich integriert in die semantisch begründete Groteske eines immer Gleichen, das unserer auf stets erneuerbare Finalität und Erwartung des »Neuen« angelegte westliche Zivilisation spottet bis hin zur negativen weltanschaulichen Allegorese. Selbst Adornos *Versuch, das*

44 Hierzu Bohrer, *Plötzlichkeit*, a.a.O., S. 194ff. Harold Bloom erwähnt »jene Ruskinschen oder Paterschen privilegierten Momente«, betont aber, Beckett nenne sie bei »Proust« »bissige Fetische«, a.a.O., S. 203. »Transzendentale Glanzlichter« könne es in Becketts »gnostischer« Welt nicht geben. Bloom erkennt also eine andere, aber nicht weniger fundamental-metaphysische Perspektive als Pothast bei Beckett.

45 Samuel Beckett, *Proust*, München 1989, S. 75.

Endspiel zu verstehen ist an dieser negativen Metaphysik gescheitert, da er die Abstinenz positiven Sinns nicht in einer Formbestimmung suchte, sondern ganz einfach in einer inhaltlichen Umkehrung: die Negativität, in die er seine ideologischen Motive eingehen läßt, wohingegen die Analyse des reinen Präsens, das heißt einer sich wiederholenden schieren Gegenwärtigkeit der Personen, ganz freizuhalten wäre von einer solchen Optik. Als Ausweg aus dem Deutungsdilemma böte sich die Imagination des Präsens als eines eigenen ästhetischen Zustands, nicht als eines metaphysisch zu deutenden Modells des Weltzustands an: Nicht indem wir Becketts Szene als weltanschaulichen Topos für menschliche Zukunftslosigkeit und damit als kulturkritische Formel lesen, verstehen wir das hier herrschende absolut gewordene Präsens richtig, sondern nur indem wir dieses in seiner formalen szenischen Inkommensurabilität wahrnehmen und darin rezeptionsästhetisch belassen: Becketts Sprache und Szenenanweisung ist keine metaphysische Lehre über die Leere, sondern sie ist »unmittelbarer Ausdruck« (so Becketts Terminus in seiner Schrift *Dante: Bruno – Vico... Joyce* über Vicos Stil, nicht »über etwas« zu handeln, sondern dieses »etwas selbst« zu sein) von etwas, für das es keinen anderen, etwa diskursiven Ausdruck gibt. Dieses Präsens der Zustände, die hier perennieren, sind zunächst einmal, ähnlich wie bei Kafka, als Epiphanien des bis zum letzten Kern zum Vorschein gebrachten Komischen zu erfahren, also nicht als Repräsentanz einer »Idee« über den Menschen, auch wenn die Clownerie bzw. die Defekte des Personals dies der Interpretation suggerieren. Das ironische Endglück von *Happy Days* müßte demnach unironisch, daß heißt ohne das Dazwischentreten bescheidwissender Vermittlung zwischen einem Unverständlichen und unserer Verständigungsabsicht, als reine Poesie über die emphatische Zeit gelesen werden: Der Satz Winnies in der Schlußszene »Oh, dies ist ein glücklicher Tag, dies wird wieder ein glücklicher Tag gewesen sein« würde dann als ein kontemplatives Signal erkennbar, das die Ungeheuerlichkeit von Becketts paradoxaler Reduktion der zeitlichen Kontinuität auf das Glück eines ewig ungeheuerlichen Gleichen aufblitzen läßt. Dieses Gleiche ist eben nicht einfach denotierbar als das Zeichen psychologischer Verelendung, sondern verbleibt jenseits solch psychologischer Naturalistik: Uns trifft in diesen Worten eine Präsenz von ungeahnt anderer Intensität, der »glückliche Gesichtsausdruck« Winnies ist, was immer er andeuten mag, wie alles, was hier gesprochen und getan wird, die Epiphanie von bisher noch nicht Gesehenem. Becketts Ästhetik richtet sich in *Proust* gegen jede Beschreibungsliteratur, gegen jede Variante realistischer und naturalistischer Literatur. *Happy Days* etwa als Entlarvung banal gewordener Ehebeziehung zu verstehen hieße in eben die Falle der »Kopie« zu laufen, die Beckett von Beginn an ausschloß. Es handelt sich durchaus um einen, wenn auch enigmatisch verstellten emphatischen »Augenblick«. Und dies in doppelter Hinsicht: Einmal in der Perspektive der wahrnehmenden Person, zum anderen in der Perspektive des Zuschauers. Gerade die widersprüchliche Abgründigkeit des qua »Kitsch« vermittelten Gefühls läßt vor uns ein unerhörtes, nie gesehenes Wahrnehmungs-Bild entstehen, das nicht mit einer kulturkritischen Allegorie verwechselt werden darf.

Virginia Woolfs Perspektivismus der inneren Zeit steht oppositionell zur monumentalen Zeit, Becketts *Happy Days* stehen quer zu einem philosophischen Brevier über den Stillstand der Zeit. Alles Gesagte und Gesehene und Gezeigte schafft einen je eigenen Zeitraum der ästhetischen Imagination, jenseits der historischen Zeit und ihrer Charakteristika. Wahrgenommen werden je eigene partikuläre Lebensspuren, keine allgemeinen Ideen. Man kann auch sagen: Diese Behandlung der Zeit als Präsentanz von »Augenblikken« ist die definitive Absage an das, was Nabokov »die sogenannte Ideen-Literatur« – er meint damit abschätzig Autoren wie Balzac, Gorki, Thomas Mann – nennt.[46] Eine Literatur, so präzisieren wir, in der sozusagen absehbare Menschheits-Fragen im Sinne wissenschaftlicher Historik bei Veränderung der Metaphorik behandelt werden. Dort ist als zeitlicher Horizont immer das Futur anwesend.[47]

46 Vladimir Nabokov, *Lolita*, Hamburg 1964, S. 334: zitiert bei Richard Rorty, *Kontingenz, Ironie, Solidarität*, Frankfurt a. M. 1989, S. 235.

47 Paul Ricœur hat hingegen auch bei Thomas Mann am Beispiel des *Zauberbergs* eine Aufhebung der Realzeit zu zeigen versucht (Ricœur, a.a.O., S. 192f.). Entgegen dem angelegten Schema des Bildungsromans als eines geistigen Lernprozesses des Helden in historischer Zeit stehe das »Auslöschen der Zeit« (ebd., S. 197). Ricœur sieht die Problematik der »Ideen-Literatur« durchaus, wenn er danach fragt, inwiefern etwas, das unübersehbar auch ein »Kulturroman« sei, ebenfalls ein »Zeitroman« sein könne, das heißt kein Roman über die Zeit als Epo-

Es scheint kein Zufall, daß die Auslöschung des historischen Futurs und der Verzicht auf den Ideenroman sich beispielhaft in der angelsächsischen-anglo-irischen Moderne vollzieht: Der »britische Empirismus mit seiner Verachtung gegenüber allen Universalien«[48] begünstigte dies als intellektuelles Klima, während vornehmlich die deutsche, nicht deutschsprachige, Bildungssphäre mit ihrer Präferenz für universalistische Muster einer solchen Revolution der Prosa im Zeichen des absoluten Präsens im Wege stand. Die beiden von dieser Regel abweichenden großen Vertreter der deutschsprachigen klassischen Moderne, Musil und Kafka, sind bezeichnenderweise als Mitglieder der österreichisch-ungarischen Gesellschafts- und Staatssphäre nicht von den idealistisch-universalistischen Paradigmen geprägt worden, sondern gerade umgekehrt eher von dem erkenntnisskeptischen Wiener Empirismus, der ja auch die Kontinuität und Identität von Zeiteinheiten problematisierte.

Nur scheinbar gehört Musils Werk im Unterschied zu dem von Thomas Mann auch zum »Ideenroman«, was die Thematik des *Manns ohne Eigenschaften* zunächst nahelegt. Im *Mann ohne Eigenschaften* wird bekanntlich aber die »Idee« zerstörerisch der Erfahrung des »Augenblicks« ausgesetzt. Oder: Der Held ist auf der Suche nach dem verlorenen »Augenblick« einer wirklichen Erfahrung, nicht im Sinne von Prousts Wiedererinnertem, sondern eher im Sinne von Virginia Woolfs »Moments of Being«. Mit dem Unterschied allerdings, daß er die Möglichkeit einer solchen Erfahrung erkenntnistheoretisch bezweifelt, da jede Erfahrung immer schon vorab besetzt ist mit einer »ideellen« Identifikation: In diesem Sinne gibt es keine ganz neuen Erfahrungen, da es kein Leben ohne »Bewußtsein« gibt. Oder doch? Daß der Held sich dennoch wehrt, in die Konventionalität von Eigenschaften des Bewußtseins zu treten, die mit solchen »Ideen« kompatibel wären, da er trotzdem auf der Suche bleibt nach der »großen« neuen Erfahrung, nach einem Leben jenseits dieses Bewußtseins, das ist der »Essay« seiner »hypothetischen« Existenz. Wahrscheinlich

che, sondern ein Roman, der von der Perspektive einer inneren Zeit geprägt sei (ebd., S. 197). Nach Ricœurs Ansicht verliert bei dieser komplexen Gemengelage der Zeitroman die »Vorrangstellung«, weil die Frage nach einem Lernprozeß ironisch gebrochen sei (ebd., S. 200 Anm. 6).

48 So Harold Bloom, *Die heiligen Wahrheiten stürzen*, a.a.O., S. 152.

scheitert Musils Projekt am Ende künstlerisch eben an der »Idee«: Der schließlich gewonnene »andere Zustand« wird dargestellt über die Evokationen großer »Ideen« der europäischen Literatur: Nietzsches »Großer Mittag«, Goethes »Agäische Inseln«.

Demgegenüber ist Musil diese Suche nach der Realisation der utopischen Struktur des Bewußtseins, nach Überschreiten des normalen Diskurses, sowohl in seinen frühen Erzählungen *Vereinigungen* (1911) ästhetisch besser gelungen, als es auch in seinen Tagebüchern theoretisch gelöst zu sein scheint. In den *Vereinigungen* – die Novellen *Die Versuchung der stillen Veronika* und *Die Vollendung der Liebe* – geht es um das Ausmessen undeutlicher Bewußtseinszustände, die das Erlaubte, Bekannte transzendieren bis hin zur Selbstauflösung der Heldinnen in ihrer sozialen und psychologischen Identität, und das bedeutet: auch in ihrer raumzeitlichen Verortung. Der Ichverlust impliziert eine jeweils präsentische Bewußtseinsentgrenzung, die von Musil nicht psychologisch oder sozial motiviert wird. Gegen den psychologisch-analytischen Realismus hat er sich polemisch in seinen Tagebüchern gewandt, die den Prozeß der Darstellung der undeutlichen Bewußtseinszustände in den Erzählungen begleiten. Es gibt für diese Bewußtseins-Entgrenzung, durchweg findet sie statt als sexuelle Phantasie der Heldinnen, keine Begründung außer der, daß Bewußtsein für Musil ein Behälter ist, der ständig Unnennbares als Ahndung produziert. Deshalb ist das erotisch-sexuelle Ereignis zwischen der Heldin und einem Manne auch als »Zufall« gekennzeichnet, und dies um so mehr, als der Mann sich selbst eine besondere Sensibilität attestiert. Was vorfällt, ist faktisch-kontingent, nicht durch eine Bedeutungszuschreibung verstanden. Und daraus ergibt sich, daß ein finaler Horizont des Glücks nicht auftreten kann, sondern immer nur eine je augenblickliche Intensitätserfahrung sich dem Leser mitteilt. Rein sujetmäßig wäre *Die Vollendung der Liebe* als psychologische Studie eines ehelichen Betrugs im Wiener Gesellschaftsmilieu zu beschreiben, wie man sie etwa von Schnitzlers Erzählungen her kennt. Aber während dort der ganze soziale und moralische Horizont eines »psychologischen Falles« und damit auch die zeitliche Perspektivierung der Ehe- und Liebesbeziehung der Personen überhaupt sichtbar wird, ist letztere hier überführt in eine Zone des zeitlos Heterogenen, wofür die »Tier«-Metapher steht. Dieser Sachverhalt ist vor allem auch durch Musils in der Forschung schon früh bemerkte Metaphernkonzeption erhärtet: das metaphorische Gleichnis soll nicht eine Ähnlichkeit des Verglichenen herstellen, sondern gerade im Gegenteil Unähnlichkeit: »Je unähnlicher das Bild dem Abgebildeten, desto größer die Aussagekraft.«[49] Oder: »Ein anderer Sinn von Gleichnissen: entfremden, entfernen« oder: »Ein Weg, der in das Wesen der Dichtung führt, ist die Beachtung der Tatsache, daß Andeutung stärker wirkt als Ausführung.«[50] Eine solche Auflösung von Personen- und Zeitentfaltung zugunsten der Auslotung befremdender, weil fremder Bewußtseinszustände ohne Referenzbestimmung läßt einen bestimmten ideen- und zeitorientierten Strang der Musil-Forschung obsolet erscheinen. Vor allem dann, wenn man bei diesen Bewußtseinszuständen außer acht läßt, daß sie nicht über mystische, sprachphilosophische, psychologische oder psychoanalytische Gehalte und Ideen, sondern über eine Theorie poetischer Sprache organisiert sind, wie sich in der zitierten Metapherntheorie schon prinzipiell andeutet. Die zweifellos auffindbaren gedanklichen Bezüge zur Frühromantik, namentlich zu Novalis, sind beispielsweise nur dann sinnvoll beschrieben, wenn Musil und Novalis dadurch nicht austauschbar werden, oder wenn Musils Erotik-Analyse nicht über den moralisierenden Leisten der theoretischen Psychoanalyse geschlagen wird. Solche ideengeschichtlichen Versuche, nicht zuletzt die Absicht, im romantischen »Unendlichkeits«-Begriff Musils Entgrenzung umfassen zu wollen, müssen scheitern, weil sie das eigentlich Entscheidende in Musils Prosa und Theorie übersehen: Musils Sprache entzieht sich einer »symbolischen« Ordnung (im Sinne von Julia Kristevas Begriff). Musils Topos der »unerreichbaren Innerlichkeit« (Tagebuch 5) ist zwar konstruierter als die »Innerlichkeit« bei Virginia Woolf und bei Beckett, aber doch ähnlich in ihrer transpsychologischen Entfernung von der realzeitlichen Kontinuität. Den *Tagebüchern* ist auch theoretisch zu entnehmen, inwiefern die subjektdezentrierte Perspektive Musils sich nicht aus Machs Kritik am Begriff psychischer Einheit ableiten läßt und auch nicht mit Foucaults epistemologischer Kritik am Diskurs zu erklären wäre, sondern ausschließlich über

49 *Der Mann ohne Eigenschaften*. Roman aus dem Nachlaß, hg. v. Adolf Frisé, neu durchgesehene und verbesserte Ausgabe von 1978, Reinbek 1981, S. 1344.

50 Musil, *Tagebücher*, hg. v. Adolf Frisé, Reinbek 1983, S. 470.

seine Theorie des poetisch Unbewußten und Symbolischen. Nie ist abzusehen davon, daß Musil von der Faszination durch die metaphorisch gefaßte Sprache her denkt, das heißt von der Bildwirkung her, ihrem Imaginären. Wenn ihm deshalb entfiel, die »Geschichtlichkeit« der Personen zu thematisieren[51], dann verdankt sich dies seinem primären künstlerischen Impuls, nämlich die natürliche Zeit verschwinden zu lassen und sie statt dessen zu verräumlichen. Dennoch: an der Bereinigung von Sinnlichkeit und Denken, wie es Beckett und Joyce versuchten, ist Musil letztlich gescheitert: die Vorherrschaft der »Idee« hat diese Vereinigung verhindert.

Entgegen einer philosophischen oder theologischen Deutung von Kafkas Werk, die am Ende immer auch auf eine diachrone Behandlung der Zeit hinausläuft, haben wir auch in seinem Falle von einer spezifischen Zeitlosigkeit auszugehen, die auch nicht mit der jüdisch-messianischen Eschatologie vereinbar ist, wie sie Scholem in Kafka gefunden hat.[52] Schon die notwendig gewordene Korrektur der am fortschreitenden Zeitablauf orientierten Scholemschen Ausgabe der Tagebücher Kafkas durch eine solche Ausgabe, in der die Zeiteintragungen nicht mehr durchweg die fortschreitende Zeitordnung besitzen, ist ein Hinweis auf neue Erkenntnisse über Kafkas Zeitgefühl. So haben jüngere Interpreten das Phänomen der Zeitlosigkeit dergestalt thematisiert, daß sie die »Destruktion der Geschichte«, also das uns nun schon bekannte Phänomen moderner Literatur[53], auch bei Kafka entdeckten. Seit Käthe Hamburgers Analytik des epischen Präteritums wissen wir,

51 Claudio Magris hat dies als Vorwurf erhoben, zumal er Musil traditionalistisch integriert (*Der habsburgische Mythos in der österreichischen Literatur*, Salzburg 1966). Ebenso Ulrich Schelling, *Identität und Wirklichkeit*, Zürich 1968, S. 22. Im kritischen Bezug auf diese Arbeiten hat Michael Schneider in seiner Bielefelder Dissertation: *Den Sinn abschreiben. Poetische Sprache bei Robert Musil* (1992) die »Verräumlichung von Geschichte« im Sinne Walter Benjamins aus der allegorischen »Entqualifizierung der Dinge, d. h. einer ›Verräumlichung‹ der natürlichen Zeit« erklärt und den Vorwurf der Geschichtslosigkeit als irrelevantes Kriterium dargetan (ebd., S. 128 f.).

52 *Zur Kabbala und ihrer Symbolik*, Frankfurt a. M. 1973.

53 Max Bense war einer der ersten Interpreten, der dies im Falle von Kafka erkannte (*Die Theorie Kafkas*, Berlin 1952, S. 61 f.).

daß dieses keine Vergangenheitsaussage bedeutet.[54] Das impliziert vor allem Irrealität! Ebenso hat Harald Weinrich dieses Negieren von Zeit in den grammatischen Zeitangaben der Erzählung hervorgehoben! Weinrich ging so weit, im modernen Erzählen ein Negieren von Zeit zu sehen.[55]

Kafkas Prosa nun ist nach der widersprüchlichen Ansicht jüngerer Forschung eine besonders komplexe Negation der Zeit: Handelt es sich dabei nun aber um eine solche Aufhebung von Zeit, so daß entweder der Augenblick selbst eine unendliche Dauer bekommt[56] oder aber »seinsleer«[57] ist, eine Zunahme an Zukunft[58] erlangt oder gar keinen Zeithorizont[59] besitzt? Abgesehen davon, daß die Differenz bei solchen Annahmen unterschiedlicher Zeiten bei Kafka immer etwas zu tun hat mit der wissenschaftstheoretischen und individuell begründeten Haltung des Interpreten zur Geschichtsphilosophie (Theodizee), so sollte inzwischen Einigkeit darüber bestehen, daß Kafka weit entfernt ist vom deutschen Idealismus, das heißt von dessen Versöhnung des Endlichen im Unendlichen.[60] Das einzelne Faktum erfährt bei Kafka keine Aufhebung in einer Teleologie, sondern ist in seiner unerlösten Konkretheit begriffen. Ob man dies nun »Gnostizismus ohne Transzendenz«[61] nennen will oder besser in seiner schieren semantischen metaphorischen Form beläßt, als wesentliches Resultat für unsere Frage bleibt, daß Kafka keinen Begriff des historisch-innerweltlichen Fortschritts, aber auch nicht einer transzendenten Erlösung kennt. Diese elementare Bedingung seiner nichtprozessuarischen Zeitauffassung läßt sich nicht zuletzt in seiner autobiographischen Selbstreflexion zeigen, die keinerlei Kontinuität einer

54 Käthe Hamburger, *Die Zeitlosigkeit der Dichtung, ZVJS* 29 (1955).

55 Harald Weinrich, *Tempus. Besprochene und erzählte Welt,* Stuttgart 1985.

56 Klaus Ramm, *Reduktion als Erzählprinzip bei Kafka*, Frankfurt 1971.

57 Klaus Peter Phillipi, *Reflexion und Wirklichkeit. Untersuchungen zu Kafkas »Das Schloß«*, Tübingen 1966.

58 Winfried Kudszus, »Erzählhaltung und Zeitverschiebung in Kafkas *Prozess* und *Schloß*«, in: Heinz Politzer (Hg.), *Franz Kafka*. Wege zur Forschung, Darmstadt 1980, S. 339.

59 Wolfgang Schapp, *In Geschichten verstrickt*, Wiesbaden 1976.

60 Hierzu Erich Heller, *Die Welt Franz Kafkas* (1945). Außerdem: Harold Bloom, *Die heiligen Wahrheiten stürzen*, a.a.O., S. 184.

61 Bloom, a.a.O., S. 191.

»Persona« feststellt, sondern nur die Diskontinuität von »Zuständen«, die keine Ich-Identität zulassen: »Überhaupt fehlte es mir hauptsächlich an der Fähigkeit, für die tatsächliche Zukunft auch nur im Geringsten vorzusorgen. Ich blieb mit meinem Denken bei den gegenwärtigen Dingen und ihren gegenwärtigen Zuständen nicht aus Gründlichkeit oder zu sehr festgehaltenem Interesse, sondern, soweit es nicht Schwäche des Denkens verursachte, aus Traurigkeit und Furcht, aus Traurigkeit, denn weil mir die Gegenwart so traurig war, glaubte ich sie nicht verlassen zu dürfen, ehe sie sich ins Glück auflöste, aus Furcht, denn wie ich mich vor dem kleinsten gegenwärtigen Schritt fürchtete, hielt ich mich auch für unwürdig, bei meinem verächtlichen kindischen Auftreten ernstlich mit Verantwortung die große männliche Zukunft zu beurteilen, die mir auch meistens so unmöglich vorgekommen ist, daß mir jedes kleine Fortschreiten wie eine Fälschung erschien und das Nächste unerreichbar. Wunder gab ich leichter zu als wirklichen Fortschritt.«[62] Kafka durchschaut dabei die teleologische Struktur unseres Selbstgefühls, dessen gute Gründe für sein Wohlbefinden nur aus einer unerlaubten Anleihe bei der »Zukunft« zustande kommen würden.[63] Anders ausgedrückt: Die Wahrheit des jeweilig Gegenwärtigen, so Kafka, wird nur durch eine falsche Kontinuitätsvorstellung gewonnen. Man könnte sagen, Kafka spiele das spartanische Argument illusionsloser Ich-Reflexion aus gegen das wohlbekannte alltägliche optimistische Verhalten, das aus einer bloßen umständegebundenen Stimmung kommt. Er wendet sich gegen den trügerischen Wahrnehmungsperspektivismus, der sich buchstäblich aus falscher Hoffnung auf die Zukunft speist: »Niemals ist es möglich alle Umstände zu bemerken und zu beurteilen, die auf die Stimmung eines Augenblicks einwirken und sogar in ihr wirken und endlich in der Beurteilung wirken, darum ist es falsch zu sagen, gestern fühlte ich mich gefestigt, heute bin ich verzweifelt. Solche Unterscheidungen beweisen nur, daß man Lust hat, sich zu beeinflussen und möglichst abgesondert von sich, versteckt hinter Vorurteilen und Phantasien zeitweilig ein künstliches Leben aufzuführen...«[64] Als implizit kognitive

62 Franz Kafka, *Tagebücher*. Kritische Ausgabe, hg. v. Hans Gerd Koch, Michael Müller und Malcolm Pasley, Frankfurt a. M. 1990. S. 335 f.

63 Ebd., S. 220 f.

64 Ebd., S. 609.

Wertungen werden die Zeitunterscheidungen von gestern und heute aufgehoben. Kafka besitzt nur seinen jeweiligen »Zustand«, ohne jene ideologischen Zugeständnisse, die unser Existieren in fortschreitender Kontinuität ermöglicht, so daß auch das Gespräch mit anderen unmöglich ist. Dies habe seinen Grund darin: »... daß mein Denken oder besser mein Bewußtseinsinhalt ganz nebelhaft ist, daß ich darin soweit es nur auf mich ankommt, ungestört und manchmal selbstzufrieden ruhe, daß aber ein menschliches Gespräch Zuspitzung, Festigung und dauernden Zusammenhang braucht, Dinge, die es in mir nicht gibt.«[65] Oder: »Vollständiges Versinken in mich, Denken an mich. Stumpf, gedankenlos, ängstlich. Ich habe nichts mitzuteilen, niemals, niemandem.«[66] Diese Nebelhaftigkeit des Bewußtseins als Kehrseite des Zusammenhangs ist ein Modus, der den von Kafka beschriebenen eigenen Traum- und Dämmerzuständen ähnlich ist. Aus ihnen erwächst schließlich auch jenes »traumhaft innere Leben«, das er als Qualität des dichterisch kreativen Zustands beschrieben hat (6. August 1914), das »alles andere ins Nebensächliche« rücke.[67] Zwischen diesem Zustand des »traumhaft inneren Lebens« und den rational geordneten raumzeitlichen Vorstellungen ist jeder Zusammenhang aufgehoben. Kafka verglich diesen Zustand auch mit den »hellseherischen Zuständen«, die Rudolf Steiners Theosophie beschäftigte.[68] Er spricht auch von der »ungeheueren Welt, die ich im Kopfe habe. Aber wie mich befreien und sie befreien, ohne zu zerreißen«.[69] Wir erkennen jedenfalls, daß es sich um eine Gegenwart von inkommensurablen Vorstellungen handelt, die er nicht mitteilen kann, sondern deren er kontemplativ inne wird: Kafka faßt diesen Sachverhalt später als Bürgschaft, für diese »andre(n) Welt, die sich zur gewöhnlichen Welt verhält wie die Wüste zum ackerbauernden Land«.[70] Die berühmteste Metapher, die Kafka am Ende seines Lebens für die Entstehensmomente seiner Literatur gebraucht hat, hieß »Ansturm gegen die Grenze« (16. Januar 1922)[71], und sie vollzieht sich

65 Ebd., S. 723 f.
66 Ebd., S. 734.
67 Ebd., S. 546.
68 Ebd., S. 34.
69 Ebd., S. 562.
70 Ebd., S. 893.
71 Ebd., S. 878.

als »Jagd«, die ihre »Richtung aus der Menschheit« nimmt[72], das heißt völlig isoliert ist vom Gesamtkontext der gewöhnlichen Zeit: »Die Uhren stimmen nicht überein, die innere jagt in einer teuflischen oder dämonischen oder jedenfalls unmenschlichen Art, die äußere geht stockend ihren gewöhnlichen Gang«.[73]
Kafka hat dieses Bewußtseins »Ein Augenblick Denken« genannt.[74] Wir haben die zentrale Bedeutung der augenblicklichen Zeitphase des präsentischen Bewußtseins von Virginia Woolf, Robert Musil und Samuel Beckett erkannt. Bei Kafka handelt es sich um keine emphatische Evokation, nicht um einen »anderen Zustand«, sondern um ein Eingehen auf die Zukunftslosigkeit: »Gib dich zufrieden, lerne ... im Augenblick zu ruhen ... Ja im Augenblick, dem schrecklichen«.[75] Diese Negativität des »Augenblicks«, die wir auch als leere Kontemplation am Beispiel des äußersten Zustands im kreativen Prozeß erfassen, wiederholt sich im Werk, im *Prozeß* und im *Schloß*. Haben wir damit die eingängliche Frage nach dem genauen Status der Negation der Zeit beantwortet? Vielleicht soviel, daß philosophisch-theologische Hilfskontruktionen zwischen Kierkegaard, Heidegger und Kabbala nicht überzeugen; handelt es sich dort um existentielle oder theologische Sinnangebote qua einschlägiger Begrifflichkeit, etwa Kierkegaards Begriff der »unendlichen Resignation« (*Furcht und Zittern*), so liegt die Emphatik von Kafkas »Augenblicks«-Sprache gerade in der Sinnverweigerung: Der plötzliche Erscheinungsmodus erschreckender Vorgänge rückt Kafkas Zeitlichkeit hier in die Richtung des frühen Surrealismus, Bretons *Nadja*, Aragons *Paysan de Paris*.
Diese Erkenntisse aus Kafkas Selbstbeschreibung werden bestätigt durch seine dem zeitlichen Procedere absagenden parabolischen Formeln vom »stehenden Sturmlauf« (20. November 1911)[76], die er in unterschiedlichen Variationen noch ein Jahrzehnt später erläutert hat: »Das Unglück eines fortwährenden Anfangs, das Fehlen der Täuschung darüber, daß alles nur ein Anfang und nicht einmal ein Anfang ist, die Narrheit der andern, die das nicht wissen und zum Beispiel Fußball spielen, um endlich einmal ›vor-

72 Ebd., S. 877. 73 Ebd.
74 Ebd., S. 879.
75 Ebd.
76 Ebd., S. 259 f.

wärts zu kommen‹ ...« (16. Oktober 1921)[77] oder: »Der entscheidende Augenblick der menschlichen Entwicklung ist immerwährend. Darum sind die revolutionären geistigen Bewegungen, welche alles Frühere für nichtig erklären, im Recht, denn es ist noch nichts geschehen«[78] oder: »Jedem Augenblick entspricht auch etwas Außerzeitliches. Dem Diesseits kann nicht ein Jenseits folgen, denn das Jenseits ist ewig, kann also mit dem Diesseits nicht in zeitlicher Berührung stehn«[79] oder: »Der Messias wird erst kommen, wenn er nicht mehr nötig sein wird, er wird erst einen Tag nach seiner Ankunft kommen, er wird nicht am letzten Tag kommen, sondern am allerletzten«.[80]

Das Paradoxale dieser Äußerungen über eine nie vollendbare Erfüllung der Zeit, das man nicht durch Verweise auf philosophisch gefaßte analoge Konzepte systematisieren sollte, wird am besten kommentiert durch Kafkas Bild von der »Wunde«, die »geschlagen« wurde »durch einen Blitz, der noch andauert«.[81] Strukturell ist diese phänomenale Momentaufnahme dem Beschreibungsbild der Geschichte verwandt, wo es heißt: »Die scheinbare Stille, mit welcher die Tage, die Jahreszeiten, die Generationen, die Jahrhunderte aufeinanderfolgen, ist ein Aufhorchen; so traben Pferde vor dem Wagen«.[82]

Der Blitz, der noch andauert, eine Metapher, verwandt dem von Kafka erinnerten Satz Zenos: »Ja der fliegende Pfeil ruht«[83], ist eine Art Epiphanie des »Plötzlichen«. Es ist eine Metapher dafür, daß es, wie Kafka einmal gegenüber Max Brod äußerte, »unendlich viel Hoffnung« gäbe »– nur nicht für uns«.[84] Dieses Bewußtsein ist das sich immer wiederholende »Ereignis«.

77 Ebd., S. 863 f.

78 »Betrachtungen über Sünde, Leid, Hoffnung und den wahren Weg«, in: *Hochzeitsvorbereitungen auf dem Lande und andere Prosa aus dem Nachlaß*. Hg. v. Max Brod, Frankfurt a. M. 1980, S. 54.

79 »Das Dritte Oktavheft«, in: *Hochzeitsvorbereitungen auf dem Lande*, a.a.O., S. 69.

80 Ebd., S. 67.

81 »Fragmente aus Heften und losen Blättern«, in: *Hochzeitsvorbereitungen*, a.a.O., S. 248.

82 »Das vierte Oktavheft«, a.a.O., S. 79.

83 *Tagebücher*, a.a.O., S. 132.

84 Walter Benjamin, *Franz Kafka*, in: ders., *Angelus Novus*. Ausgewählte Schriften 2, Frankfurt a. M. 1966, S. 253.

III. Die philosophische Begründbarkeit des absoluten Präsens[85]

Zeitlosigkeit im Sinne eines kontemplativen Akts absoluter, partiell unbewußter, jedenfalls nicht ich-geleiteter Vergegenwärtigung von Zuständen, Vorstellungsbildern, Wahrnehmungsgegenständen ist, so haben wir gesehen, die gemeinsame Konstante der Augenblicks-Metapher innerhalb der Literatur der klassischen Moderne. Daß sie direkt oder indirekt bezogen werden kann auf Prousts Theorien von der »mémoire involontaire«, war hier nur anzudeuten.[86] Indes ist die Einsicht in die Struktur des modernen imaginativen Bewußtseins seit Hegels Kritik der Romantik und der anschließenden Historisierung ästhetischer Phänomene, die bis heute andauert, sehr erschwert worden. Zwar finden sich in der kritischen Auseinandersetzung Goethes mit der Verzeitlichungsargumentation schon theoretische Hinweise auf die besondere Zeitentrückheit der Kunst, aber die zentralen Bestimmungen lieferte ausführlich begründend erst Schopenhauer. Vornehmlich sein Begriff der »Kontemplation« hilft die oben dargelegten Strukturen des imaginativen Zeitbewußtseins noch genauer festzuhalten: »Kontemplation« ist nach Schopenhauer jener ästhetische Zustand, in dem das geniale Subjekt das Objekt der Kontemplation aus allen seinen raumzeitlichen Bedingungen herausgelöst und es »isoliert vor sich« sieht, als Repräsentanz eines Ganzen (*Die Welt als Wille und Vorstellung*, Drittes Buch, § 36). Wenn man vorerst einmal den für die Moderne hinderlichen metaphysischen Begriff des »Ganzen« beiseite läßt, dann bedeutet »Kontemplation«, daß die »gewöhnliche Betrachtung der Dinge« aufhört und ein Sich-»Versenken« eintritt: »die ruhige Kontemplation des gerade gegenwärtigen natürlichen Gegenstandes, sei es eine Landschaft, ein Baum, ein Fels, ein Gebäude oder was auch immer« (Drittes Buch, § 34). Dieses Sichversenken bedeutet ein

85 Bereits in der ursprünglichen Fassung sprach ich vom »absoluten Präsens«. Obwohl dies zum Mißverständnis eines metaphysischen Begriffs führen könnte, bleibe ich bei diesem für meine Argumentation angemessenen Adjektiv – entgegen dem Vorschlag Martin Seels (vgl. Seel, »Zur ästhetischen Praxis der Kunst«, in: W. Welsch [Hg.], *Die Aktualität des Ästhetischen*, München 1993, S. 405.

86 Hierzu ausführlicher Bohrer, *Plötzlichkeit*, a.a.O., S. 188 ff.

Sich »gänzlich in diesen Gegenstand«-Verlieren, das heißt, daß das Subjekt »sein Individuum, seinen Willen, vergißt und nur noch als reines Subjekt, als klarer Spiegel des Objekts bestehend bleibt; so daß es ist, als ob der Gegenstand allein da wäre, ohne jemanden, der ihn wahrnimmt, und man also nicht mehr den Anschauenden von der Anschauung trennen kann, sondern beide *eines* geworden sind, in dem das ganze Bewußtsein von einem einzigen anschaulichen Bilde gänzlich gefüllt und eingenommen ist« (ebd.). Willenlosigkeit meint also, daß sich in die Wahrnehmung des Gegenstandes keine intentionalen, teleologischen oder psychologisch-privaten Akte mehr mischen. In dieser absoluten Präsenz des gegenständlichen Bildes ist denn auch seine Geschichtlichkeit aufgegeben: »Die Geschichte des Menschengeschlechts, das Gedränge der Begebenheiten, der Wechsel der Zeiten« ist diesem absoluten Präsens nur äußerlich (Drittes Buch, § 35). Schopenhauer gebraucht auch den Begriff der »inneren Stimmung«, die als »jene Seligkeit des willenlosen Anschauens« näher charakterisiert ist. (Drittes Buch, § 38) Dabei bedenkt Schopenhauer schon den Modus der »mémoire involontaire«: »Denn indem wir längst vergangene Tage, an einem entfernten Ort verlebt, uns vergegenwärtigen, sind es die Objekte allein, welche unsere Phantasie zurückruft, nicht das Subjekt des Willens.« Es ist die »plötzliche Erinnerung an Szenen der Vergangenheit und Entfernung, wie ein verlorenes Paradies an uns vorüberfliegt« (§ 38).

Es scheint, als ob Schopenhauer eine Schellingsche Bewußtseinsfigur fortgeführt habe: nämlich die einer »seligen Stille«, jenes »Sinnens in sich selbst« (*Das Wesen der menschlichen Freiheit*), die das göttliche Bewußtsein, das von sich selbst nichts weiß und ein gegenstandsloses Sinnen bleibt, um eben einen besonderen Gegenstand, den ästhetischen, erweitert habe. So weit deckt Schopenhauers Begriff der Kontemplation theoretisch den Befund zeitloser Evokation präsentischer Zustände, die wir bei den zitierten Repräsentanten der klassischen Moderne fanden, ab: Nicht nur die Auflösung geschichtlicher Zeit, sondern auch die Aufhebung des subjektiven Bewußtseins und Akte willentlicher Selbsterhaltung ließen sich in allen Beispielen ausmachen. Es war wiederum Schelling, der diese Struktur des ästhetischen Vermögens als eines kontemplativen in seinem Begriff der »intellektualen Anschauung« vorausdachte, wenn er davon spricht, in »uns allen nämlich« wohne »ein geheimes, wunderbares Vermögen bei, uns aus dem Wechsel der Zeit in unser Innerstes, von allem, was von außenher hinzukam, entkleidetes Selbst zurückzuziehen, und da unter der Form der Unwandelbarkeit das Ewige in uns anzuschauen. Diese Anschauung ist die innerste, eigenste Erfahrung, von welcher allein alles abhängt, was wir von einer übersinnlichen Welt wissen und glauben... In diesem Moment der Anschauung schwindet für uns Zeit und Dauer dahin: nicht wir sind in der Zeit, sondern die Zeit – oder vielmehr nicht sie, sondern die reine absolute Ewigkeit ist *in uns*.«[87]

Was indes das Problem bei dieser Inanspruchnahme Schopenhauers und Schellings schafft, ist gerade die »metaphysische« Begründung der kontemplativen Haltung. Wenn ich unter »metaphysisch« eine letzte, begründende, hinter den Erscheinungen liegende referentielle Eigenschaft verstehe, sei es das »Ding an sich«, das »wahrhaft Seiende« (Schopenhauer) oder das »Ewige« (Schelling), dann gerät diese Voraussetzung nämlich in einen prinzipiellen Konflikt mit dem Apriori moderner Prosa, eine solche Referenz nicht zu besitzen: Wie wir sahen, hat Virginia Woolf diese Problematik bei der Reflexion der »Moments of Being« unmittelbar angesprochen und die Selbstreferenz ihrer Sprache betont!

Dasselbe muß man auch von den drei anderen Repäsentanten sagen, nicht zuletzt von Beckett, gerade wenn man das Imaginäre seiner Sprache fassen will.[88] Wie Pothast gezeigt hat, liegt die Außerzeitlichkeit von Schopenhauers Kontemplations-Begriff in der Objektivität des Genies. Für die Beziehungen auf die moderne Literatur ist diese Bestimmung aber nur dann *nicht* problematisch, wenn man dabei ausschließlich den subjektiven Modus im Auge hat: Daß nämlich das Bewußtsein des Künstlers nicht gefärbt ist von subjektiven Motiven im Sinne eines privaten Interesses, daß es ihm ganz und gar um das Phänomen seiner Anschauung gehe. Nicht beziehbar auf die Moderne ist jedoch Schopenhauers und Schellings Annahme, der Künstler erreiche in diesem Moment das Objektive des Seins selbst. Diese Einschränkung be-

87 Ders., *Philosophische Briefe über Dogmatismus und Kriticismus*, in: *Philosophisches Journal*, Bd. 2, 1795.

88 Hierzu Manfred Smuda, »Kunst im Kopf – Becketts spätere Prosa und das Imaginäre«, in: *Samuel Beckett*, hg. v. H. Engelhardt, Frankfurt a. M. 1984, S. 211-234.

deutet nicht, der moderne Künstler könne willfährig seine Imagination spielen lassen – soweit bleibt die Übereinstimmung mit Schopenhauers Vorstellung von der »Einbildungskraft«[89] –, sie bedeutet vielmehr, daß sich über den Modus des künstlerischen Subjekts selbst nichts Hinausweisendes sagen läßt, sich seine Zeitenthobenheit eben nicht an der »metaphysischen« Idee davon erläutern läßt.

Je mehr man Schopenhauers Fassung der ideellen Referenz auf eine Ausdifferenzierung hin erforscht, die nicht Totalität repräsentierte, je brauchbarer würde auch dieser Teil seines Kontemplations-Begriffs für die Zeitlosigkeitsannahme die moderne Literatur betreffen. Nun liefert Schopenhauers Ästhetik eine solche Ausdifferenzierung. Indem er nämlich davon spricht, die höchste poetische Leistung liege in der »Darstellung der schrecklichen Seite des Lebens« (*Die Welt als Wille und Vorstellung*, Drittes Buch, § 51), im »Schmerz«, nimmt er eine Perspektive vorweg, in der ihm Nietzsche bei seiner Theorie des Dionysischen Augenblicks folgen wird, in der ja die Referenz auf ein ideell Allerletztes substituiert wird durch ein begriffliches Changieren zwischen dem Begriff des »Scheins« und des »Urschmerzes«.[90] Und wenn man zudem den Blick darauf richtet, wie Hegel gerade das »Schmerz«-Motiv seiner Geschichtsphilosophie als Teleologie unterstellt und es dadurch eben aufhob, versteht man noch besser, warum Schopenhauers/Nietzsches Ausdifferenzierung einer metaphysischen Referenz auf diese Vorstellung hin für die Erkenntnis vom absoluten Präsens der Kunst entscheidend war: denn nichts ist gegenwärtiger und unaufhebbarer als der Schmerz. So darf man folgern, daß in Schopenhauers (und Schellings) »Kontemplations«- bzw. »Anschauungs«-Begriffen ein entscheidendes Moment für eine ästhetische Theorie vorbereitet worden ist, die vom temporalen Modus des absoluten Präsens ausgeht. Michael Theunissen hat diese temporale Bedingung am Beispiel von Benjamins Deutung des »Engel«-Bildes von Paul Klee erläutert, in der Benjamin in einer an Kafkas schon erörterter Metapher vom »stehenden Sturmlauf« gemahnende Weise bekanntlich den »Engel« aus dem Fortschreiten in die Zukunft herauslöste. Theunissens Umgang mit diesem Sinnbild von ästhetischer Zeitlosigkeit ist

89 Vgl. Pothast, a.a.O., S. 70f.

90 Hierzu Bohrer, *Plötzlichkeit*, a.a.O., S. 116f.

deshalb weiterführend, weil er es nicht auf seine metaphysische Begründung hin bedenkt, sondern vornehmlich auf den kontemplativen Akt selbst.[91] Insofern Kunsttheorie den ästhetischen Akt des Anschauens als Verweilen im schieren Präsens begreift, so möchte ich Theunissens Gedanken pointieren, sollte sie sich auf Schopenhauers Kontemplations-Begriff beziehen lassen: Die Herausgehobenheit des Augenblicks ästhetischer Wahrnehmung ist nicht über eine metaphysische Referenz, sondern über seine temporale Verfassung, die »Abgerissenheit des Plötzlichen«[92], zu bestimmen. Diese temporale Bestimmung wäre selbst dort anzunehmen, wo die inhaltlichen Merkmale der Kunst (Geschichte, Symbole) religiöser Natur sind, insofern und wenn diese Kunst auch Gegenstand ästhetischer Erfahrung wird, das heißt insofern und wenn die Präsenz des »Heiligen« nicht mehr das Primäre der anschauenden Erfahrung ist, wie das Imdahl am Beispiel Giottos zu zeigen versuchte.[93] Und diese temporale Bestimmung impliziert, daß auch innerweltliche Projektionen, vornehmlich die Antizipation von Zukunft im Sinn einer gesellschaftlichen Utopie auszuschließen sind.[94] Entgegen solchen Referenzen innerhalb von Raum und Zeit wird schon Schopenhauers sinnlich-übersinnliches Naturphänomen zu einer Metapher des modernen »Unendlichen«. Daß er dieses nicht zurückdrängt wie Hegel auf »Geist«-Kategorien, daß diesem Naturphänomen vielmehr ein mystisches Element eignet, hat Pothast eindringlich vermerkt. Man muß dieses Element herausheben: So wenn Schopenhauer über die »Wol-

91 Michael Theunissen, *Negative Theologie der Zeit*, Frankfurt a.M. 1991, S. 288.

92 Theunissen, a.a.O., S. 292. Zum Begriff des Plötzlichen in der klassischen Moderne vgl. Bohrer, *Plötzlichkeit,* a.a.O., S. 180ff.

93 Hans Belting stellt die Frage nach dieser Möglichkeit insofern nicht, als er das Ästhetischwerden des Kultbildes über eine Platonische Vermittlung erklärt, wodurch die Referenz des Göttlichen durch die Wahrheit ersetzt wird (*Bild und Kult. Eine Geschichte des Bildes vor dem Zeitalter der Kunst*, München 1990). Auch Jauß stellt in seiner Diskussion von Beltings Buch die Frage Imdahls nicht weiter, deutet sie aber an. Vgl. »Über religiöse und ästhetische Erfahrung. Zur Debatte um Hans Beltings *Bild und Kult* und George Steiners *Von realer Gegenwart*«, in: *Merkur* 9/10 (September/Oktober 1991), S. 935.

94 Theunissen betont zu Recht, daß gesellschaftliche Utopien der Autonomie des Kunstwerks widersprechen; hierzu: Bohrer, a.a.O., S. 210ff., u. ders., *Friedrich Schlegels Rede*, a.a.O., S. 52ff.

ken« sagt, ihre »Figuren« seien »ihnen nicht wesentlich«, aber »daß sie als elastischer Dunst, vom Stoß des Windes zusammengepreßt, weggetrieben, ausgedehnt, zerrissen werden« (*Die Welt als Wille und Vorstellung*, Drittes Buch, § 35). Schopenhauer nennt diese »Kräfte« zwar »Idee«. Aber diese scheint Hegels Begriff von einer solchen sehr entfernt zu stehen, dagegen Baudelaires von allen Wirklichkeitsbezügen entleertem »Wolken«-Satz sehr nahe, der lautet: »J'aime les nuages... les nuages qui passent... là-bas... les merveilleux nuages!«[95]

Es ist deutlich geworden, daß die Schwierigkeit, vom absoluten oder kontemplativen Präsens der Literatur/Kunst zu sprechen, darin liegt, einen solchen Satz nicht unter Berufung auf eine metaphysische Instanz, insbesondere nicht im Sinne eines transzendenten Verständnisses auszusprechen. Diese Bedingung trennt das Theorem von dem absoluten Präsens auch von der Kunstphilosophie, die George Steiner unter dem Begriff »reale Gegenwart« entwickelt hat. Dieser läßt gar keinen Zweifel aufkommen, daß die »Gegenwart« des Kunstwerks als »Gegenwart« des Johanneischen »Wortes« zu verstehen ist, das heißt als Gegenwart »Gottes«.[96] In einer quasi manichäischen Kritik der »Dekonstruktion« und ihrer Vorläufer in Gestalt des westeuropäischen Ästhetizismus (Mallarmé) hat Steiner eine solche Radikalisierung des Referenzarguments vorgetragen, unter dem gerade auch das Kriterium des kontemplativen Augenblicks als eines *plötzlichen* verschwinden muß und statt dessen seine theophane Qualität behauptet ist. Steiner verkennt, daß es der Dekonstruktion der heuristischen Tradition des New Criticism zunächst um eine semantische, eine linguistisch-literaturwissenschaftliche Präzisierung des spezifisch ästhetischen Phänomens in der Literatur geht, also gerade um das von ihm beschworene »Andere«. Steiner macht dieses statt dessen an einer ästhetischen Theologie fest. Er sagt, dieses gibt es, *weil* es das »Andere« gibt – das Andere ist Gott. Eine Theorie des absoluten Präsens sagt hingegen, dieses Andere wird in diesem Augenblick geschaffen, nicht als ein ästhetisches Pfingsten, sondern als eine Epiphanie sui generis, deren Struktur hier nicht entwickelt

95 Charles Baudelaire, *L'étranger*, in: *Le Spleen de Paris. Œuvres complètes*, Paris 1961, S. 231.

96 George Steiner, *Von realer Gegenwart. Hat unser Sprechen Inhalt?*, München 1990, S. 162.

werden kann, wozu gehörte, Virginia Woolfs subjektiv beteuerte Selbstreferenz ihrer Sprache objektiv darzutun, das heißt nachzuweisen, inwiefern »Gott« sich nicht in ihre Person geflüchtet hat. Insofern gilt für die hier vorgeschlagene Semantik der ästhetischen Zeit nicht der Anfangssatz des Johannes-Evangeliums »Im Anfang war das Wort und das Wort war bei Gott und Gott war das Wort«. Das Wort ist vielmehr immer das jeweils zu Erfindende.
Dennoch bleibt die Begründbarkeit des absoluten Präsens jenseits des Steinerschen Transzendenz-Anspruchs einer letzten Problematik vorbehalten, das ist nicht zu leugnen. Hierfür scheint Walter Benjamins Vorstellungsbild der »Aura« als ein unaufgelöstes zwischen immanenter und transzendenter Begründbarkeit sich anzubieten: Für Benjamins Begriff der »Aura« – er betrifft sowohl das Naturschöne (so in *Geschichte der Photographie*) als auch das Kunstschöne (so in *Das Kunstwerk im Zeitalter seiner technischen Reproduzierbarkeit*) – gelten einerseits entscheidende Bestimmungsmerkmale des absoluten Präsens als kontemplativem Augenblick (unbewegliche Ruhe der Phänomene, kontemplative Ruhe des Betrachters)[97], andererseits leitet Benjamin diese auratische Daseinsweise des Kunstwerks von seinem kultischen Ursprung ab[98] und leugnet für das moderne Kunstwerk in Gestalt der Photographie gerade die Kontemplation als angemessene ästhetische Rezeption.[99] Jauß hat denn auch diese kultische Begründung der Aura bei Benjamin betont.[100] Gegen diese verführerische Zuschreibung läßt sich indes ein Einwand erheben: Was Benjamin nicht leugnen kann, ist das Phänomen, daß moderne Malerei nach wie vor eine »natürliche Distanz zum Gegebenen«[101] aufrechterhält, die er als »Ferne« der Erscheinung des auratischen Gegenstands definiert hat.[102] Die Zerstörung der Aura, die er in geschichtsphilosophischer Perspektive als progressiven Akt begrüßt, kann er ausschließlich an Beispielen des Kinos und der Photographie erläutern. Für Literatur, Malerei gilt seine Diagnose

97 Vgl. Walter Benjamin, *Das Kunstwerk im Zeitalter seiner technischen Reproduzierbarkeit*, in: *Illuminationen*, hg. v. Siegfried Unseld, Frankfurt a. M. 1955, S. 154.
98 Ebd., S. 155.
99 Ebd., S. 157 f.
100 *Merkur*, a.a.O., S. 914.
101 Benjamin, a.a.O., S. 166.
102 Ebd., S. 154.

von der Zerstörung der Aura nicht: Das aber bedeutet, daß er einerseits für die zeitgenösssische Malerei ein wesentliches Bestimmungsmerkmal der Aura aufrechterhält, ohne dieses notwendigerweise kultisch begründen zu müssen. Wenn er die kultische Begründung für die Aura einführte, dann nicht zuletzt deshalb, weil er den technisch reproduzierten, aurafreien Künsten ein geschichtsphilosophisch begründbares Pathos zu verschaffen versucht. Eine analytische Qualität kunstphilosophischer Reflexion hat sein Begriff nicht.

Nachweise

»Deutsche Romantik und Französische Revolution. Die ästhetische Abbildbarkeit des historischen Ereignisses«: Originalbeitrag.
»Erscheinungsschrecken und Erwartungsangst. Die griechische Tragödie als moderne Epiphanie«: Stark gekürzte Fassung erstmals erschienen in: *Merkur* 506 (1991).
»Die Wiederholung des Mythos als Ästhetik des Schreckens. Hugo von Hofmannsthals Nachdichtung von Sophokles' *Elektra*: Originalbeitrag.
»Das Erhabene als ungelöstes Problem der Moderne. Martin Heideggers und Theodor W. Adornos Ästhetik«: Originalbeitrag.
»Philosophie der Kunst oder Ästhetische Theorie. Das Problem der universalistischen Referenz«: Erstmals erschienen in: Peter Koslowski (Hg.), *Orientierung durch Philosophie*, Tübingen 1991, S. 175-195.
»Zeit und Imagination. Das absolute Präsens der Literatur«: Erstmals erschienen in: J. Huber (Hg.), *Wahrnehmung von Gegenwart*, Basel, Frankfurt a. M. 1992, S. 81-102.

Suhrkamp Verlag GmbH
Torstraße 44, 10119 Berlin
info@suhrkamp.de
www.suhrkamp.de